Regression Models

Statistics and Actuarial Science

中国人民大学统计与精算系列教材

回归模型

孟生旺　编著

中国人民大学出版社
· 北京 ·

前　言

回归模型是应用最为广泛的数据分析方法之一，它的核心思想是建立若干个解释变量与一个因变量的函数关系，并通过这个函数关系对因变量的变化规律进行解释和预测。

回归模型包括线性回归模型、广义线性模型、广义可加模型、线性混合模型、广义线性混合模型以及它们的各种扩展模型。本书以线性回归模型和广义线性模型为主，介绍回归模型的基本原理和应用技巧。

线性回归模型主要建立在因变量服从正态分布等一系列重要假设之上，所以不能完全满足解决某些特定问题的实际需求。譬如，损失次数是非负的整数，损失金额是大于零的实数，都不符合线性回归模型关于因变量服从正态分布假设的前提条件。在广义线性模型中，因变量可以服从指数分布族中的任意分布，如正态分布、二项分布、泊松分布、伽马分布、逆高斯分布和 Tweedie 分布等。这些分布非常适合描述保险损失数据，如损失次数可以用二项分布、泊松分布或负二项分布进行描述，损失金额可以用伽马分布或逆高斯分布进行描述。事实上，几乎所有分布假设下的广义线性模型都可以在保险损失数据的分析中找到用武之地，也很难找到另一个数据分析需要用到所有的广义线性模型的实际领域。有鉴于此，本书主要使用汽车保险的损失数据来说明广义线性模型的建模原理，但读者可以毫无困难地将其应用到其他领域的数据分析中。

由于实际数据结构的复杂性，广义线性模型还在不断发展。譬如，在广义线性模型的线性预测项中引入平滑函数，就可以建立广义可加模型；在线性预测项中增加随机效应，就得到了广义线性混合效应模型；如果不仅对分布的均值参数建立回归模型，同时对其他参数建立回归模型，就可以将广义线性模型推广到关于位置参数、尺度参数和形状参数的广义可加模型（GAMLSS）。

本书将以线性回归模型和广义线性模型为主，介绍回归模型的基本原理和建模技术。书中虽然有一定的理论介绍，但更加侧重于回归模型的实际应用。第 1 章介绍线性回归模型的基本原理，并通过模拟数据介绍线性回归模型的建模技术。第 2 章介绍广义线性模型的统计理论，为后面各章的实际应用奠定基础。第 3～7 章根据因变量的不同类型，分别介绍基于二分类因变量、计数型因变量、连续型因变量和混合型因变量建立回归模型的基本方法，包括参数估计、统计推断、残差分析和模型检验等内容。此外，作为对广义线性模型的进一步拓展，还介绍了基于多分类因变量的回归模型、有限混合回归模型、零膨胀回归模型、零调整逆高斯回归模型和广义可加模型。第 8 章简要介绍贝叶斯视角下回归模型的参数估计方法。第 9 章应用我国一家财产保险公司的车损险数据，讨论如何建立索赔发生概率、索赔频率、索赔强度和纯保费的回归模型。

本书在建模过程中使用了两种类型的数据，一类是模拟数据；另一类是实际数据。基于模拟数据的建模过程可以清晰地展示数据的生成机理和回归模型的误差，而基于实际数据的建模过程可以揭示回归模型在应用中可能遇到的问题和解决方法。

常用的统计软件都包含建立回归模型的模块，如 R，SAS 和 STATA 等。本书主要使用了 R 软件中的 lm 函数、glm 函数和 glm. nb 函数，以及 gamlss，tweedie，cplm，car，rstan，penalized，data. table，ggplot2，knitr 等程序包。在此谨向这些程序包的开发者表示感谢。

本书适合统计、精算、经济、金融、保险和管理等相关专业的学生使用。本书案例分析和练习题中使用的数据集可以从孟生旺的新浪博客 http://blog. sina. com. cn/mengshw 下载。

本书在编写过程中得到了中国人民大学统计学院部分研究生的帮助，他们是李政宵、杨亮、王选鹤、王明高、刘新红、陈静仁、邱子真、隋凤艳、徐轩、龙骧、叶适，其中李政宵和杨亮直接参与了部分章节初稿的编写，在此向他们表示衷心感谢。

孟生旺

目　录

第1章　线性回归模型

线性回归模型是应用最为广泛的统计分析方法之一，也是广义线性模型的基础。本章主要介绍线性回归模型的基本原理，包括模型设定、参数估计、假设检验、模型诊断、模型评价和比较等。

1.1　模型结构和假设

假设我们感兴趣的变量是 y，希望建立它与其他 k 个解释变量 x_1，x_2，…，x_k 之间的函数关系。显然，最一般的函数形式可以表示为：

$$y=f(x_1, x_2, \cdots, x_k)+\varepsilon$$

式中，ε 为用函数 $f(x_1, x_2, \cdots, x_k)$ 表示 y 产生的随机误差。函数 $f(x_1, x_2, \cdots, x_k)$ 通常是未知的，但在线性回归模型中，我们假设它是一个线性函数，即

$$f(x_1, x_2, \cdots, x_k)=\beta_0+\beta_1 x_1+\cdots+\beta_k x_k$$

式中，参数 β_0，β_1，…，β_k 是未知的，需要进行估计。

由此可得线性回归模型的一般形式为：

$$y=\beta_0+\beta_1 x_1+\cdots+\beta_k x_k+\varepsilon$$

如果对因变量和解释变量有 n 次观测，第 i 次观察值记为 y_i 和 x_{1i}，x_{2i}，…，x_{ki}，则相应的线性回归模型可以表示为：

$$y_i=\beta_0+\beta_1 x_{1i}+\cdots+\beta_k x_{ki}+\varepsilon_i \tag{1.1}$$

式中，ε_i 是随机误差项。

若令

$$\boldsymbol{\beta}=[\beta_0, \beta_1, \cdots, \beta_k]^{\mathrm{T}}$$
$$\boldsymbol{x}_i^{\mathrm{T}}=[1, x_{1i}, \cdots, x_{ki}]$$

则式（1.1）的线性回归模型也可以表示为：

$$y_i=\boldsymbol{x}_i^{\mathrm{T}}\boldsymbol{\beta}+\varepsilon_i \tag{1.2}$$

式（1.1）和（1.2）中的线性回归模型也可以表示为下述矩阵形式：

$$\boldsymbol{y}=\boldsymbol{X\beta}+\boldsymbol{\varepsilon} \tag{1.3}$$

式中，$\boldsymbol{y}$ 表示因变量向量；$\boldsymbol{X}$ 表示设计矩阵；$\boldsymbol{\beta}$ 表示回归系数向量；$\boldsymbol{\varepsilon}$ 表示误差向量。它们的具体形式如下：

$$\boldsymbol{y}=\begin{bmatrix} y_1 \\ y_2 \\ \vdots \\ y_n \end{bmatrix}_{n\times 1},\ \boldsymbol{X}=\begin{bmatrix} 1 & x_{11} & \cdots & x_{k1} \\ 1 & x_{12} & \cdots & x_{k2} \\ \vdots & \vdots & & \vdots \\ 1 & x_{1n} & \cdots & x_{kn} \end{bmatrix}_{n\times(k+1)},\ \boldsymbol{\beta}=\begin{bmatrix} \beta_0 \\ \beta_1 \\ \vdots \\ \beta_k \end{bmatrix}_{(k+1)\times 1},\ \boldsymbol{\varepsilon}=\begin{bmatrix} \varepsilon_1 \\ \varepsilon_2 \\ \vdots \\ \varepsilon_n \end{bmatrix}_{n\times 1}$$

线性回归模型的参数估计建立在一系列基本假设之上，这些假设包括：

（1）误差项的均值为零，且与解释变量相互独立，即有

$$E(\boldsymbol{\varepsilon})=\mathbf{0} \tag{1.4}$$

$$E(\boldsymbol{X}^{\mathrm{T}}\boldsymbol{\varepsilon})=\mathbf{0} \tag{1.5}$$

（2）误差项独立同分布，即每个误差项之间相互独立：

$$\mathrm{Cov}(\varepsilon_i, \varepsilon_j)=0, \ i\neq j \tag{1.6}$$

且每个误差项的方差都相等：

$$\mathrm{Var}(\varepsilon_i)=\sigma_i^2=\sigma^2, \ i=1,2,\cdots,n \tag{1.7}$$

独立同分布假设可以用矩阵形式表示为：

$$\mathrm{Var}(\boldsymbol{\varepsilon})=\sigma^2\mathbf{I}$$

式中，$\mathbf{I}$ 是 $n\times n$ 的单位矩阵。

（3）设计矩阵 $\boldsymbol{X}$ 是满秩矩阵，其秩 $\mathrm{rk}(\boldsymbol{X})=k+1=p$ 等于回归参数的个数。模型有 k 个解释变量，对应 k 个参数，再加上截距项，共有 $k+1$ 个参数。满秩假设意味着解释变量之间没有线性相关关系。

（4）正态假设，即假设误差项服从正态分布：

$$\varepsilon_i\sim N(0, \sigma^2) \tag{1.8}$$

正态假设使得回归参数的最小二乘估计等价于极大似然估计。该假设主要用于对回归参数的估计值进行统计检验，并求得回归参数的置信区间。在大样本条件下，由中心极限定理可知，即使没有正态分布假设，也可以对回归参数的估计值进行统计推断。

在上述假设之下，很容易求得

$$E(y_i)=E(\boldsymbol{x}_i^{\mathrm{T}}\boldsymbol{\beta}+\varepsilon_i)=\boldsymbol{x}_i^{\mathrm{T}}\boldsymbol{\beta}=\beta_0+\beta_1x_{1i}+\cdots+\beta_kx_{ki}$$

$$\mathrm{Var}(y_i)=\mathrm{Var}(\boldsymbol{x}_i^{\mathrm{T}}\boldsymbol{\beta}+\varepsilon_i)=\mathrm{Var}(\varepsilon_i)=\sigma^2$$

$$\mathrm{Cov}(y_i, y_j)=\mathrm{Cov}(\varepsilon_i, \varepsilon_j)=0$$

这就意味着因变量服从正态分布，且有

$$y_i\sim N(\boldsymbol{x}_i^{\mathrm{T}}\boldsymbol{\beta}, \sigma^2) \tag{1.9}$$

如果表示为矩阵形式，则有

$$E(\boldsymbol{y})=\boldsymbol{X\beta}$$

$$\mathrm{Cov}(\boldsymbol{y})=\sigma^2\mathbf{I}$$

$$\boldsymbol{y}\sim N(\boldsymbol{X\beta}, \sigma^2\mathbf{I})$$

注意，在古典线性回归模型中，解释变量仅对因变量的均值产生影响，而与因变量的方差或协方差无关。

1.2 解释变量

在线性回归模型中，解释变量可以是连续变量，也可以是分类变量，还可以是若干个变

量的乘积（即交互效应），或一个变量的函数变换（如幂变换）。这些都是建立线性回归模型必须考虑的现实问题，本节简要介绍这些问题的处理方法。

1.2.1　分类解释变量

如果回归模型中的解释变量包含分类变量，如性别、职业、车型、地区等，则在建模过程中需要将分类解释变量转化为"哑变量"或"虚拟变量"。为了避免解释变量之间出现完全的共线性，即防止一个解释变量可以表示为其他解释变量的线性组合，每个分类解释变量转化为虚拟变量的个数与分类变量的水平数有关，即等于分类变量的水平数减去 1。譬如，车型是一个分类解释变量，有"A"，"B"，"C"和"D"四个水平，则可以转化为三个虚拟变量 x_1，x_2，x_3，它们的定义如表 1—1 所示。

表 1—1　　分类解释变量转化为虚拟变量

车型	x_1	x_2	x_3
A	1	0	0
B	0	1	0
C	0	0	1
D	0	0	0

用 x_1 表示车型"A"，即当车型为"A"时，$x_1=1$，在其他情况下，$x_1=0$。

用 x_2 表示车型"B"，即当车型为"B"时，$x_2=1$，在其他情况下，$x_2=0$。

用 x_3 表示车型"C"，即当车型为"C"时，$x_3=1$，在其他情况下，$x_3=0$。

在 x_1，x_2，x_3 的取值确定之后，车型就可以完全确定。譬如，当 $x_1=0$，$x_2=0$，$x_3=0$ 时，车型必然为"D"。换言之，4 个水平的解释变量只需 3 个虚拟变量，再增加一个虚拟变量会导致完全的共线性。不妨增加一个虚拟变量 x_4 表示车型"D"，则当车型为"D"时，$x_4=1$，在其他情况下，$x_4=0$。此时，模型的 4 个虚拟变量将是完全线性相关的，即 $x_1+x_2+x_3+x_4=1$。

假设车型是模型中唯一的解释变量，则线性回归模型的拟合值可以表示为：

$$\mu=\beta_0+\beta_1 x_1+\beta_2 x_2+\beta_3 x_3 \tag{1.10}$$

模型（1.10）的设计矩阵为：

$$\boldsymbol{X}=\begin{pmatrix}1 & 1 & 0 & 0\\ 1 & 0 & 1 & 0\\ 1 & 0 & 0 & 1\\ 1 & 0 & 0 & 0\end{pmatrix}$$

根据模型（1.10），可以求得不同车型条件下对因变量的拟合值为：

$$\mu=\begin{cases}\beta_0+\beta_1\text{，车型}=\mathrm{A}\\ \beta_0+\beta_2\text{，车型}=\mathrm{B}\\ \beta_0+\beta_3\text{，车型}=\mathrm{C}\\ \beta_0\text{，车型}=\mathrm{D}\end{cases}$$

在模型（1.10）中，车型 D 是基准水平（base level），也称作参照水平（reference level）。在该水平下，对因变量的拟合值为 β_0，在其他车型水平下，对因变量的拟合值都是对 β_0

的调整，即在车型 A，B，C 条件下对因变量的拟合值分别是在 β_0 的基础上加上 β_1，β_2，β_3。

从理论上讲，可以把车型的任意一个水平设定为基准水平。譬如，如果要把车型“A”设定为基准水平，只需把表 1—1 中的虚拟变量 x_1，x_2，x_3 分别用于表示车型 B，C 和 D 即可。

在常见的统计软件中，分类变量的基准水平是根据某种特定顺序确定的。譬如，SAS 软件把按照字母顺序或数值顺序排列在最后的一个水平确定为基准水平，而 R 软件把排列在最前面的一个水平确定为基准水平。对于表 1—1 中的车型变量，如果用 R 中的 model. matrix 函数生成设计矩阵，则车型 A 会被自动确定为基准水平。为了把车型“D”设定为基准水平，可以将其改为“0D”，此时，车型“0D”将排在最前面，从而会被自动设定为基准水平，此时的 R 程序代码及其输出结果如下所示。

```
type = factor(c("A", "B", "C", "0D"))
model.matrix( ~ type)
## (Intercept) typeA typeB typeC
## 1          1     1     0     0
## 2          1     0     1     0
## 3          1     0     0     1
## 4          1     0     0     0
```

在实际应用中，基准水平应该根据具体需要来选定。为了预测结果的稳定性，通常会把观测值较多的水平确定为基准水平。对基准水平的拟合值等于回归模型的常数项，而对其他水平的拟合值就是对常数项的调整。如果选定的基准水平观测值太少，参数估计结果将缺乏稳定性。不妨考虑一种极端情况，即基准水平没有观测数据，也就是在模型（1.10）中，车型 D 没有观测值。假设实际观测数据如表 1—2 所示，其中 y 表示因变量，x_1，x_2，x_3 分别表示车型 A，B 和 C 的虚拟变量。

表 1—2　　观测数据

y	车型	x_1	x_2	x_3
120	A	1	0	0
230	B	0	1	0
460	C	0	0	1
110	A	1	0	0
240	B	0	1	0
500	C	0	0	1

在表 1—2 中，车型 D 没有观测值，所以回归模型（1.10）的设计矩阵为：

$$\boldsymbol{X}^* = \begin{pmatrix} 1 & 1 & 0 & 0 \\ 1 & 0 & 1 & 0 \\ 1 & 0 & 0 & 1 \\ 1 & 1 & 0 & 0 \\ 1 & 0 & 1 & 0 \\ 1 & 0 & 0 & 1 \end{pmatrix}$$

显然，上述设计矩阵是一个奇异矩阵，即后面三列之和等于第一列，所以无法求得回归系数的估计值及其标准误。

更加现实的情况是，观测数据中的基准水平只有很少的观测值，此时，设计矩阵将非常接近一个奇异矩阵。在这种情况下，虽然可以求得回归系数的估计值，但它们的标准误会很大，表明模型的精度较低，结果的稳定性欠佳。

1.2.2　交互效应

交互效应是指一个解释变量对因变量的影响与另一个解释变量有关。譬如，在汽车保险中，通常需要预测汽车保险的索赔频率，即平均每辆汽车在一个保险期间发生的期望索赔次数。索赔频率受多种因素的影响，例如，驾驶人的年龄会对汽车保险的索赔频率产生影响，但这种影响还与驾驶人的性别有关，即不同性别的驾驶人，其年龄对索赔频率的影响是不同的，此时就称年龄和性别之间存在交互效应。

假设用 y 表示汽车保险的索赔频率；用 x_1 表示驾驶人的年龄，是一个连续变量；用 x_2 表示驾驶人的性别，是一个虚拟变量，$x_2=1$ 表示男性驾驶员，$x_2=0$ 表示女性驾驶员；用 x_1x_2 表示年龄和性别的交互效应，则线性回归模型的拟合值可以表示为：

$$\mu=\beta_0+\beta_1x_1+\beta_2x_2+\beta_3x_1x_2 \tag{1.11}$$

在有交互效应的线性回归模型中，年龄 x_1 每增加一个单位，对索赔频率拟合值的影响将不再是常数 β_1，而是一个与性别 x_2 有关的值，即为：

$$\frac{\partial y}{\partial x_1}=\beta_1+\beta_3x_2$$

在上式中，当性别 $x_2=0$ 时，年龄 x_1 每增加一个单位，对索赔频率拟合值的影响为 β_1；而当性别 $x_2=1$ 时，年龄 x_1 每增加一个单位，对索赔频率拟合值的影响为 $\beta_1+\beta_3$。

类似地，性别对索赔频率的影响也受驾驶人年龄的影响。令 $x_2=0$，由式（1.11）可得女性驾驶人的索赔频率拟合值为 $\beta_0+\beta_1x_1$。令 $x_2=1$，可得男性驾驶人的索赔频率拟合值为 $\beta_0+\beta_1x_1+\beta_2+\beta_3x_1$。由此可见，男性驾驶人与女性驾驶人的索赔频率拟合值之差 $\beta_2+\beta_3x_1$ 与驾驶人的年龄 x_1 有关。

1.2.3　变量的标准化

线性回归模型中回归系数的估计值依赖于解释变量的度量单位，譬如，如果以元为单位的居民收入作为解释变量，回归系数是 1.24，则以万元为单位时，回归系数将变为 1 240。为了得到唯一的回归系数，同时使得不同解释变量的回归系数之间具有可比性，可以考虑对变量进行标准化处理。

所谓标准化，是指从原始变量中减去其均值后再除以标准差，即

$$\tilde{y}=\frac{y-\bar{y}}{s_y},\ \tilde{x}_j=\frac{x_j-\bar{x}_j}{s_j} \tag{1.12}$$

式中

$$\bar{y}=\frac{1}{n}\sum_{i=1}^{n}y_i,\ \bar{x}_j=\frac{1}{n}\sum_{i=1}^{n}x_{ji}$$

分别是因变量和第 j 个解释变量的样本均值；

$$s_y = \sqrt{\frac{\sum_{i=1}^{n}(y_i - \bar{y})^2}{n-1}},\ s_j = \sqrt{\frac{\sum_{i=1}^{n}(x_{ji} - \bar{x}_j)^2}{n-1}}$$

分别是因变量和第 j 个解释变量的样本标准差。

标准化变量的均值为 0，标准差为 1。

假设基于原始数据建立的回归模型为：

$$y_i = \beta_0 + \beta_1 x_{1i} + \cdots + \beta_k x_{ki} \tag{1.13}$$

基于标准化以后的数据建立的回归模型为：

$$\tilde{y}_i = \theta_0 + \theta_1 \tilde{x}_{1i} + \cdots + \theta_k \tilde{x}_{ki} \tag{1.14}$$

则回归系数 $\hat{\beta}_i$ 与 $\hat{\theta}_i$ 之间具有下述关系：

$$\hat{\beta}_i = \frac{s_y}{s_i}\hat{\theta}_i,\ i = 1,2,\cdots,k$$

$$\hat{\beta}_0 = \bar{y} - \sum_{i=1}^{k}\hat{\beta}_i \bar{x}_i$$

变量经过标准化处理以后，回归系数的解释将与原来的回归模型有所不同。在基于原始数据的回归模型中，$\hat{\beta}_i$ 表示在其他解释变量固定不变的条件下，x_i 每变化一个单位所引致的因变量 y 的变化量。在基于标准化变量的回归模型中，$\hat{\theta}_i$ 表示 x_i 的标准化变量每增加一个单位，标准化的因变量 y 的变化量。

在回归模型（1.14）中，标准化回归系数的绝对值大小度量了解释变量的相对重要性。一个解释变量的标准化回归系数的绝对值越大，表明该解释变量对因变量的影响越大。

1.2.4 变量变换

在最简单的线性回归模型中，通常假设因变量与解释变量之间是线性关系，即解释变量对因变量的影响不随解释变量取值的变化而变化，但在实际问题中，很有可能出现解释变量与因变量之间是非线性关系的情况。

在这种情况下，可以考虑对解释变量进行变换或建立多项式回归模型。对大于零的解释变量进行变换的常用方式包括对数变换和平方根变换，它们都可以压缩解释变量的取值范围，从而有助于改进模型的拟合效果。譬如，假设原始解释变量的取值范围在 1～10 000 之间，则自然对数变换以后的取值范围将在 0～9.21 之间，而平方根变换以后的取值范围将在 1～100 之间。

多项式回归是把一个解释变量的幂变换作为新的解释变量引入回归模型。在多项式回归中，虽然因变量与解释变量的关系是非线性的，但模型的回归系数仍然是线性的，所以多项式回归也属于线性回归模型。

为简化表述，不妨假设只有一个原始解释变量 x，则 m 次多项式回归模型的基本形式如下：

$$y = \beta_0 + \beta_1 x + \beta_2 x^2 + \cdots + \beta_m x^m + \varepsilon \tag{1.15}$$

在上式中，x^2，…，x^m 可以看作基于原始解释变量 x 生成的新解释变量。m 越大，多项式回归模型对观测数据的拟合会越好。如果观测值的个数为 n，则当 $m=n-1$ 时，回归模型中的参数个数将等于观测值的个数，此时，多项式回归模型可以完全拟合观测数据。但是，这种模型只是再现了原始观测数据，预测能力很差，没有实际应用价值。

在实际应用中建立多项式回归模型时，可以从一阶多项式开始，顺序增加多项式的阶数，直至新增加的多项式阶数不再显著为止；也可以首先建立高阶的多项式模型，然后从最高阶项开始，顺序删除不显著的多项式阶数，直至模型中剩余的最高阶项是显著的为止。

在普通的多项式回归中，多项式的阶数每改变一次，就要重新对模型的参数进行一次估计。多项式的阶数不同，参数估计结果也不同。为了克服这种缺陷，可以使用正交多项式回归模型。譬如，在三阶多项式回归模型中，可以把原来的解释变量 x，x^2，x^3 转化为三个新的解释变量 z_1，z_2，z_3，使得 z_1，z_2，z_3 之间是正交的。

三阶正交多项式回归模型可以表示为：

$$y=\beta_0+\beta_1 z_1+\beta_2 z_2+\beta_3 z_3+\varepsilon \tag{1.16}$$

在 R 软件中，用函数 poly 可以构造正交多项式。由于 z_i 之间是正交的，所以在正交多项式回归模型中删除某个 z_i 以后，其他解释变量的回归系数估计值保持不变。

下面通过一组模拟数据来说明多项式回归的建模过程。下面的 R 程序代码模拟了 20 个观测值。模拟数据的真实模型是二次多项式，即

$$y=2+x+x^2+\varepsilon \tag{1.17}$$

基于该组模拟数据，至少可以建立 3 种回归模型：一元线性回归模型、二次多项式回归模型和 19 次多项式回归模型。图 1—1 是应用 3 种回归模型对模拟数据的拟合结果。从图 1—1 可以看出，19 次多项式回归模型可以完美拟合观测数据，二次多项式回归模型较好地反映了观测数据的基本趋势，而一元线性回归模型对观测数据的拟合较差。

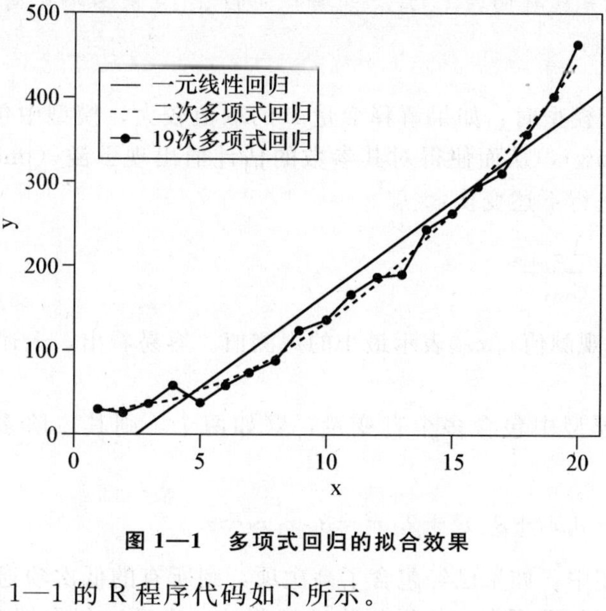

图 1—1　多项式回归的拟合效果

模拟数据和绘制图 1—1 的 R 程序代码如下所示。

```
#设定模拟的种子
set.seed(10)

# 解释变量
x = 1:20

# 模拟因变量
y = 2 + x + x^2 + runif(20) * 50

#一元线性回归
mod1 = lm(y ~ x)

# 二阶正交多项式回归
mod2 = lm(y ~ poly(x, 2))

# 19 阶正交多项式回归
mod3 = lm(y ~ poly(x, 19))

#绘图
plot(y ~ x, yaxs = 'i', pch = 19, ylim = c(0, 500), xlim = c(0, 21), xaxs = 'i', las = 1)
abline(mod1)
points(x, fitted(mod2), col = 2, type = 'l', lty = 2, pch = '')
points(x, fitted(mod3), col = 4, type = 'l', lty = 3, pch = '')
legend(1, 450, c('一元线性回归', '二次多项式回归', '19 次多项式回归'), lty = c(1, 2,
3), col = c(1, 2, 4))
```

在建立多项式回归模型时，如果解释变量 x 的取值较大，模型中包含 x 的高次项可能会导致计算溢出（overflow），从而使得对其参数的估计值出现下溢（underflow）。解决这一问题的常用方法是对 x 进行下述变换：

$$x^* = \frac{2x - x_{\max} - x_{\min}}{x_{\max} - x_{\min}} \tag{1.18}$$

式中，$x_{\max}$表示最大的观测值；$x_{\min}$表示最小的观测值。容易看出，上述变换使得 x^* 的取值范围落在-1～1 之间。

如果多项式回归模型中包含多个自变量，譬如两个，则其二阶多项式回归模型可以表示为：

$$y = \beta_0 + \beta_1 x_1 + \beta_2 x_2 + \beta_{11} x_1^2 + \beta_{22} x_2^2 + \beta_{12} x_1 x_2 + \varepsilon \tag{1.19}$$

在多项式回归模型中，如果已经包含了高次项，则所有的低次项通常也要保留在模型中。譬如，在二次多项式回归模型中，如果删除不显著的一次项，仅保留二次项，则相应的模型可以表示为：

$$y=\beta_0+\beta_2 x^2+\varepsilon \tag{1.20}$$

在上述模型中，如果对解释变量 x 进行一次线性尺度变换，即把 x 变形为 $x+a$，则上述模型中又会出现 x 的一次项。通常情况下，我们不希望尺度变换改变模型的形式。这就解释了在多项式回归中，为什么一旦保留了高次项，就必须同时保留低次项。同样的道理，对于式（1.19）中的二次多项式回归模型，如果删除交互项 x_1x_2，仅仅保留 x_1^2 和 x_2^2，则对解释变量空间的任何旋转都将导致模型中重新出现交互项。

1.3　参数估计

线性回归模型的参数可以使用最小二乘法或极大似然法进行估计。在正态分布假设下，最小二乘估计等价于极大似然估计（Charnes，1976）。

1.3.1　最小二乘估计

回归参数的最小二乘估计可以在下面的残差平方和最小化的条件下求得（Aldrich，1998）：

$$S=\sum_{i=1}^{n}(y_i-\boldsymbol{x}_i^{\mathrm{T}}\boldsymbol{\beta})^2 \tag{1.21}$$

上式的残差平方和用矩阵形式可以表示为：

$$\begin{aligned} S&=(\boldsymbol{y}-\boldsymbol{X\beta})^{\mathrm{T}}(\boldsymbol{y}-\boldsymbol{X\beta})\\ &=(\boldsymbol{y}^{\mathrm{T}}-\boldsymbol{\beta}^{\mathrm{T}}\boldsymbol{X}^{\mathrm{T}})(\boldsymbol{y}-\boldsymbol{X\beta})\\ &=\boldsymbol{y}^{\mathrm{T}}\boldsymbol{y}-\boldsymbol{\beta}^{\mathrm{T}}\boldsymbol{X}^{\mathrm{T}}\boldsymbol{y}-\boldsymbol{y}^{\mathrm{T}}\boldsymbol{X\beta}+\boldsymbol{\beta}^{\mathrm{T}}\boldsymbol{X}^{\mathrm{T}}\boldsymbol{X\beta}\\ &=\boldsymbol{y}^{\mathrm{T}}\boldsymbol{y}-2\boldsymbol{y}^{\mathrm{T}}\boldsymbol{X\beta}+\boldsymbol{\beta}^{\mathrm{T}}\boldsymbol{X}^{\mathrm{T}}\boldsymbol{X\beta} \end{aligned} \tag{1.22}$$

在上式最后一行的变形过程中应用了下述结论：$\boldsymbol{\beta}^{\mathrm{T}}$ 是一个 $1\times(k+1)$ 的矩阵，$\boldsymbol{X}^{\mathrm{T}}$ 是一个 $(k+1)\times n$ 的矩阵，$\boldsymbol{y}$ 是一个 $n\times 1$ 的矩阵，所以，$\boldsymbol{\beta}^{\mathrm{T}}\boldsymbol{X}^{\mathrm{T}}\boldsymbol{y}$ 是一个 1×1 的矩阵，与其转置矩阵 $\boldsymbol{y}^{\mathrm{T}}\boldsymbol{X\beta}$ 相等。

对式（1.22）中的残差平方和 S 关于参数 $\boldsymbol{\beta}$ 求偏导，并令其等于零，即得

$$\frac{\partial S}{\partial \boldsymbol{\beta}}=-2\boldsymbol{X}^{\mathrm{T}}\boldsymbol{y}+2\boldsymbol{X}^{\mathrm{T}}\boldsymbol{X\beta}=\boldsymbol{0}\Rightarrow \boldsymbol{X}^{\mathrm{T}}\boldsymbol{X\beta}=\boldsymbol{X}^{\mathrm{T}}\boldsymbol{y} \tag{1.23}$$

解上述方程，可得回归参数的最小二乘估计值为：

$$\hat{\boldsymbol{\beta}}=(\boldsymbol{X}^{\mathrm{T}}\boldsymbol{X})^{-1}\boldsymbol{X}^{\mathrm{T}}\boldsymbol{y} \tag{1.24}$$

前述的推导过程表明，回归参数的最小二乘估计并不需要假设误差项服从正态分布。但是，在进行统计推断时，仍然需要使用到正态分布假设。

1.3.2　极大似然估计

回归参数的极大似然估计需要假设误差项服从正态分布，即 $\varepsilon_i \sim N(0,\ \sigma^2)$。

在正态分布假设下，因变量 y_i 的密度函数为：

$$f(\boldsymbol{y}_i;\ \boldsymbol{\beta},\ \sigma^2)=\frac{1}{\sqrt{2\pi\sigma^2}}\exp\left[-\frac{(y_i-\boldsymbol{x}_i^{\mathrm{T}}\boldsymbol{\beta})^2}{2\sigma^2}\right] \tag{1.25}$$

对数似然函数为：

$$\ell(\boldsymbol{\beta}, \sigma^2; y_i) = -\frac{(y_i - \boldsymbol{x}_i^{\mathrm{T}}\boldsymbol{\beta})^2}{2\sigma^2} - \frac{1}{2}\ln(2\pi\sigma^2) \tag{1.26}$$

因此，线性回归模型的对数似然函数可以表示为：

$$\ell = \sum_{i=1}^{n}\ell(\boldsymbol{\beta}, \sigma^2; y_i) = -\frac{1}{2\sigma^2}\sum_{i=1}^{n}(y_i - \boldsymbol{x}_i^{\mathrm{T}}\boldsymbol{\beta})^2 - \frac{n}{2}\ln(2\pi\sigma^2) \tag{1.27}$$

上式第二项与参数无关，所以，式（1.27）中对数似然函数的最大化等价于式（1.21）中残差平方和的最小化，换言之，在正态分布假设下，回归参数的极大似然估计等价于式（1.24）的最小二乘估计。

对式（1.27）关于 σ^2 求导，有

$$\frac{\partial\ell}{\partial\sigma^2} = \frac{1}{2\sigma^4}\sum_{i=1}^{n}(y_i - \boldsymbol{x}_i^{\mathrm{T}}\boldsymbol{\beta})^2 - \frac{n}{2\sigma^2}$$

用回归参数的极大似然估计值 $\hat{\boldsymbol{\beta}}$ 代替上式中的 $\boldsymbol{\beta}$，并令上式等于零，则可以求得方差参数 σ^2 的极大似然估计值为：

$$\hat{\sigma}^2 = \frac{1}{n}\sum_{i=1}^{n}(y_i - \boldsymbol{x}_i^{\mathrm{T}}\hat{\boldsymbol{\beta}})^2 = \frac{1}{n}\sum_{i=1}^{n}\hat{\varepsilon}_i^2 \tag{1.28}$$

注意，上式关于方差 σ^2 的估计是有偏的，因此在实际中很少使用。经常使用的一个无偏估计可参见式（1.37）。

参数 $\boldsymbol{\theta}$ 的极大似然估计 $\hat{\boldsymbol{\theta}}$ 具有下述性质（茆诗松，2006）：

（1）当样本量逐渐增大时，极大似然估计是渐近无偏的，即 $E(\hat{\boldsymbol{\theta}})$ 趋于 $\boldsymbol{\theta}$。

（2）如果 $g(\boldsymbol{\theta})$ 是 $\boldsymbol{\theta}$ 的连续函数，则 $g(\hat{\boldsymbol{\theta}})$ 是 $g(\boldsymbol{\theta})$ 的极大似然估计。

（3）当样本量逐渐增大时，$\hat{\boldsymbol{\theta}}$ 趋于正态分布，即 $\hat{\boldsymbol{\theta}} \sim N(\boldsymbol{\theta}, \boldsymbol{I}(\boldsymbol{\theta}))$，其中 $\boldsymbol{I}(\boldsymbol{\theta})$ 是信息矩阵。

（4）当样本量足够大时，在参数 $\boldsymbol{\theta}$ 的所有估计中，极大似然估计 $\hat{\boldsymbol{\theta}}$ 的方差最小。

1.3.3 方差参数的无偏估计

在线性回归模型中，对因变量的预测值可以表示为：

$$\hat{\boldsymbol{y}} = \boldsymbol{X}\hat{\boldsymbol{\beta}} = \boldsymbol{X}(\boldsymbol{X}^{\mathrm{T}}\boldsymbol{X})^{-1}\boldsymbol{X}^{\mathrm{T}}\boldsymbol{y} \tag{1.29}$$

若令

$$\boldsymbol{H} = \boldsymbol{X}(\boldsymbol{X}^{\mathrm{T}}\boldsymbol{X})^{-1}\boldsymbol{X}^{\mathrm{T}} \tag{1.30}$$

则有

$$\hat{\boldsymbol{y}} = \boldsymbol{H}\boldsymbol{y} \tag{1.31}$$

在上式中，矩阵 $\boldsymbol{H}$ 与因变量 $\boldsymbol{y}$ 的乘积等于因变量的拟合值 $\hat{\boldsymbol{y}}$，相当于给因变量戴上一个帽子，所以矩阵 $\boldsymbol{H}$ 称作预测矩阵或帽子矩阵。容易验证，矩阵 $\boldsymbol{H}$ 是一个幂等矩阵，满足 $\boldsymbol{H}\boldsymbol{H} = \boldsymbol{H}$。

因变量的观测值与其拟合值之差称作残差：

$$\hat{\boldsymbol{\varepsilon}} = \boldsymbol{y} - \hat{\boldsymbol{y}} \tag{1.32}$$

注意，残差 $\hat{\varepsilon}_i$ 不同于误差 ε_i，模型的误差是未知的。残差可以看作对误差的一个估计值（或预测值）。

应用帽子矩阵，线性回归模型的残差可以表示为：

$$\hat{\boldsymbol{\varepsilon}} = \boldsymbol{y} - \boldsymbol{H}\boldsymbol{y} = (\mathbf{I} - \boldsymbol{H})\boldsymbol{y} \tag{1.33}$$

式中，$\mathbf{I}$ 表示 $n\times n$ 的单位矩阵；$(\mathbf{I}-\boldsymbol{H})$ 是一个对称的幂等矩阵。

相应地，残差平方和可以表示为：

$$SSE = \hat{\boldsymbol{\varepsilon}}^{\mathrm{T}}\hat{\boldsymbol{\varepsilon}} = \boldsymbol{y}^{\mathrm{T}}(\mathbf{I}-\boldsymbol{H})^{\mathrm{T}}(\mathbf{I}-\boldsymbol{H})\boldsymbol{y} = \boldsymbol{y}^{\mathrm{T}}(\mathbf{I}-\boldsymbol{H})\boldsymbol{y} \tag{1.34}$$

在正态性假设下，残差平方和与误差项的方差之比服从自由度为 $n-k-1$ 的卡方分布，即

$$\frac{\hat{\boldsymbol{\varepsilon}}^{\mathrm{T}}\hat{\boldsymbol{\varepsilon}}}{\sigma^2} \sim \chi^2(n-k-1) \tag{1.35}$$

误差项 $\boldsymbol{\varepsilon}$ 是无法观测的，但残差 $\hat{\boldsymbol{\varepsilon}}$ 可以看作对误差项 $\boldsymbol{\varepsilon}$ 的样本观测值，因此，可以应用残差的样本方差对误差项的方差 σ^2 进行估计。

由求解回归参数的式（1.23）可知

$$\begin{aligned}
&-2\boldsymbol{X}^{\mathrm{T}}\boldsymbol{y} + 2\boldsymbol{X}^{\mathrm{T}}\boldsymbol{X}\hat{\boldsymbol{\beta}} = \mathbf{0}\\
&\Rightarrow \boldsymbol{X}^{\mathrm{T}}\boldsymbol{y} - \boldsymbol{X}^{\mathrm{T}}\hat{\boldsymbol{y}} = \mathbf{0}\\
&\Rightarrow \boldsymbol{X}^{\mathrm{T}}(\boldsymbol{y} - \hat{\boldsymbol{y}}) = \mathbf{0}\\
&\Rightarrow \boldsymbol{X}^{\mathrm{T}}\hat{\boldsymbol{\varepsilon}} = \mathbf{0}
\end{aligned}$$

设计矩阵的第一列元素为 1，所以其转置矩阵 $\boldsymbol{X}^{\mathrm{T}}$ 的第一行元素都等于 1，从而必然有残差之和为零，即

$$\sum_{i=1}^{n} \hat{\varepsilon}_i = 0 \tag{1.36}$$

这就意味着残差的样本均值为零，从而残差的样本方差（亦即误差项的方差估计值）可以表示为：

$$\hat{\sigma}^2 = \frac{1}{n-k-1}\sum_{i=1}^{n}\hat{\varepsilon}_i^2 = \frac{1}{n-k-1}\hat{\boldsymbol{\varepsilon}}^{\mathrm{T}}\hat{\boldsymbol{\varepsilon}} \tag{1.37}$$

式中，$\hat{\varepsilon}_i = y_i - \hat{y}_i$，$\hat{\boldsymbol{\varepsilon}} = [\hat{\varepsilon}_1, \cdots, \hat{\varepsilon}_n]^{\mathrm{T}}$；$k+1$ 是回归参数的个数；$n-k-1$ 是残差的自由度。上式分母 $n-k-1$ 可以使得方差的估计值是无偏的。

上式关于 σ^2 的估计不同于极大似然估计，而等价于在下述边际似然函数最大化条件下求得的估计值：

$$L(\sigma^2) = \int L(\boldsymbol{\beta}, \sigma^2)\,\mathrm{d}\boldsymbol{\beta}$$

所以，式（1.37）称作限制性极大似然估计（restricted maximum likelihood）。一般而言，方差参数的限制性极大似然估计的偏差小于极大似然估计的偏差。在正态分布假设下，限制性极大似然估计是无偏的。

1.3.4　参数估计值的性质

（1）无偏性。

对于线性回归模型而言，式（1.24）中的最小二乘估计是无偏的，即有

$$E(\hat{\boldsymbol{\beta}})=\boldsymbol{\beta} \tag{1.38}$$

证明：

$$\begin{aligned}E(\hat{\boldsymbol{\beta}})&=E[(\boldsymbol{X}^{\mathrm{T}}\boldsymbol{X})^{-1}\boldsymbol{X}^{\mathrm{T}}\boldsymbol{y}]\\&=E[(\boldsymbol{X}^{\mathrm{T}}\boldsymbol{X})^{-1}\boldsymbol{X}^{\mathrm{T}}(\boldsymbol{X}\boldsymbol{\beta}+\boldsymbol{\varepsilon})]\\&=E[(\boldsymbol{X}^{\mathrm{T}}\boldsymbol{X})^{-1}\boldsymbol{X}^{\mathrm{T}}\boldsymbol{X}\boldsymbol{\beta}+(\boldsymbol{X}^{\mathrm{T}}\boldsymbol{X})^{-1}\boldsymbol{X}^{\mathrm{T}}\boldsymbol{\varepsilon}]\\&=\boldsymbol{\beta}+E[(\boldsymbol{X}^{\mathrm{T}}\boldsymbol{X})^{-1}\boldsymbol{X}^{\mathrm{T}}\boldsymbol{\varepsilon}]\\&=\boldsymbol{\beta}\end{aligned}$$

在 $\boldsymbol{\beta}$ 的所有线性无偏估计中，最小二乘估计的方差最小，所以式（1.24）中的估计称为最佳线性无偏估计（best linear unbiased estimator，BLUE）。

（2）协方差矩阵。

回归参数估计值的协方差矩阵可以表示为：

$$\mathrm{Var}(\hat{\boldsymbol{\beta}})=\sigma^2(\boldsymbol{X}^{\mathrm{T}}\boldsymbol{X})^{-1} \tag{1.39}$$

证明：应用式（1.24），参数估计值的方差为：

$$\begin{aligned}\mathrm{Var}(\hat{\boldsymbol{\beta}})&=\mathrm{Var}[(\boldsymbol{X}^{\mathrm{T}}\boldsymbol{X})^{-1}\boldsymbol{X}^{\mathrm{T}}\boldsymbol{y}]\\&=\mathrm{Var}[(\boldsymbol{X}^{\mathrm{T}}\boldsymbol{X})^{-1}\boldsymbol{X}^{\mathrm{T}}(\boldsymbol{X}\boldsymbol{\beta}+\boldsymbol{\varepsilon})]\\&=\mathrm{Var}[(\boldsymbol{X}^{\mathrm{T}}\boldsymbol{X})^{-1}\boldsymbol{X}^{\mathrm{T}}\boldsymbol{X}\boldsymbol{\beta}+(\boldsymbol{X}^{\mathrm{T}}\boldsymbol{X})^{-1}\boldsymbol{X}^{\mathrm{T}}\boldsymbol{\varepsilon})]\\&=\mathrm{Var}[(\boldsymbol{X}^{\mathrm{T}}\boldsymbol{X})^{-1}\boldsymbol{X}^{\mathrm{T}}\boldsymbol{\varepsilon})]\\&=(\boldsymbol{X}^{\mathrm{T}}\boldsymbol{X})^{-1}\boldsymbol{X}^{\mathrm{T}}\mathrm{Var}(\boldsymbol{\varepsilon})\boldsymbol{X}(\boldsymbol{X}^{\mathrm{T}}\boldsymbol{X})^{-1}\\&=(\boldsymbol{X}^{\mathrm{T}}\boldsymbol{X})^{-1}\boldsymbol{X}^{\mathrm{T}}(\boldsymbol{\sigma}^2\mathbf{I})\boldsymbol{X}(\boldsymbol{X}^{\mathrm{T}}\boldsymbol{X})^{-1}\\&=\boldsymbol{\sigma}^2(\boldsymbol{X}^{\mathrm{T}}\boldsymbol{X})^{-1}\end{aligned}$$

在式（1.39）中，$\sigma^2(\boldsymbol{X}^{\mathrm{T}}\boldsymbol{X})^{-1}$是一个（$k+1$）×（$k+1$）的矩阵，称作参数估计值的协方差矩阵。该矩阵对角线上的元素就是参数估计值 $\hat{\beta}_j$（$j=0$，1，…，k）的方差，即

$$\mathrm{Var}(\hat{\beta}_j)=\sigma^2 c_{jj} \tag{1.40}$$

式中，c_{jj} 是矩阵$(\boldsymbol{X}^{\mathrm{T}}\boldsymbol{X})^{-1}$对角线上的第 j 个元素。

可以证明（Wooldridge，2006），参数估计值 $\hat{\beta}_j$（$j=0$，1，…，k）的方差还可以表示为：

$$\mathrm{Var}(\hat{\beta}_j)=\frac{\sigma^2}{(1-R_j^2)\sum_{i=1}^{n}(x_{ji}-\bar{x}_j)^2} \tag{1.41}$$

式中，R_j^2 是解释变量 x_j 与其他解释变量之间的复相关系数。关于复相关系数的详细介绍可参见 1.7.1 节。

式 1.41 表明，误差项的方差越小，参数估计值 $\hat{\beta}_j$ 的方差将越小。解释变量 x_j 与其他解释变量之间的线性相关关系越弱，参数估计值 $\hat{\beta}_j$ 的方差将越小。此外，解释变量 x_j 在其均值周围越分散，参数估计值 $\hat{\beta}_j$ 的方差将越小。

将式（1.37）中 σ^2 的估计值 $\hat{\sigma}^2$ 代入式（1.40）并求平方根，可以得到参数估计值 $\hat{\beta}_j$ 的标准误（standard error，s. e.），即标准差的估计值为：

$$\text{s.e.}(\hat{\beta}_j) = \hat{\sigma}\sqrt{c_{jj}} = \sqrt{\frac{c_{jj}}{n-k-1}\sum_{i=1}^{n}\hat{\varepsilon}_i^2} \tag{1.42}$$

（3）正态分布假设下的性质。

如果进一步假设误差项服从态分布，即 $\boldsymbol{\varepsilon} \sim N(\boldsymbol{0}, \sigma^2\mathbf{I})$，则 $\boldsymbol{y} \sim N(\boldsymbol{X\beta}, \sigma^2\mathbf{I})$。又因为最小二乘估计 $\hat{\boldsymbol{\beta}}$ 是因变量观察值的线性组合，所以必然服从正态分布，且均值为 $\boldsymbol{\beta}$，协方差矩阵为 $\sigma^2(\boldsymbol{X}^{\mathrm{T}}\boldsymbol{X})^{-1}$，即可以表示为：

$$\hat{\boldsymbol{\beta}} \sim N(\boldsymbol{\beta}, \sigma^2(\boldsymbol{X}^{\mathrm{T}}\boldsymbol{X})^{-1})$$

此外，在误差项服从正态分布的假设下，最小二乘估计值与其真实值之间的加权距离服从自由度为 $k+1$ 的卡方分布：

$$\frac{(\hat{\boldsymbol{\beta}}-\boldsymbol{\beta})^{\mathrm{T}}(\boldsymbol{X}^{\mathrm{T}}\boldsymbol{X})(\hat{\boldsymbol{\beta}}-\boldsymbol{\beta})}{\sigma^2} \sim \chi^2_{k+1}$$

1.4　异方差与加权最小二乘估计

在线性回归模型中，如果误差项的方差互不相同，即可以表示为：

$$\mathrm{Var}(\varepsilon_i) = \sigma_i^2 = \sigma^2\phi_i \tag{1.43}$$

则式（1.24）中的最小二乘估计值虽然是无偏估计，但不再是最优线性无偏估计，即在所有的线性无偏估计中，不能保证式（1.24）的方差是最小的（Strutz，2011；谢宇，2013）。

1.4.1　异方差条件下参数估计值的标准误

式（1.24）中最小二乘估计值的方差可以表示为：

$$\mathrm{Var}(\hat{\boldsymbol{\beta}}) = E[\mathrm{Var}(\hat{\boldsymbol{\beta}} \mid \boldsymbol{X})] + \mathrm{Var}[E(\hat{\boldsymbol{\beta}} \mid \boldsymbol{X})] \tag{1.44}$$

由式（1.38）的证明过程可知，异方差不影响最小二乘估计值的无偏性，所以，式（1.44）中的第二项为零，即

$$\mathrm{Var}[E(\hat{\boldsymbol{\beta}} \mid \boldsymbol{X})] - \mathrm{Var}(\boldsymbol{\beta}) - 0$$

因此，式（1.44）中最小二乘估计值的方差可以表示为：

$$\begin{aligned}
\mathrm{Var}(\hat{\boldsymbol{\beta}}) &= E[\mathrm{Var}(\hat{\boldsymbol{\beta}} \mid \boldsymbol{X})] \\
&= E[\mathrm{Var}((\boldsymbol{X}^{\mathrm{T}}\boldsymbol{X})^{-1}\boldsymbol{X}^{\mathrm{T}}\boldsymbol{y} \mid \boldsymbol{X})] \\
&= E[\mathrm{Var}((\boldsymbol{X}^{\mathrm{T}}\boldsymbol{X})^{-1}\boldsymbol{X}^{\mathrm{T}}(\boldsymbol{X\beta}+\boldsymbol{\varepsilon}) \mid \boldsymbol{X})] \\
&= E[\mathrm{Var}((\boldsymbol{X}^{\mathrm{T}}\boldsymbol{X})^{-1}\boldsymbol{X}^{\mathrm{T}}\boldsymbol{\varepsilon} \mid \boldsymbol{X})] \\
&= E[(\boldsymbol{X}^{\mathrm{T}}\boldsymbol{X})^{-1}\boldsymbol{X}^{\mathrm{T}}\,\mathrm{Var}(\boldsymbol{\varepsilon})\boldsymbol{X}(\boldsymbol{X}^{\mathrm{T}}\boldsymbol{X})^{-1} \mid \boldsymbol{X})]
\end{aligned}$$

在异方差条件下，假设误差项的协方差矩阵可以表示为：

$$\mathrm{Var}(\boldsymbol{\varepsilon}) = \sigma^2\boldsymbol{W} \tag{1.45}$$

则最小二乘估计值的方差可以表示为：

$$\mathrm{Var}(\hat{\boldsymbol{\beta}}) = \sigma^2(\boldsymbol{X}^{\mathrm{T}}\boldsymbol{X})^{-1}\boldsymbol{X}^{\mathrm{T}}\boldsymbol{W}\boldsymbol{X}(\boldsymbol{X}^{\mathrm{T}}\boldsymbol{X})^{-1} \tag{1.46}$$

由此可见，在异方差条件下，参数估计值的标准误是式（1.46）中对角线上元素的平方

根，而不再是式（1.39）中对角线上元素的平方根。

式（1.45）中的矩阵 $\boldsymbol{W}$ 往往是未知的，不过，在大样本条件下，式（1.46）可以通过下式进行估计：

$$\widehat{\mathrm{Var}}(\hat{\boldsymbol{\beta}}) = (\boldsymbol{X}^{\mathrm{T}}\boldsymbol{X})^{-1}\left(\sum_{i=1}^{n} \hat{\varepsilon}_i^2 \boldsymbol{x}_i \boldsymbol{x}_i^{\mathrm{T}}\right)(\boldsymbol{X}^{\mathrm{T}}\boldsymbol{X})^{-1} \tag{1.47}$$

式中，$\boldsymbol{x}_i^{\mathrm{T}}=[1, x_{1i}, \cdots, x_{ki}]$是设计矩阵第 i 行的元素。

在异方差条件下，虽然应用式（1.47）可以求得最小二乘估计值的标准误，但仍然未能解决最小二乘估计的有效性问题，即不能保证最小二乘估计在所有线性无偏估计中的方差是最小的。

1.4.2 加权最小二乘估计

在异方差条件下，可以对式（1.45）中协方差矩阵的逆矩阵$\boldsymbol{W}^{-1}$进行如下分解：

$$\boldsymbol{W}^{-1}=\boldsymbol{\Lambda}^{\mathrm{T}}\boldsymbol{\Lambda} \Leftrightarrow \boldsymbol{W}=\boldsymbol{\Lambda}^{-1}(\boldsymbol{\Lambda}^{\mathrm{T}})^{-1}$$

用矩阵 $\boldsymbol{\Lambda}$ 可以对因变量、设计矩阵和误差项进行变换，即令

$$\tilde{\boldsymbol{y}}=\boldsymbol{\Lambda}\boldsymbol{y}$$
$$\widetilde{\boldsymbol{X}}=\boldsymbol{\Lambda}\boldsymbol{X}$$
$$\tilde{\boldsymbol{\varepsilon}}=\boldsymbol{\Lambda}\boldsymbol{\varepsilon}$$

则可以建立下述的线性回归模型：

$$\tilde{\boldsymbol{y}}=\widetilde{\boldsymbol{X}}\boldsymbol{\beta}_w+\tilde{\boldsymbol{\varepsilon}} \tag{1.48}$$

可以验证，式（1.48）中的模型满足线性回归模型的所有假设。譬如，误差项 $\tilde{\boldsymbol{\varepsilon}}$ 的均值为零，并且是同方差的，即

$$\begin{aligned}
E(\tilde{\boldsymbol{\varepsilon}}) &= E(\boldsymbol{\Lambda}\boldsymbol{\varepsilon})=\boldsymbol{\Lambda}E(\boldsymbol{\varepsilon})=\boldsymbol{0}\\
\mathrm{Var}(\tilde{\boldsymbol{\varepsilon}}) &= E(\tilde{\boldsymbol{\varepsilon}}\tilde{\boldsymbol{\varepsilon}}^{\mathrm{T}})\\
&= E(\boldsymbol{\Lambda}\boldsymbol{\varepsilon}\boldsymbol{\varepsilon}^{\mathrm{T}}\boldsymbol{\Lambda}^{\mathrm{T}})\\
&= \boldsymbol{\Lambda}E(\boldsymbol{\varepsilon}\boldsymbol{\varepsilon}^{\mathrm{T}})\boldsymbol{\Lambda}^{\mathrm{T}}\\
&= \boldsymbol{\Lambda}\mathrm{Var}(\boldsymbol{\varepsilon})\boldsymbol{\Lambda}^{\mathrm{T}}\\
&= \boldsymbol{\Lambda}\sigma^2\boldsymbol{W}\boldsymbol{\Lambda}^{\mathrm{T}}\\
&= \sigma^2\boldsymbol{\Lambda}[\boldsymbol{\Lambda}^{-1}(\boldsymbol{\Lambda}^{\mathrm{T}})^{-1}]\boldsymbol{\Lambda}^{\mathrm{T}}\\
&= \sigma^2\mathbf{I}
\end{aligned}$$

式（1.48）的模型满足线性回归模型的同方差假设和其他所有假设，所以可以直接应用式（1.24）的最小二乘法估计模型的回归参数：

$$\begin{aligned}
\hat{\boldsymbol{\beta}}_w &= (\widetilde{\boldsymbol{X}}^{\mathrm{T}}\widetilde{\boldsymbol{X}})^{-1}\widetilde{\boldsymbol{X}}^{\mathrm{T}}\tilde{\boldsymbol{y}}\\
&= [(\boldsymbol{\Lambda}\boldsymbol{X})^{\mathrm{T}}\boldsymbol{\Lambda}\boldsymbol{X}]^{-1}(\boldsymbol{\Lambda}\boldsymbol{X})^{\mathrm{T}}(\boldsymbol{\Lambda}\boldsymbol{y})\\
&= (\boldsymbol{X}^{\mathrm{T}}\boldsymbol{\Lambda}^{\mathrm{T}}\boldsymbol{\Lambda}\boldsymbol{X})^{-1}\boldsymbol{X}^{\mathrm{T}}\boldsymbol{\Lambda}^{\mathrm{T}}\boldsymbol{\Lambda}\boldsymbol{y}\\
&= (\boldsymbol{X}^{\mathrm{T}}\boldsymbol{W}^{-1}\boldsymbol{X})^{-1}\boldsymbol{X}^{\mathrm{T}}\boldsymbol{W}^{-1}\boldsymbol{y}
\end{aligned} \tag{1.49}$$

由式（1.39）可知，上述估计值的协方差矩阵为：

$$\mathrm{Var}(\hat{\boldsymbol{\beta}}_w)=\sigma^2(\widetilde{\boldsymbol{X}}^{\mathrm{T}}\widetilde{\boldsymbol{X}})^{-1}$$

$$=\sigma^2 \left[(\boldsymbol{\Lambda X})^{\mathrm{T}} \boldsymbol{\Lambda X} \right]^{-1}$$
$$=\sigma^2 (\boldsymbol{X}^{\mathrm{T}} \boldsymbol{\Lambda}^{\mathrm{T}} \boldsymbol{\Lambda X})^{-1}$$
$$=\sigma^2 (\boldsymbol{X}^{\mathrm{T}} \boldsymbol{W}^{-1} \boldsymbol{X})^{-1} \tag{1.50}$$

式（1.49）是回归模型 $\tilde{\boldsymbol{y}}=\tilde{\boldsymbol{X}}\boldsymbol{\beta}_w+\tilde{\boldsymbol{\varepsilon}}$ 的参数估计值，而我们真正需要的是回归模型 $\boldsymbol{y}=\boldsymbol{X\beta}+\boldsymbol{\varepsilon}$ 的参数估计值。不过可以证明，式（1.49）中的 $\hat{\boldsymbol{\beta}}_w$ 就是回归参数 $\boldsymbol{\beta}$ 的无偏估计，即有

$$E(\hat{\boldsymbol{\beta}}_w)=E[(\boldsymbol{X}^{\mathrm{T}} \boldsymbol{W}^{-1} \boldsymbol{X})^{-1} \boldsymbol{X}^{\mathrm{T}} \boldsymbol{W}^{-1} \boldsymbol{y}]$$
$$=E[(\boldsymbol{X}^{\mathrm{T}} \boldsymbol{W}^{-1} \boldsymbol{X})^{-1} \boldsymbol{X}^{\mathrm{T}} \boldsymbol{W}^{-1} (\boldsymbol{X\beta}+\boldsymbol{\varepsilon})]$$
$$=E[(\boldsymbol{X}^{\mathrm{T}} \boldsymbol{W}^{-1} \boldsymbol{X})^{-1} \boldsymbol{X}^{\mathrm{T}} \boldsymbol{W}^{-1} \boldsymbol{X\beta}+(\boldsymbol{X}^{\mathrm{T}} \boldsymbol{W}^{-1} \boldsymbol{X})^{-1} \boldsymbol{X}^{\mathrm{T}} \boldsymbol{W}^{-1} \boldsymbol{\varepsilon})]$$
$$=\boldsymbol{\beta}+E[(\boldsymbol{X}^{\mathrm{T}} \boldsymbol{W}^{-1} \boldsymbol{X})^{-1} \boldsymbol{X}^{\mathrm{T}} \boldsymbol{W}^{-1} \boldsymbol{\varepsilon}]$$
$$=\boldsymbol{\beta}$$

由此可见，在异方差条件下，如果误差项的协方差矩阵可以表示为 $\mathrm{Var}(\boldsymbol{\varepsilon})=\sigma^2\boldsymbol{W}$，则回归参数的估计值可以表示为：

$$\hat{\boldsymbol{\beta}}=(\boldsymbol{X}^{\mathrm{T}} \boldsymbol{W}^{-1} \boldsymbol{X})^{-1} \boldsymbol{X}^{\mathrm{T}} \boldsymbol{W}^{-1} \boldsymbol{y} \tag{1.51}$$

协方差矩阵 $\boldsymbol{W}$ 是一个 $n\times n$ 的矩阵，很难通过 n 个样本观测值进行估计，所以在实际应用中，通常把协方差矩阵 $\boldsymbol{W}$ 设定为式（1.52）所示的对角矩阵：

$$\boldsymbol{W}=\begin{bmatrix} w_1 & & & \\ & w_2 & & \\ & & \ddots & \\ & & & w_n \end{bmatrix} \tag{1.52}$$

在实际应用中，经常使用的一种假设是令 $w_i=1/n_i$，即假设误差项的方差与其样本量成反比：

$$\sigma_i^2=\sigma^2/n_i \tag{1.53}$$

式中，n_i 是对因变量 y_i 的观测次数。

假设协方差矩阵 $\boldsymbol{W}$ 为对角矩阵意味着假设误差项之间相互独立，即

$$\mathrm{Cov}(\varepsilon_i,\varepsilon_j)=0，i\neq j$$

在式（1.51）中，误差项的协方差矩阵 $\boldsymbol{W}$ 可以看作权数矩阵，因此，式（1.51）的估计值称为加权最小二乘估计。

如果误差项之间相互独立，且它们的方差相等，则式（1.51）的加权最小二乘估计就退化为式（1.24）的普通最小二乘估计。

1.5　假设检验

线性回归模型的参数可以通过最小二乘法进行估计，这种估计方法无须对误差项或因变量的分布形式做任何假设。但是，在对回归参数进行显著性检验时，就必须假设误差项或因变量服从正态分布，即

$$\boldsymbol{\varepsilon} \sim N(\mathbf{0}, \sigma^2 \mathbf{I}) \tag{1.54}$$

或等价地

$$\boldsymbol{y} \sim N(\boldsymbol{X\beta}, \sigma^2 \mathbf{I}) \tag{1.55}$$

对线性回归模型的参数进行显著性检验，主要有下述几种形式：

（1）对模型中所有的参数同时进行检验，即检验所有参数是否同时为零。这事实上是对模型整体上的显著性进行检验。

（2）只对模型中的一个参数进行检验，即检验其是否为零。

（3）对模型中的多个参数同时进行检验，即检验它们是否同时为零。

（4）检验模型中的某些参数是否取特定数值。

如果经过检验，模型中的某个参数与零没有显著差异，就意味着这个参数对应的解释变量对因变量没有显著影响，可以从模型中剔除。

在线性回归模型中，进行显著性检验的主要统计量是自由度为（r，$n-k-1$）的 F 分布：

$$F=\frac{(SSE_{简}-SSE_{复})/r}{SSE_{复}/(n-k-1)} \sim F(r, n-k-1) \tag{1.56}$$

式中，$SSE_{简}$表示简单模型的残差平方和；$SSE_{复}$表示复杂模型的残差平方和；$F(r, n-k-1)$表示自由度为（r，$n-k-1$）的 F 分布。

复杂模型包含 $k+1$ 个参数。简单模型中的解释变量是复杂模型中解释变量的一个子集。r 是复杂模型与简单模型的解释变量个数或参数个数之差，也就是简单模型与复杂模型的自由度之差。n 表示观测值个数。

如果简单模型与复杂模型的残差平方和相差很大，即式（1.56）中 F 统计量的值很大，譬如大于 $F(r, n-k-1)$ 的 $1-\alpha$ 分位数，则意味着简单模型剔除 r 个解释变量以后，使得模型的残差平方和增加过多，所以应该拒绝简单模型。

线性回归模型的总平方和 SST 可以分解为回归平方和 SSR 与残差平方和 SSE，即 $SST=SSR+SSE$，所以，式（1.56）中的 F 统计量也可以表示为：

$$F=\frac{(SSR_{复}-SSR_{简})/r}{SSE_{复}/(n-k-1)} \sim F(r, n-k-1) \tag{1.57}$$

式中，$SSR_{简}$表示简单模型的回归平方和；$SSR_{复}$表示复杂模型的回归平方和。

1.5.1 多个参数的显著性检验

线性回归模型的一般形式可以表示为：

$$\boldsymbol{y}=\beta_0+\beta_1\boldsymbol{x}_1+\cdots+\beta_k\boldsymbol{x}_k+\varepsilon \tag{1.58}$$

如果对所有参数的显著性进行检验，其对应的原假设为：

$$H_0: \beta_1=\cdots=\beta_k=0 \tag{1.59}$$

进行显著性检验的统计量为下述自由度为（k，$n-k-1$）的 F 分布：

$$F=\frac{(SST-SSE)/k}{SSE/(n-k-1)} \sim F(k, n-k-1) \tag{1.60}$$

式中，SSE 表示当前模型的残差平方和；SST 是空模型的残差平方和。空模型是指没有任何

解释变量，只有截距项的模型。空模型对因变量的拟合值为 $\bar{y}$，所以空模型的残差平方和就是总平方和，即

$$SST = \sum_{i=1}^{n} (y_i - \bar{y})^2 \tag{1.61}$$

空模型只有 1 个参数，当前模型有 $k+1$ 个参数，所以由式（1.56）可知，式（1.60）中的统计量服从自由度为（k，$n-k-1$）的 F 分布。

如果根据式（1.60）计算的 F 值很大，譬如超过该值的概率仅为 1%，即通常所说的 p 值为 1%，就可以拒绝原假设，即认为模型中的某些参数显著不为零。

式（1.60）用于对模型中的所有参数进行显著性检验，即检验它们是否同时等于零。如果需要对模型中的若干个参数进行显著性检验，可以直接应用式（1.56）或（1.57）中的 F 统计量。譬如，在对具有三个水平的分类变量进行显著性检验时涉及两个参数，不妨假设为 β_1 和 β_2，则原假设可以表示为：

$$H_0: \beta_1 = \beta_2 = 0$$

进行假设检验的 F 统计量为：

$$F = \frac{(SSE_{简} - SSE_{复})/2}{SSE_{复}/(n-k-1)} \sim F(2, n-k-1) \tag{1.62}$$

式中，$SSE_{简}$ 是简单模型的残差平方和；$SSE_{复}$ 是复杂模型的残差平方和。在本例中，简单模型比复杂模型少 2 个参数（即 β_1 和 β_2），所以式（1.62）中的统计量服从自由度为（2，$n-k-1$）的 F 分布。

如果上式中的 F 值很大，即超过该值的概率很小，如小于 1%，就可以拒绝原假设，即认为该分类变量对因变量具有显著影响。

在某些情况下，F 检验可能会拒绝原假设，即认为分类变量对因变量具有显著影响，但在对分类变量的每个水平进行单独检验时，并不能拒绝所有的原假设，即某些水平的参数是不显著的。譬如，在上例中，分类变量从整体上看对因变量具有显著影响，但在对 β_1 和 β_2 分别进行显著性检验时，其中有一个参数可能是不显著的。此时，可以考虑对分类解释变量的某些水平进行合并处理。不过在合并处理时，应该考虑合并水平以后的实际意义，不能仅仅为了满足统计显著性的需要把分类变量的某些水平强行合并。

1.5.2　一个参数的显著性检验

如果只对模型中的一个参数 β_i 进行显著性检验，则原假设可以表示为：

$$H_0: \beta_i = 0 \tag{1.63}$$

对一个参数的显著性进行检验，也可以使用式（1.56）或（1.57）中的 F 统计量。但在这种情况下，上述 F 统计量的第一个自由度等于 1，此时，F 统计量等价于 t 统计量的平方。因此，在实际应用中，也可以使用下述自由度为 $n-k-1$ 的 t 统计量进行显著性检验：

$$t = \frac{\hat{\beta}_i}{\mathrm{s.e.}(\hat{\beta}_i)} \sim t_{(n-k-1)} \tag{1.64}$$

式中，$\mathrm{s.e.}(\beta_i)$ 表示参数 β_i 的标准误。

当 t 统计量的值很大时，即超过该值的概率很小，如小于 1%，就可以拒绝原假设，即认

为 β_i 显著不为零。

1.5.3 参数等于特定值的显著性检验

在线性回归模型中，有时需要检验模型中的某些参数是否相等，或检验某个参数是否等于一个特定值。进行这种检验也可以使用前面的 F 统计量或 t 统计量。

假设初始模型为：

$$\boldsymbol{y}=\beta_0+\beta_1\boldsymbol{x}_1+\cdots+\beta_i\boldsymbol{x}_i+\beta_j\boldsymbol{x}_j+\cdots+\beta_k\boldsymbol{x}_k+\varepsilon \tag{1.65}$$

如果回归系数 $\beta_i=\beta_j$，则上述模型可以简化为：

$$\boldsymbol{y}=\beta_0+\beta_1\boldsymbol{x}_1+\cdots+\beta_i(\boldsymbol{x}_i+\boldsymbol{x}_j)+\cdots+\beta_k\boldsymbol{x}_k+\varepsilon \tag{1.66}$$

模型（1.65）有 $k+1$ 个参数，模型（1.66）有 k 个参数，所以，如果原假设为：

$$H_0:\beta_i=\beta_j$$

则可以直接应用式（1.56）或（1.57）中的 F 统计量进行检验。

前述两个模型相差一个参数，所以 F 统计量的自由度为（1，$n-k-1$）。当 F 统计量的值很大时，即超过该值的概率很小，如小于 1%，就可以拒绝原假设，即认为 $\beta_i\neq\beta_j$。

在线性回归模型中，如果需要对某个参数是否等于一个特定值（如 $\beta_i=1.2$）进行检验，则相应的原假设为：

$$H_0:\beta_i=1.2$$

此时，可以使用下面的 t 统计量进行假设检验：

$$t=\frac{\hat{\beta}_i-1.2}{\text{s.e.}(\hat{\beta}_i)}\sim t_{(n-k-1)} \tag{1.67}$$

当 t 统计量的值很大或很小时，即超过该值或小于该值的概率很小，如小于 1%，就可以拒绝原假设，即认为 $\beta_i\neq1.2$。

1.5.4 统计显著性与实际显著性

前述的假设检验只是对参数的统计显著性进行检验。统计上具有显著性的解释变量并不表示实际上对因变量具有较强的解释能力。传统的假设检验方法比较适用于样本数据只有几十个或几百个观测值的情形。当样本量增加时，参数估计的精度也会相应提高，即参数估计值的标准误会有所降低。样本量越大，假设检验的 p 值就会越小。以式（1.64）为例，当参数的估计值 $\hat{\beta}_i$ 比较小时，如果样本数据较少，则分母上的标准误就比较大，相应的 t 统计量比较小，此时就不易拒绝 $\beta_i=0$ 的原假设，即认为该参数在统计上不显著。反之，对于同样的参数估计值，如果样本量较大，分母上的标准误就会较小，相应的 t 统计量就较大，此时容易拒绝原假设，即认为该参数在统计上是显著的。由此可见，当样本量足够大时，很容易得到在统计上显著的结论。换言之，如果没有拒绝原假设，或许仅仅是因为样本量不够大。

下面通过一个模拟数据来说明样本量对参数显著性的影响。在模拟的数据集 dt1 中，只有 20 个观测值，2 个解释变量，x1 和 x2。数据集 dt2 是由 2 个 dt1 数据集合并而成，有 40 个观测值。模型 mod1 基于数据集 dt1 建立，模型 mod2 基于数据集 dt2 建立。模拟数据和建立模型的 R 程序代码如下。

```
#设定模拟的种子
set.seed(2389)

# 模拟数据的样本量
n = 20

# 模拟解释变量 x1
x1 = rgamma(n, 2, 1)

# 模拟解释变量 x2
x2 = rgamma(n, 2, 3)

# 真实的参数值
b0 = 100
b1 = 102
b2 = 35

# 因变量的均值
mu = b0 + b1 * x1 + b2 * x2

# 误差项,均值为 0,标准差为 50
e = rnorm(n, mean = 0, sd = 50)

# 因变量的模拟值
y = mu + e

# 模拟的数据集 dt1
dt1 = data.frame(y, x1, x2)

# 基于 dt1 建立模型 mod1
mod1 = lm(y ~ x1 + x2, data = dt1)

# 输出模型 mod1 的参数估计值
summary(mod1)$coef
##              Estimate Std. Error t value  Pr(>|t|)
## (Intercept)   106.220     19.853    5.35  5.30e-05
## x1            102.314      7.683   13.32  2.02e-10
## x2             26.409     17.485    1.51     0.149
```

```
# 数据集 dt2 由两个 dt1 合并而成
dt2 = rbind(dt1, dt1)

# 基于 dt2 建立模型 mod2
mod2 = lm(y ~ x1 + x2, data = dt2)

# 输出模型 mod2 的主要结果
summary(mod2)$coef
##              Estimate Std. Error t value  Pr(>|t|)
## (Intercept)   106.220     13.457   7.893  1.89e-09
## x1            102.314      5.208  19.646  < 2e-16
## x2             26.409     11.852   2.228     0.032
```

在基于数据集 dt1 建立的模型 mod1 中，解释变量 x2 的参数是不显著的，其 p 为 0.149，大于 5%的显著性水平。如果把两个 dt1 数据集合并在一起，形成一个包含 40 个观测值的数据集 dt2，并基于数据集 dt2 建立模型 mod2，则解释变量 x2 的参数是显著的，其 p 值为 0.032，小于 5%。事实上，如果把四个 dt1 数据集合并在一起建立回归模型，x2 的参数会更加显著，其 p 值降为 0.001 91。

比较 mod1 和 mod2 可见，把原来的数据集 dt1 复制两次后形成新的数据集 dt2，虽然可以减小参数估计值的标准误，提高参数的显著性，但并不会改变参数的估计值。

基于上述原因，在实际应用中，对于在统计上显著的解释变量，还应该考虑与其他解释变量的相对显著水平。如果相对于其他解释变量对因变量的影响而言，该解释变量的影响很小，则在最终模型中可以考虑将其剔除。

1.6 模型诊断和改进

线性回归模型是建立在一系列假设基础之上的，如果这些假设得不到满足，回归模型的可信度就会受到怀疑。譬如，如果违背了正交假设，回归参数的估计值将不再是无偏的；如果违背了独立同分布假设，回归参数的估计值将不再是有效的。模型诊断就是通过残差分析等手段检查线性回归模型的有关假设是否得到了满足。

1.6.1 残差

残差是对线性回归模型进行诊断的主要工具。线性回归模型的残差（residual）是因变量的观测值与其拟合值之差，定义如下：

$$\hat{\varepsilon}_i = y_i - \hat{y}_i \tag{1.68}$$

残差用矩阵形式可以表示为：

$$\hat{\boldsymbol{\varepsilon}} = \boldsymbol{y} - \hat{\boldsymbol{y}} \tag{1.69}$$

应用式（1.33），残差还可以表示为：

$$\hat{\boldsymbol{\varepsilon}} = (\mathbf{I} - \boldsymbol{H})\boldsymbol{y} \tag{1.70}$$

容易验证，残差的均值为零，而 $\mathbf{I}-\boldsymbol{H}$ 是一个对称的幂等矩阵，即满足$(\mathbf{I}-\boldsymbol{H})^{\mathrm{T}}=\mathbf{I}-\boldsymbol{H}$，且

$(\mathbf{I}-\boldsymbol{H})(\mathbf{I}-\boldsymbol{H})=\mathbf{I}-\boldsymbol{H}$，因此残差的协方差矩阵为：

$$\mathrm{Var}(\hat{\boldsymbol{\varepsilon}})=(\mathbf{I}-\boldsymbol{H})\mathrm{Var}(\boldsymbol{y})(\mathbf{I}-\boldsymbol{H})=\sigma^2(\mathbf{I}-\boldsymbol{H}) \tag{1.71}$$

由此可见，即使误差项是相互独立的，且具有常数方差，但残差并非相互独立，其方差也不一定是常数。

残差的方差就是式（1.71）中对角线上的元素，即

$$\mathrm{Var}(\hat{\varepsilon}_i)=\sigma^2(1-h_{ii}) \tag{1.72}$$

式中，h_{ii} 是帽子矩阵 $\boldsymbol{H}$ 对角线上的第 i 个元素，称作第 i 个观测值的杠杆值。

式（1.72）表明，较大的杠杆值 h_{ii} 会降低第 i 个残差的方差，这也意味着较大的杠杆值 h_{ii} 会把拟合值强行拉向第 i 个观测值。

应用残差的标准差对残差进行标准化处理，即可定义下面的标准化残差（standardized residuals）：

$$r_i=\frac{\hat{\varepsilon}_i}{\sigma\sqrt{1-h_{ii}}} \tag{1.73}$$

式中，误差项的方差 σ^2 可以应用式（1.37）进行估计，即

$$\hat{\sigma}^2=\frac{SSE}{n-k-1} \tag{1.74}$$

式中，SSE 表示模型的残差平方和；n 为观测值的个数；$k+1$ 为回归参数的个数；$n-k-1$ 为残差平方和的自由度。

也可以应用下式估计误差项的方差 σ^2，即

$$\hat{\sigma}^2_{(i)}=\frac{SSE_{(i)}}{n-k-2} \tag{1.75}$$

式中，$SSE_{(i)}$ 表示剔除第 i 个观测值以后，用剩余的 $n-1$ 个观测数据重新建立回归模型并计算的残差平方和，所以自由度变为 $n-k-2$。

式（1.74）和（1.75）都是 σ^2 的无偏估计。

在式（1.73）定义的标准化残差中，如果用式（1.74）估计误差项的方差 σ^2，则该残差称作内学生化残差（internally studentized residuals）；如果用式（1.75）估计误差项的方差 σ^2，则该残差称作外学生化残差（externally studentized residuals）。外学生化残差近似服从自由度为 $n-k-2$ 的 t 分布（Cook，1982）。

外学生化残差 r_i^* 可以表示为内学生化残差 r_i 的单调变换，即

$$r_i^*=r_i\sqrt{\frac{n-k-2}{n-k-1-r_i^2}} \tag{1.76}$$

图 1—2 对内学生化残差与外学生化残差进行了比较。可见，当观察值的个数与回归参数的个数之差 $n-k-1$ 较大时，这两个残差在（-2，2）区间的取值几乎没有差异。换言之，在实际应用中，这两种残差造成的差异很小。

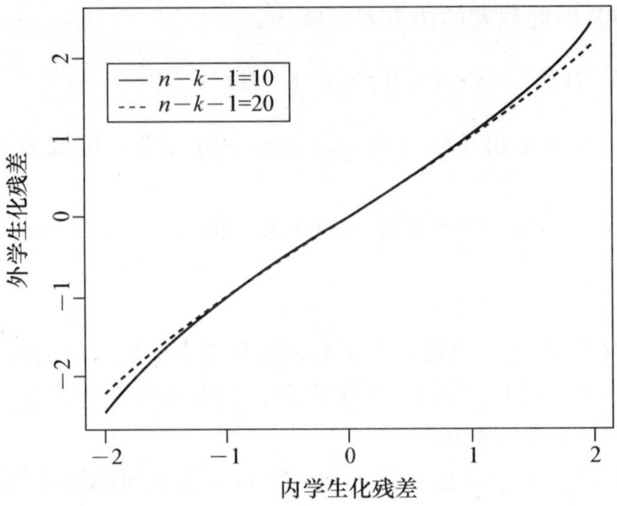

图 1—2　内学生化残差与外学生化残差的比较

考虑到内学生化残差容易计算，所以在残差分析中通常使用内学生化残差。

在模型的比较和诊断过程中，另一个非常有用的残差概念是所谓的偏残差（partial residuals）。一个解释变量的偏残差是剔除了其他解释变量的影响之后求得的残差。譬如，关于解释变量 x_j 的偏残差可以定义如下：

$$\begin{aligned}\hat{\varepsilon}_{i,x_j} &= y_i - (\hat{\beta}_0 + \hat{\beta}_1 x_{1i} + \cdots + \hat{\beta}_{j-1} x_{j-1,i} + \hat{\beta}_{j+1} x_{j+1,i} + \cdots + \hat{\beta}_k x_{ki}) \\ &= y_i - \boldsymbol{x}_i^{\mathrm{T}} \hat{\boldsymbol{\beta}} + \hat{\beta}_j x_{ji} \\ &= \hat{\varepsilon}_i + \hat{\beta}_j x_{ji}\end{aligned}$$

在上述偏残差中，除了解释变量 x_j 外，剔除了其他所有解释变量的影响。偏残差与解释变量的散点图有助于揭示特定解释变量对因变量的影响效应。

1.6.2　异常值和强影响点

如果从数据中删除某个观测会对模型产生实质性影响，如回归参数的估计值或因变量的拟合值发生了较大变化，则称这个观测是强影响点（influential observation）。

如果一个观测是强影响点，可能的原因有两个：该观测的因变量取值异常，或该观测的解释变量取值异常。

1. 因变量中的异常值

因变量的异常值（outlier）是指不能被当前模型较好拟合的观测值，相应的残差较大。某些残差较小的观测值也有可能是异常值，尤其是那些远离其他观测值的数据点，其杠杆值较大，可以把回归线拉向这些观测值，从而使得其残差较小。为了发现这类异常值，可以考虑在剔除一个观测值之后重新建立模型并计算残差，如果相应的残差较大，就可以认定该观测值为异常值。这种方法的缺陷是当样本量很大时，重新建立模型的计算量很大。一种更为切实可行的方法是应用式（1.76）计算的外学生化残差识别异常值。外学生化残差服从自由度为 $n-k-2$ 的 t 分布，因此可以通过 p 值来判断某个观测是否为异常值。

一旦判定某个观测为异常值，就应该将其从数据中剔除，重新估计模型参数。需要注意的是，在一个模型中被判定为异常值的数据，在另一个模型中未必是异常值。当样本量很大时，个别异常值对模型拟合结果的影响非常有限。

2. 解释变量中的异常值

解释变量中也可能出现异常值，它们同样会影响回归模型的结果。解释变量的异常程度可以通过杠杆值来度量，杠杆值较大的观测就有可能是解释变量中的异常值。为了与因变量中的异常值进行区分，可以把解释变量中的异常值称为高杠杆点。

由式（1.31）可知，线性回归模型对因变量的拟合值可以表示为观测值的线性组合，即

$$\hat{y}_i = h_{i1}y_1 + h_{i2}y_2 + \cdots + h_{in}y_n \tag{1.77}$$

式中，（h_{i1}，h_{i2}，$\cdots$，h_{in}）是帽子矩阵 $\boldsymbol{H}$ 第 i 行的元素，h_{ij} 表示第 j 个观测值对第 i 个拟合值的贡献。

可以证明，帽子矩阵对角线上的元素 h_{ii} 在（0，1）区间取值，且对角线上的元素之和等于模型的参数个数，即 $\sum_{i=1}^{n} h_{ii} = k+1$，其中，$h_{ii}$ 表示第 i 个观测值对自身拟合值的贡献，也称作杠杆值。因为所有观测值对其自身拟合值的总贡献为 $k+1$，所以每个观测值对其自身拟合值的贡献应该接近于（$k+1)/n$。换言之，如果杠杆值 h_{ii} 远远大于（$k+1)/n$，譬如 $h_{ii} > 2(k+1)/n$，则可能意味着这个观测值对回归模型的影响比较特殊，需要特别关注。

对杠杆值 h_{ii} 的另一种解释是，它度量了第 i 个观测值到所有观测值中心位置的距离。以一元线性回归模型为例，第 i 个杠杆值为：

$$h_{ii} = \frac{1}{n} + \frac{(x_i - \bar{x})^2}{\sum_{j=1}^{n}(x_j - \bar{x})^2} \tag{1.78}$$

从式（1.78）可以看出，x_i 越远离其均值，杠杆值 h_{ii} 越大，因此可以通过杠杆值发现解释变量中的异常值。

3. 强影响点的度量和识别

一个强影响点可能是异常值，也可能不是异常值，可能具有较大的杠杆值，也可能具有较小的杠杆值。不过，强影响点至少应该满足其中的一个条件，即要么是异常值，要么具有较大的杠杆值。

可以证明，普通残差 $\hat{\varepsilon}_i$ 与杠杆值 h_{ii} 存在下述关系（Cook，1982）：

$$h_{ii} + \frac{\hat{\varepsilon}_i^2}{SSE} \leqslant 1 \tag{1.79}$$

式中，SSE 是残差平方和。式（1.79）表明，高杠杆点往往具有较小的残差。因此，在识别强影响点时，需要同时考虑残差和杠杆值。

度量强影响点的方法很多，比较常用的是 Cook 距离（Cook，1982）。Cook 距离度量了剔除一个观测值对拟合值的影响，其定义公式为：

$$C_i = \frac{\sum_{j=1}^{n}(\hat{y}_j - \hat{y}_{j(i)})^2}{(k+1)\hat{\sigma}^2} \tag{1.80}$$

式中，$\hat{y}_j$ 表示基于完整数据建立的回归模型对第 j 个观测值的拟合值；$\hat{y}_{j(i)}$ 表示基于剔除第 i 个观测值以后的数据建立的回归模型对第 j 个观测值的拟合值；$k+1$ 表示回归参数的个数；

$\hat{\sigma}^2$ 表示模型误差项的方差估计值。

与式（1.80）等价的另一个计算 Cook 距离的公式为：

$$C_i = \frac{1}{k+1}\frac{h_{ii}}{1-h_{ii}}r_i^2 \tag{1.81}$$

式中，$k+1$ 表示回归参数的个数；r_i 表示第 i 个观测的标准化残差；h_{ii} 表示第 i 个观测的杠杆值。上式表明，残差较大或杠杆值较大的观测，其 Cook 距离也比较大。具有较大 Cook 距离的观测可能就是一个强影响点。

图 1—3 是根据一组模拟数据拟合的回归直线。该图中的空心圆点表示正常的观测值，由正常观测值求得的回归直线如图中的实线所示。如果在正常观测值中增加实心圆点所表示的观测值，相应的回归直线如中间的虚线所示。如果在正常观测值中增加三角形所表示的观测值，相应的回归直线如下方的虚线所示。实心圆点和三角形所表示的两个观测值都远离其他观测值，所以都有较大的杠杆值。但实心圆点不是异常值，因为无论在数据中是否包含这个观测值，它的残差都很小。三角形代表的数据是一个强影响点，它可以把回归直线拉向自己的位置。这个观测值也是一个异常值，因为它远离基于正常观测值拟合的回归直线。

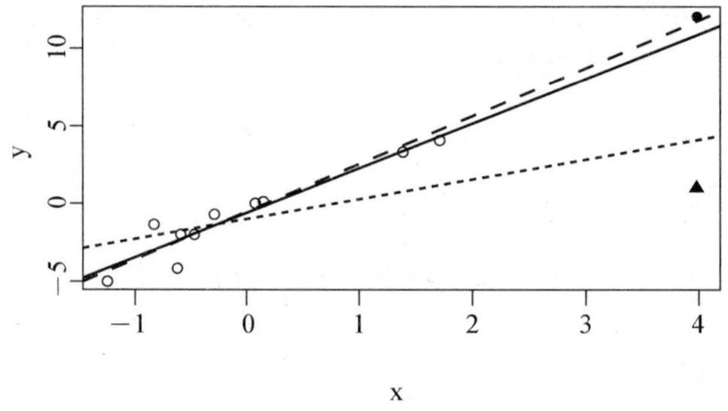

图 1—3　异常值和强影响点

在观测数据中发现异常值或强影响点时，首先应该检查其是否为正确的观测。如果是正确的观测，就不宜对其做简单的剔除处理，而应该考虑调整模型的形式，譬如使用非线性回归模型。如果不能确定观测值的正确性，可以将其从数据中剔除后重新估计回归参数。

模拟数据和绘制图 1—3 的有关 R 程序代码如下。

```
#设定模拟的种子
set.seed(5)

# 模拟解释变量的10个观测值,它们服从标准正态分布
x1 = rnorm(10)

# 模拟因变量的10个观测值
y1 = c(3 * x1 + rnorm(10))
```

```
# 增加第 11 个观测值,解释变量设定为 4
x2 = x3 = c(x1, 4)

# 因变量的第 11 个观测值设定为 12
y2 = c(y1, 12)

# 因变量的第 11 个观测值设定 1
y3 = c(y1, 1)

# 没有异常值和强影响点的回归模型
m1 = lm(y1 ~ x1)

# 增加第 11 个观测值(4,12)的回归模型
m2 = lm(y2 ~ x2)

# 增加第 11 个观测值(4,1)的回归模型
m3 = lm(y3 ~ x3)

# 绘图
plot(x2, y2, xlab = "x", ylab = "y")

# 增加第 11 个观测值(4,12)
points(4, 12, pch = 19)

# 增加第 11 个观测值(4,1)
points(4, 1, pch = 17, col = 2)
abline(m1)
abline(m2, lty = 2)
abline(m3, lty = 3)
```

1.6.3 模型基本假设的诊断

线性回归模型是建立在一系列基本假设之上的。如果这些基本假设得不到满足，前面关于线性回归模型的参数估计和假设检验的讨论都将受到怀疑。一般而言，轻微违背基本假设不会对分析结果造成重大影响，但严重违背基本假设会极大地破坏结果的合理性。在实际应用中，一般通过残差图就可以揭示模型的基本假设是否得到了满足。

1. 正态性假设的检验

为了检验模型的正态性假设是否得到满足，可以绘制标准化残差或学生化残差的 Q-Q 图，如果散点图近似为一条直线，就表明正态性假设得到了满足。检验正态性更加规范的一种方法是 Shapiro-Wilk 检验（Shapiro，1965），如果该检验的 p 值较大，就不能拒绝正态性假设。在 R 中运行该检验的函数为 shapiro. test(re)，其中，re 表示已经建立的线性回归模型的

残差。

【例 1—1】 假设线性回归模型为 $y=4+20x+\varepsilon$，其中误差项 ε 服从均值为 0，标准差为 5 的正态分布，解释变量 x 服从（1，10）区间上的均匀分布。请模拟 100 个 x 和 y 的观察值，建立线性回归模型，并检验模型的残差是否服从正态分布。

解：模拟数据和建立线性回归模型 mod 的程序代码如下。

```
set.seed(123)
n = 100  #观察值个数
b0 = 4   #截距
b1 = 20  #斜率
x = runif(n, min = 1, max = 10)   #解释变量,服从均匀分布
e = rnorm(100, mean = 0, sd = 5)  #误差项,服从正态分布
y = b0 + b1 * x + e    #因变量
dt = data.frame(y, x)  #模拟的数据集
mod = lm(y ~ x, data = dt)  #建立线性回归模型
re = rstudent(mod)  #提取学生化残差
shapiro.test(re)  #学生化残差的正态检验
##
##   Shapiro-Wilk normality test
##
## data: re
## W = 0.99015, p-value = 0.6769
```

模型 mod 的学生化残差通过函数 rstudent(mod) 提取。Shapiro-Wilk 检验输出的 p 值为 0.676 9，远远大于零，表明不能拒绝学生化残差服从正态分布的假设，这符合模拟数据的生成机理。

下面的程序代码可以输出学生化残差的直方图和 Q-Q 图。

```
#绘制学生化残差的直方图和 Q-Q 图
par(mfrow = c(1,2))
hist(re, col = 'grey', main = '')  #学生化残差的直方图
qqnorm(re, main = '')  #学生化残差的 Q-Q 图
qqline(re)
```

结果如图 1—4 所示。直方图接近对称，Q-Q 图中样本分位数和标准正态分布的理论分位数落在对角线上，都表明模型的正态分布假设是合理的。

如果经检验正态假设未能得到满足，通常的处理方法是对因变量进行函数变换，如进行对数变换，这相当于把因变量从 y 变为 $\ln(y)$。

2. 常数方差的检验

为了检验误差项的方差是否为常数，可以绘制解释变量与标准化残差（或学生化残差）的散点图，也可以绘制因变量与标准化残差（或学生化残差）的散点图，如果散点图是完全

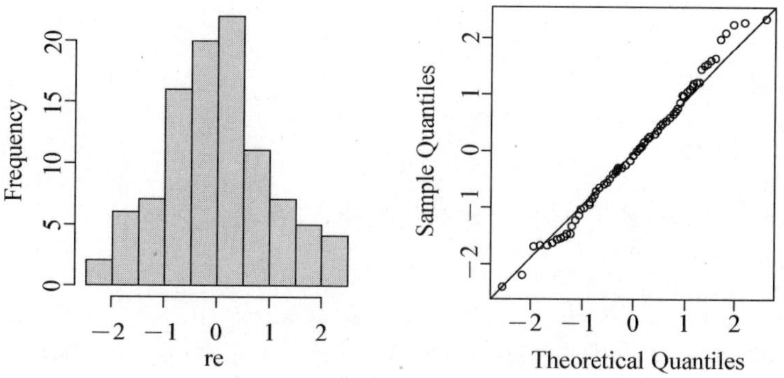

图 1—4　学生化残差的直方图和 Q-Q 图

随机的，就表明常数方差的假设得到了满足。在违背常数方差假设的情况下，可以对因变量进行变换，譬如当因变量的方差与其均值成比例时，可以进行平方根变换，即 $y_i^*=\sqrt{y_i}$；而当因变量的方差与其均值的平方成比例时，可以进行对数变换，即 $y_i^*=\ln(y_i)$。

当正态性假设或常数方差假设不能得到满足时，说明用线性回归模型拟合数据是不适当的，可以考虑使用本书后面各章将要介绍的广义线性模型。

【例 1—2】 分析例 1—1 中的学生化残差，判断常数方差假设是否成立。

解：绘制因变量与学生化残差、解释变量与学生化残差的程序代码如下。

```
#绘制学生化残差的散点图
par(mfrow = c(1,2))
plot(y, re)    #学生化残差与因变量的散点图
plot(x, re)    #学生化残差与解释变量的散点图
```

结果如图 1—5 所示。图 1—5（左）是因变量与学生化残差的散点图，图 1—5（右）是解释变量与学生化残差的散点图。可见，学生化残差没有明显的趋势性变化，呈现出随机分布的特征，表明例 1—1 中的常数方差假设是合理的。

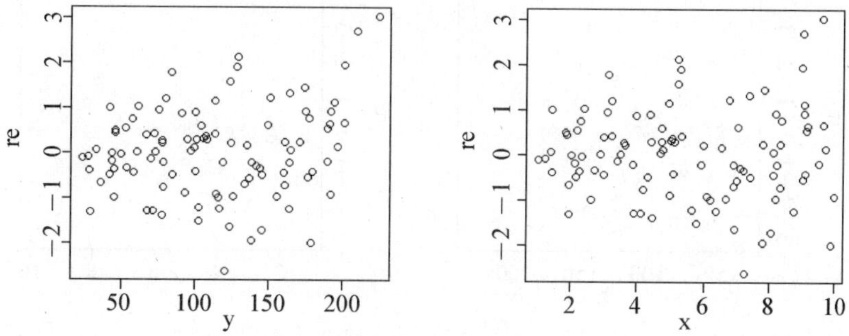

图 1—5　学生化残差的散点图

【例 1—3】 假设线性回归模型为 $y=4+20x+\varepsilon$，其中，误差项 ε 服从均值为 0，标准差为 x^2+5 的正态分布，解释变量 x 服从（1，10）区间上的均匀分布。请模拟 100 个 x 和 y 的观察值，建立线性回归模型，并通过残差分析检验常数方差假设的合理性。

解：模拟数据和建立线性回归模型的程序代码如下。函数 rstandard(mod) 可以提取模型的标准化残差。

```
set.seed(123)
n = 100   #观察值个数
b0 = 4    #截距
b1 = 20   #斜率
x = runif(n, min = 1, max = 10)   #解释变量,服从均匀分布
a0 = 1
a1 = 0.2
e = rnorm(100, mean = 0, sd = exp(a0 + 0.2 * x))   #误差项,服从正态分布
y = b0 + b1 * x + e    #因变量
dt = data.frame(y, x)  #模拟的数据集
mod = lm(y ~ x, data = dt)  #建立线性回归模型
summary(mod)$coef   #普通线性回归模型的参数估计值
##                  Estimate Std. Error t value    Pr(>|t|)
## (Intercept)    3.738     2.3890    1.565   1.208e-01
## x             19.951     0.3948   50.539   5.333e-72
re = rstandard(mod)   #提取模型的标准化残差
par(mfrow = c(1,2))
plot(y, re)   #标准化残差与因变量的散点图
plot(x, re)   #标准化残差与解释变量的散点图
```

结果如图 1—6 所示。图 1—6（左）是因变量与标准化残差的散点图，图 1—6（右）是解释变量与标准化残差的散点图，二者都呈现出了趋势性变化，即随着因变量和解释变量的增大，标准化残差的波动范围呈现出逐渐扩大的趋势。这就意味着，对于本例的数据使用常数方差假设是不合理的。由于常数方差假设未能得到满足，所以普通线性回归模型截距项的标准误偏大，截距项的参数估计值不显著。

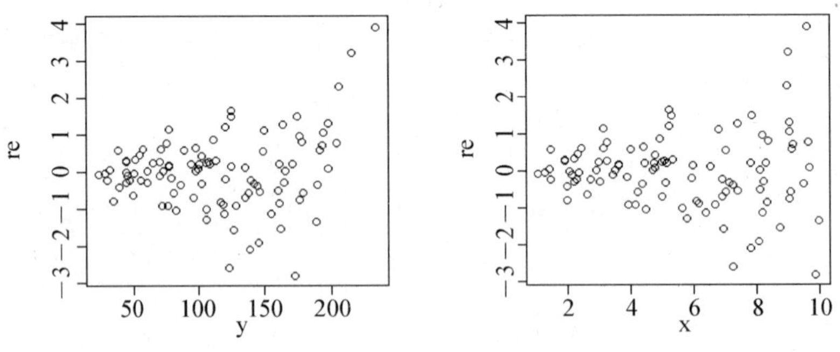

图 1—6　标准化残差的散点图

如果经检验常数方差假设未能得到满足，则可以考虑对因变量的均值参数 μ_i 和标准差参数 σ_i 的对数同时建立回归模型，即

$$\mu_i = \beta_0 + \beta_1 x_{1i} + \cdots + \beta_k x_{ki}$$
$$\ln(\sigma_i) = \alpha_0 + \alpha_1 z_{1i} + \cdots + \alpha_h z_{hi}$$

式中，x_{ji} 是均值回归参数 β_j（$j=1, 2, \cdots, k$）的解释变量；z_{li} 是标准差回归参数 α_l（$l=1$,

2，…，h）的解释变量。后者往往是前者的一个子集。之所以对标准差参数的对数建立回归模型，而不是直接对标准差建立回归模型，是因为要保证标准差大于零。

在 R 中，估计上述模型的参数可以使用 gamlss 程序包（Ganegoda，2013）。

对于例 1—3 中的模拟数据，均值参数和标准差参数的回归模型可以分别表示为：

$$\mu_i = \beta_0 + \beta_1 x_{1i}$$
$$\ln(\sigma_i) = \alpha_0 + \alpha_1 x_{1i}$$

应用 gamlss 程序包同时对均值参数和标准差参数建立回归模型的程序代码如下。

```
mod1 = gamlss(y ~ x, sigma.formula = ~ x, data = dt)
```

应用 summary(mod1) 可以输出回归模型的参数估计值。在均值参数的回归模型中，两个回归参数的估计值都是高度显著的，且与模拟数据的真实值（4，20）非常接近。均值回归模型的参数估计值如下。

```
##              Estimate Std. Error t value  Pr(>|t|)
## (Intercept)   4.4409     1.2218    3.635   0.00045 ***
## x            19.8049     0.3195   61.982   < 2e-16 ***
```

在标准差参数的回归模型中，两个回归参数的估计值也是高度显著的，且与模拟数据的真实值（1，0.2）非常接近。标准差回归模型的参数估计值如下。

```
##              Estimate Std. Error t value   Pr(>|t|)
## (Intercept)  0.93959    0.17039   5.514   2.95e-07 ***
## x            0.20337    0.02825   7.199   1.35e-10 ***
```

图 1—7 输出了模型 mod1 的分位残差与因变量和解释变量的散点图，分位残差呈现出较好的随机性，接近标准正态分布，表明模型的分布假设是合理的。关于分位残差的详细介绍参见第 2 章。绘制图 1—7 的程序代码如下。

```
re1 = mod1 $ residuals   #提取模型 mod1 的分位残差
par(mfrow = c(1,2))
plot(y, re1)   #分位残差与因变量的散点图
plot(x, re1)   #分位残差与解释变量的散点图
```

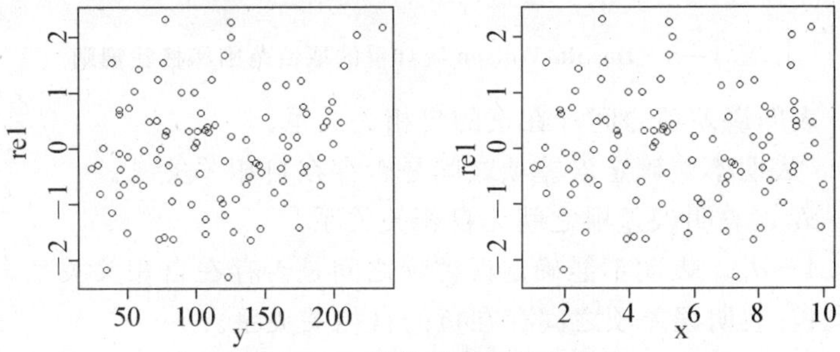

图 1—7　分位残差的散点图

3. 独立性检验

如果回归模型中遗漏了重要的解释变量，或者把解释变量的非线性效应错误地表示成了线性效应，则有可能破坏误差项之间的独立性假设。

为了检验误差项之间的独立性，可以绘制残差与其观测时间的散点图，或者绘制 $\hat{\varepsilon}_i$ 与 $\hat{\varepsilon}_{i-1}$ 的散点图，如果散点图没有趋势性变化，就可以认为误差项之间是近似独立的。

检验误差项之间是否相互独立，还可以使用更为正式的 Durbin-Watson 统计量（Durbin，1950—1951），该统计量可以检验误差项之间是否存在一阶自相关，即检验下式中的相关系数 ρ 是否为零：

$$\varepsilon_i = \rho\varepsilon_{i-1} + \omega_i \tag{1.82}$$

式中，ρ 是 ε_i 与 ε_{i-1} 之间的相关系数；ω_i 是均值为零、方差为常数的独立正态随机变量序列。

Durbin-Watson 统计量的计算公式为：

$$d = \frac{\sum_{i=2}^{n}(\hat{\varepsilon}_i - \hat{\varepsilon}_{i-1})^2}{\sum_{i=1}^{n}\hat{\varepsilon}_i^2} \tag{1.83}$$

误差项 ε_i 与 ε_{i-1} 之间的一阶自相关系数 ρ 可以通过下式进行估计：

$$\hat{\rho} = \frac{\sum_{i=2}^{n}\hat{\varepsilon}_i\hat{\varepsilon}_{i-1}}{\sum_{i=1}^{n}\hat{\varepsilon}_i^2} \tag{1.84}$$

由此可见，Durbin-Watson 统计量 d 与残差的自相关系数 $\hat{\rho}$ 之间存在下述近似关系：

$$d \approx 2(1-\hat{\rho}) \tag{1.85}$$

上式表明，Durbin-Watson 统计量 d 的变化范围在（0，4）区间。当 $\rho=0$ 时，d 接近于 2；当 $\rho=1$ 时，d 接近于 0；当 $\rho=-1$ 时，d 接近于 4。由此可见，d 越接近于 2，误差项之间相互独立的证据越充分；d 越偏离 2，误差项之间存在一阶自相关的程度越严重。

Durbin-Watson 统计量的取值范围和检验规则如图 1—8 所示。

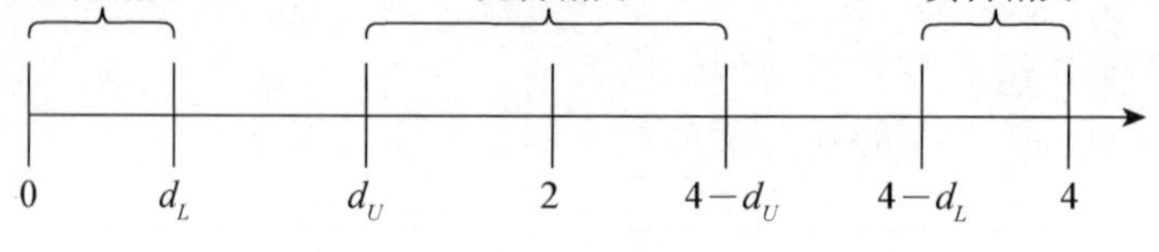

图 1—8 Durbin-Watson 统计量的取值范围和检验规则

若 $0<d<d_L$，表明误差项之间存在正的自相关关系。

若 $d_L<d<d_U$，表明不能确定误差项之间是否存在自相关关系。

若 $d_U<d<4-d_U$，表明误差项之间无自相关关系。

若 $4-d_U<d<4-d_L$，表明不能确定误差项之间是否存在自相关关系。

若 $4-d_L<d<4$，表明误差项之间存在负的自相关关系。

临界值 d_L 和 d_U 可以根据观测值个数 n 和回归参数个数 k 查 Durbin-Watson 检验表获得。

表 1—3 是当观测值个数 $n=100$ 时，节选的部分 d 统计量临界值表。

表 1—3　Durbin-Watson 统计量的临界值（节选）

k	d_L	d_U
2	1.654 04	1.694 39
3	1.633 69	1.715 17
4	1.613 06	1.736 43
5	1.592 16	1.758 18
6	1.571 00	1.780 39
7	1.549 58	1.803 06
8	1.527 93	1.826 19
9	1.506 04	1.849 76
10	1.483 94	1.873 77

Durbin-Watson 统计量只能检测误差项的一阶自相关关系，对于高阶自相关关系的检验无能为力。

【例 1—4】 通过残差图和 Durbin-Watson 检验分析例 1—1 中线性回归模型的独立性假设是否成立。

解：首先用函数 residuals(mod) 提取线性回归模型 mod 的残差，然后绘制残差的散点图，有关程序代码如下。

```
re = residuals(mod)    #提取模型的残差
par(mfrow = c(1,2))
plot(re)    #残差的散点图
plot(re[-1],re[-n])
```

结果如图 1—9 所示。图 1—9（左）是残差按其顺序号绘制的散点图，图 1—9（右）是 $\hat{\varepsilon}_{i+1}$ 与 $\hat{\varepsilon}_i$ 的散点图，横轴表示 $\hat{\varepsilon}_{i+1}$，纵轴表示 $\hat{\varepsilon}_i$，本例中 $i=1, 2, \cdots, n$；$n=100$。这两个散点图都没有呈现出明显的趋势性变化，所以可以认为本例关于误差项相互独立的假设是合理的。

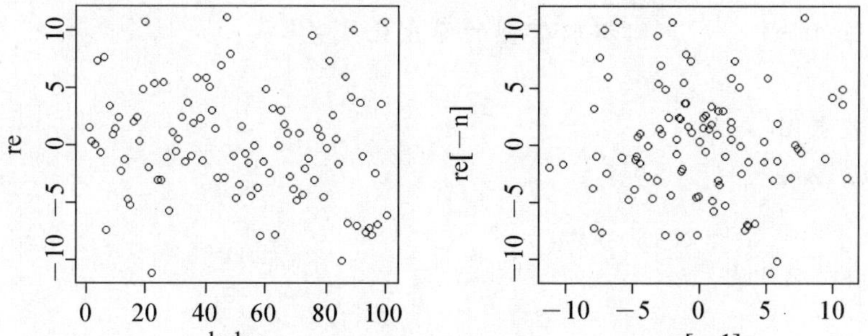

图 1—9　不存在自相关性的残差

检验例 1—1 中线性回归模型的独立性假设，还可以使用 R 程序包 car 中的 durbinWatsonTest 函数进行 Durbin-Watson 检验，有关程序代码及其输出结果如下。

```
library(car)
durbinWatsonTest(mod)    #D-W 检验
##     lag Autocorrelation D-W Statistic p-value
##      1          - 0.03827          2.059       0.85
##    Alternative hypothesis:rho ! = 0
```

输出结果表明，残差的一阶自相关系数为－0.038，Durbin-Watson 统计量的值为 2.059，p 值为 0.85，不能拒绝误差项不存在自相关关系的原假设，即独立性假设成立。

【例 1—5】 假设线性回归模型为 $y_i=4+20x_i+\varepsilon_i$，其中，误差项服从均值为零的正态分布，且有 $\varepsilon_i=0.8\varepsilon_{i-1}+u_i$，其中 $\varepsilon_i\sim N(0,\ 5^2)$，$u_i\sim N(0,\ 1)$，解释变量 x_i服从（1，10）区间上的均匀分布。请模拟 100 个 x 和 y 的观察值，建立线性回归模型，并检验模型的误差项是否相互独立。

解：模拟数据和建立线性回归模型的有关程序代码如下。

```
set.seed(123)
n = 100   #观察值个数
b0 = 4    #截距
b1 = 20   #斜率
x = runif(n, min = 1, max = 10)    #解释变量,服从均匀分布

#模拟误差
e = rep(0, n)
e[1] = rnorm(1, 5)
for (i in 2:n) {
  e[i] = 0.8 * e[i-1] + rnorm(1)
}
y = b0 + b1 * x + e         #因变量
dt = data.frame(y, x)      #模拟的数据集
mod = lm(y~x, data = dt)   #建立线性回归模型
re = residuals(mod)        #提取模型的学生化残差

#绘制残差的散点图
par(mfrow = c(1,2))
plot(re)
plot(re[-1],re[-n])
library(car)
durbinWatsonTest(mod)   #D-W 检验
##     lag Autocorrelation D-W Statistic p-value
##      1          0.8035          0.3073          0
##    Alternative hypothesis:rho ! = 0
```

残差散点图如图 1—10 所示。图 1—10 表明，本例的残差存在正的自相关关系。Durbin-Watson 输出的一阶自相关系数为 0.803 5，Durbin-Watson 统计量的值为 0.307 3，p 值为 0，拒绝没有自相关关系的原假设，即误差项存在正的自相关性。

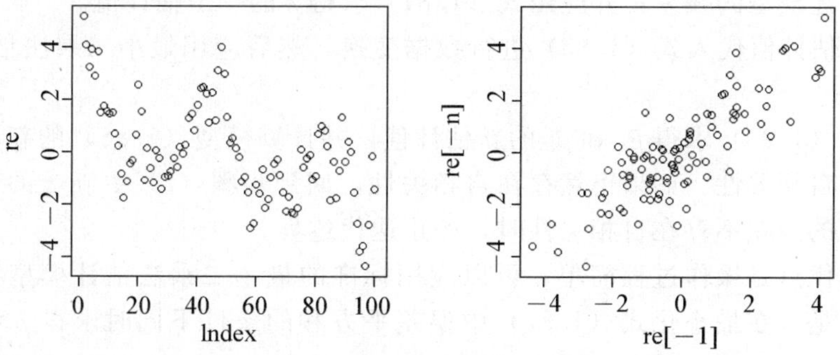

图 1—10　存在自相关性的残差

如果误差项的独立性假设遭到破坏，就应该考虑误差的相关性并重新估计模型参数。一种简单的处理方法是进行变量变换，消除自相关性。为简化表述，不妨假设模型中只有一个解释变量：

$$y_i=\beta_0+\beta_1 x_i+\varepsilon_i \tag{1.86}$$

相应地，ε_i 和 ε_{i-1} 可以表示为：

$$\varepsilon_i=y_i-\beta_0-\beta_1 x_i$$

$$\varepsilon_{i-1}=y_{i-1}-\beta_0-\beta_1 x_{i-1}$$

假设误差项 ε_i 和 ε_{i-1} 之间存在式（1.82）所示的自相关关系。将误差项的上述两个表达式代入式（1.82）可得

$$y_i-\beta_0-\beta_1 x_i=\rho(y_{i-1}-\beta_0-\beta_1 x_{i-1})+\omega_i$$

将上式变形，得到

$$y_i-\rho y_{i-1}=\beta_0(1-\rho)+\beta_1(x_i-\rho x_{i-1})+\omega_i \tag{1.87}$$

令

$$\begin{aligned} y_i^* &= y_i-\rho y_{i-1} \\ x_i^* &= x_i-\rho x_{i-1} \\ \beta_0^* &= \beta_0(1-\rho) \\ \beta_1^* &= \beta_1 \end{aligned} \tag{1.88}$$

则有

$$y_i^*=\beta_0^*+\beta_1^* x_i^*+\omega_i \tag{1.89}$$

模型（1.89）中的误差项不存在自相关性，所以可以直接应用通常的最小二乘法估计该模型的参数，并由此倒推出模型（1.86）的回归参数估计值：

$$\hat{\beta}_0=\hat{\beta}_0^*/(1-\hat{\rho}),\ \hat{\beta}_1=\hat{\beta}_1^* \tag{1.90}$$

应用上述方法需要已知 ρ 的估计值 $\hat{\rho}$，而 ρ 的估计值 $\hat{\rho}$ 又依赖于回归参数的估计值。为此，可以应用下述迭代算法：

(1) 拟合模型（1.86），求得 β_0 和 β_1 的一个初始估计值。

(2) 计算前述模型的残差，并应用式（1.84）求得 ρ 的一个估计值。

(3) 把 ρ 的估计值代入式（1.88）进行数据变换，然后应用最小二乘法估计模型（1.89）的参数 $\hat{\beta}_0^*$ 和 $\hat{\beta}_1^*$。

(4) 应用式（1.90）求得 β_0 和 β_1 的新估计值，并计算模型（1.86）的新残差，然后检查新残差是否存在自相关性。如果仍然存在自相关性，回到步骤（2）更新 ρ 的估计值。重复上述过程，直至新的残差不存在自相关性时，停止迭代过程。

上述方法的优点是操作过程简单，可以应用标准的最小二乘法估计模型参数。另外一种更加直接的方法是，在最小化式（1.87）中误差平方和的条件下同时求得 ρ 和回归参数的估计值：

$$S(\rho,\beta_0,\beta_1)=\sum_{i=2}^{n}\left[(y_i-\rho y_{i-1})-\beta_0(1-\rho)-\beta_1(x_i-\rho x_{i-1})\right]^2 \tag{1.91}$$

从应用的角度看，这种方法与第一种方法的结果差异不会很大。

1.6.4 共线性的诊断

在解释线性回归模型时，我们总是隐含着这样一种假设，即各个解释变量之间不存在很强的依赖关系。事实上，解释变量之间存在线性相关关系的情况比较常见。如果解释变量之间存在很强的线性相关关系，就认为数据存在共线性问题。共线性会导致回归系数的估计不稳定，即增加或删除一个变量或样本点，回归系数的估计值会有很大变化。

共线性的一种极端情况是完全的共线性，即某些解释变量之间存在完全的线性相关关系。考虑死亡率预测模型中的下面三个解释变量：患者在患病时的年龄 x_1、患病后已经生存的年数 x_2，以及当前的年龄 x_3。显然，当前的年龄等于患病时的年龄加上患病后已经生存的年数，即 $x_3=x_1+x_2$，这就意味着可以用任意两个变量来解释第三个变量。不妨假设数据中仅有 4 个观测对象，回归模型的设计矩阵为：

$$\boldsymbol{X}=\begin{pmatrix}1 & 30 & 10 & 40\\1 & 35 & 8 & 43\\1 & 40 & 5 & 45\\1 & 44 & 6 & 50\end{pmatrix} \tag{1.92}$$

式（1.92）中矩阵的第 2～4 列分别表示 x_1，x_2，x_3 的观察值。

在上述设计矩阵中，第二列和第三列之和等于第四列，即存在完全的共线性，所以 $\boldsymbol{X}^{\mathrm{T}}\boldsymbol{X}$ 是一个奇异矩阵，没有逆矩阵，从而无法应用式（1.24）求得回归模型的参数估计值，也无法应用式（1.39）求得参数估计值的方差。在常见的统计软件中，当某些解释变量之间存在完全的共线性时，通常会自动剔除其中的若干个解释变量，以确保模型中不存在完全的共线性。

在式（1.92）所示的设计矩阵中，三个解释变量之间的相关系数矩阵为：

$$\boldsymbol{\rho}=\begin{pmatrix}1.00 & -0.90 & 0.97\\-0.90 & 1.00 & -0.77\\0.97 & -0.77 & 1.00\end{pmatrix} \tag{1.93}$$

上式表明，即使解释变量之间存在完全的共线性，它们两两之间的相关系数也未必等于 1。但是，如果两个解释变量之间的相关系数等于 1，则这两个解释变量之间一定存在共线性。

在实际的建模过程中，通常遇到的问题并不是完全的共线性，而是高度的共线性，即某些解释变量之间存在高度的线性相关关系，此时，$\boldsymbol{X}^{\mathrm{T}}\boldsymbol{X}$ 会十分接近奇异矩阵，即使可以计算出其逆矩阵，逆矩阵对角线上的元素也会较大，这就意味着参数估计的标准误较大，参数估计值的精度较低。在共线性的情况下，数据中的一个微小变动会导致回归系数的估计值发生很大变化。

共线性问题不是模型设定错误，而是一种数据缺陷，因此不能通过残差分析探测共线性问题。诊断共线性严重程度的一个常用统计量是方差膨胀因子（variance inflation factor，VIF）。

回归系数 $\hat{\beta}_i$ 的方差估计值可以表示为（Kutner，2004）：

$$\widehat{\mathrm{Var}}(\hat{\beta}_i)=\frac{\hat{\sigma}^2}{(n-1)s_i^2}\times\frac{1}{1-R_i^2} \tag{1.94}$$

式中，$\hat{\sigma}^2$ 是误差的方差估计值；s_i^2 是解释变量 x_i 的方差；R_i 是解释变量 x_i 与其他解释变量之间的复相关系数，其平方是以 x_i 为因变量，以其他解释变量为自变量的回归模型中的判定系数。

式（1.94）中的最后一项就是回归系数 $\hat{\beta}_i$ 的方差膨胀因子，即

$$\mathrm{VIF}_i=\frac{1}{1-R_i^2} \tag{1.95}$$

复相关系数 R_i 越大，表明解释变量 x_i 与其他解释变量之间的共线性越严重，方差膨胀因子越大。如果 $R_i^2=0$，则意味着解释变量 x_i 与其他解释变量之间不存在共线性，所以方差膨胀因子等于 1。

方差膨胀因子VIF_i 的平方根大小表示 β_i 的标准误会因为共线性而扩大的程度。譬如，如果$\mathrm{VIF}_i=9$，则意味共线性使得回归系数 β_i 的标准误扩大为 3 倍。

在 R 软件中，car 程序包的 vif 函数可以输出线性回归模型的方差膨胀因子。

方差膨胀因子的一个经验判断规则是：当 VIF＜5 时，表明不存在共线性；当 VIF≥5 时，表示存在共线性。不过，也有学者认为，只有当 VIF 大于 10 时，才表明解释变量之间存在共线性，需要引起关注。

诊断解释变量之间共线性的另一种方法是考察解释变量的相关系数矩阵的条件数。k 个解释变量的相关系数矩阵有 k 个特征值，相关矩阵的条件数定义为最大特征值与最小特征值之比的平方根，即

$$\kappa=\sqrt{\frac{\text{相关矩阵的最大特征值}}{\text{相关矩阵的最小特征值}}} \tag{1.96}$$

如果相关矩阵的条件数接近于 1，表明解释变量之间不存在共线性；如果条件数较大，表示模型存在共线性。如果条件数大于 15，表明模型存在很强的共线性问题。

【例 1—6】假设线性回归模型为 $y=40+1.5x_1+2.5x_2+3.2x_3+\varepsilon$，其中，误差项服从正态分布，即 $\varepsilon\sim N(0,15^2)$；解释变量 x_1服从（1，10）区间上的均匀分布；解释变量 x_2 服从（2，20）区间上的均匀分布；x_3 是 x_1 和 x_2 的线性组合，即 $x_3=0.4x_1+0.6x_2+0.5u$，$u\sim N(0,1)$。请模拟 100 个（y，x_1，x_2，x_3）的观察值，建立线性回归模型，并检验解释变量之间是否存在共线性。

解：模拟数据和建立回归模型的程序代码如下。

```
set.seed(123)
n = 100   #观察值个数
b0 = 40   #截距
b1 = 1.5   #斜率
b2 = 2.5
b3 = 3.2
x1 = runif(n, min = 1, max = 10)   #解释变量 x1,服从均匀分布
x2 = runif(n, min = 2, max = 20)   #解释变量 x2,服从均匀分布
x3 = 0.4 * x1 + 0.6 * x2 + 0.5 * rnorm(n)    #解释变量 x3
e = rnorm(n, 0, 15)
y = b0 + b1 * x1 + b2 * x2 + b3 *x3 + e  #因变量
dt = data.frame(y, x1, x2, x3)          #模拟的数据集
mod = lm(y~x1 + x2 + x3, data = dt)      #建立线性回归模型
summary(mod)$coef
##               Estimate Std. Error t value    Pr(>|t|)
## (Intercept)    39.960      4.950  8.0725  1.995e-12
## x1              2.222      1.313  1.6925  9.380e-02
## x2              1.750      1.784  0.9813  3.289e-01
## x3              3.911      2.935  1.3325  1.858e-01
```

从回归系数的估计值来看，它们与模拟数据的真实参数（40，1.5，2.5，3.2）的差别不是很大，但由于模拟数据存在很强的共线性，即 x3 是 x1 和 x2 的线性组合，所以参数估计的标准误很大，使得回归系数的估计值都不显著（它们的 p 值都远远大于 5%）。

下面通过方差膨胀因子和条件数来检验解释变量之间的共线性问题，代码如下。

```
library(car)
vif(mod)   #输出方差膨胀因子
##     x1     x2     x3
##  5.637 35.661 38.072
mx = model.matrix(mod)[,2:4]  #模型的设计矩阵
cx = cor(mx)                  #解释变量的相关系数矩阵
value = eigen(cx)$value        #相关系数矩阵的特征值
k = sqrt(max(value)/min(value)); k  #条件数
## [1] 12.3
```

可见，三个解释变量的方差膨胀因子都很大，分别为 5.637，35.661 和 38.072，表明解释变量之间存在高度的共线性。条件数为 12.3，也证实了解释变量之间存在共线性。

当解释变量之间存在严重的共线性问题时，一种简单的处理方法是直接剔除某些引起共线性的解释变量。在本例中，因为 x3 是 x1 和 x2 的线性组合，所以它对因变量的影响完全可

以由其他两个解释变量替代。可以验证，如果剔除解释变量 x3，则模型中剩余的两个参数都是高度显著的，且方差膨胀因子和条件数都近似为 1。

在解释变量之间存在严重共线性问题的情况下，如果直接剔除解释变量的方法不可行，则可以考虑应用岭回归（ridge regression）或 LASSO（least absolute shrinkage and selection operator）方法。

岭回归在下述目标函数最小化的条件下求解回归参数的估计值：

$$L2=\sum_{i=1}^{n}(y_i-\boldsymbol{x}_i^{\mathrm{T}}\boldsymbol{\beta})^2+\lambda\sum_{j=1}^{k}\beta_j{}^2 \tag{1.97}$$

式中，最后一项是回归系数平方和的若干倍，称作惩罚项，惩罚项中不包含截距。λ（$\lambda\geqslant 0$）称作平滑参数（smoothing parameter），用于控制惩罚的力度。岭回归对参数估计值的平方进行惩罚，所以估计值较大的参数受到的惩罚力度较大。

对式（1.97）关于每个回归参数 β_j 求偏导数并令其等于零，即可求得岭回归的参数估计值为：

$$\hat{\boldsymbol{\beta}}=(\boldsymbol{X}^{\mathrm{T}}\boldsymbol{X}+\lambda\boldsymbol{K})^{-1}\boldsymbol{X}^{\mathrm{T}}\boldsymbol{y} \tag{1.98}$$

式中，$\boldsymbol{K}=\mathrm{diag}(0,1,1,\cdots,1)$，是一个 $(k+1)\times(k+1)$ 的对角矩阵，对角线上的第一个元素为 0，其他元素为 1。

LASSO 在下述目标函数最小化的条件下求解回归参数的估计值（Tibshirani，1996）：

$$L1=\sum_{i=1}^{n}(y_i-\boldsymbol{x}_i^{\mathrm{T}}\boldsymbol{\beta})^2+\lambda\sum_{j=1}^{k}|\beta_j| \tag{1.99}$$

式中，惩罚项是回归系数绝对值之和的若干倍。LASSO 的回归参数没有解析解，需要通过数值算法求解。

显然，如果平滑参数等于零，则岭回归和 LASSO 将等价于最小二乘回归。随着平滑参数的增大，岭回归中部分回归系数的估计值会越来越小，而 LASSO 中部分回归系数将等于零。这也就意味着，岭回归和 LASSO 具有变量选择的功能，即可以把回归系数估计值接近于零的解释变量从模型中剔除。平滑参数的最优取值可以通过交叉验证方法求得（Fahrmeir，2013）。

岭回归和 LASSO 对回归系数施加了某种约束，从而减小了回归系数估计值的方差，即回归系数估计值的方差小于普通最小二乘法求得的回归系数估计值的方差，但同时也会增加回归系数估计值的偏差，这是因为对于任何一个参数 θ 的估计值 $\hat{\theta}$，其均方误差可以分解为方差与偏差之和，即

$$\begin{aligned}\mathrm{MSE}(\hat{\theta})&=E[(\hat{\theta}-\theta)^2]=E\{[\hat{\theta}-E(\hat{\theta})+E(\hat{\theta})-\theta]^2\}\\&=E\{[\hat{\theta}-E(\hat{\theta})]^2+2[\hat{\theta}-E(\hat{\theta})][E(\hat{\theta})-\theta]+[E(\hat{\theta})-\theta]^2\}\\&=\mathrm{Var}(\hat{\theta})+[E(\hat{\theta})-\theta]^2\end{aligned}$$

岭回归和 LASSO 的参数估计值是有偏估计。在惩罚性回归分析的实际应用中，很难对偏差的大小进行准确的估计（Goeman，2014）。

在 R 中，可以应用 penalized 程序包求得岭回归和 LASSO 的参数估计值（Goeman，2014）。

【例 1—7】假设线性回归模型为 $y=40+1.5x_1+2.5x_2+5x_3+\varepsilon$，其中，误差项服从正态分布，即 $\varepsilon\sim N(0,30^2)$；解释变量 x_1 服从（1，10）区间上的均匀分布；解释变量 x_2 服从（2，20）区间上的均匀分布；$x_3=x_2+0.1u$，$u\sim N(0,1)$。请模拟 100 个 (y, x_1, x_2, x_3)

的观察值，并求普通最小二乘回归、岭回归和 LASSO 的回归参数估计值。

解：把 $x_3=x_2+0.1u$ 代入真实模型，可将真实模型化简为：

$$y=40+1.5x_1+7.5x_2+\delta$$

式中，$\delta=0.5u+\varepsilon\sim N(0,\ 0.25+30^2)$。

模拟数据和建立回归模型的程序代码如下。

```
set.seed(123)
n = 100  #观察值个数
b0 = 40  #截距
b1 = 1.5  #斜率
b2 = 2.5
b3 = 5
x1 = runif(n, min = 1, max = 10)  #解释变量 x1,服从均匀分布
x2 = runif(n, min = 2, max = 20)  #解释变量 x2,服从均匀分布
x3 = x2 + rnorm(n)/10  #解释变量 x3
e = rnorm(n, 0, 30)   #误差项
y = b0 + b1 * x1 + b2 * x2 + b3 * x3 + e  #因变量
dt = data.frame(y, x1, x2, x3)  #模拟的数据集
cor(dt)  #变量间的相关系数
##           y        x1       x2        x3
## y  1.0000  0.14376  0.73550  0.73602
## x1 0.1438  1.00000 -0.08727 -0.08667
## x2 0.7355 -0.08727  1.00000  0.99979
## x3 0.7360 -0.08667  0.99979  1.00000

#普通线性回归模型
mod0 = lm(y ~ x1 + x2 + x3, data = dt)  #包含所有自变量
summary(mod0)$coef  #模型 mod0 的参数估计值
##              Estimate Std. Error t value  Pr(>|t|)
## (Intercept)  39.919      9.900  4.0322  0.0001108
## x1            3.513      1.111  3.1629  0.0020920
## x2           -5.254     29.350 -0.1790  0.8583174
## x3           12.107     29.349  0.4125  0.6808666
library(car)
vif(mod0) #模型 mod0 的方差膨胀因子
##       x1       x2       x3
##    1.008 2413.301 2413.049
mod = lm(y ~ x1 + x2, data = dt)  #删除 x3
summary(mod)$coef  #模型 mod 的参数估计值
```

```
##                   Estimate Std. Error t value    Pr(>|t|)
## (Intercept)   39.740      9.8482    4.035   1.089e-04
## x1             3.526      1.1054    3.190   1.919e-03
## x2             6.852      0.5972   11.474   9.178e-20

vif(mod)  # 模型 mod 的方差膨胀因子

##    x1    x2
## 1.008  1.008

# LASSO
library(penalized)
opt1 = optL1(y ~ x1 + x2 + x3, data = dt, trace = FALSE)  # 搜寻最优的 lambda1
lam1 = opt1$lambda;  lam1  # 最优的 lambda1
mod1 = penalized(y ~ x1 + x2 + x3, dat = dt, lambda1 = lam1) # LASSO
coef(mod1)   # LASSO 的参数估计值
## (Intercept)          x1          x3
##      40.181       3.479       6.842

# 岭回归
opt2 = optL2(y ~ x1 + x2 + x3, data = dt, trace = FALSE)  # 搜寻最优参数 lambda2
lam2 = opt2$lambda; lam2  # 最优的 lambda2
mod2 = penalized(y ~ x1 + x2 + x3, dat = dt, lambda2 = lam2)  # 岭回归
coef(mod2)   # 岭回归的参数估计值
## (Intercept)          x1          x2          x3
##      42.928       3.183       3.307       3.432
```

上述结果表明，模拟数据中的 3 个解释变量之间存在高度的共线性，所以包含 3 个解释变量的普通线性回归模型（mod0）的参数估计结果出现了严重问题，参数估计值远远偏离真实值，且参数估计值的标准误很大。剔除 x_3 以后建立的普通线性回归模型（mod）符合模拟数据的生成机理，所以参数估计值接近真实值，方差膨胀因子表明不存在共线性。

模型 mod1 应用 LASSO 方法估计模型参数，参数估计值中直接剔除了 x_2，剩余两个解释变量的参数估计值与 mod 非常接近，表明 LASSO 的估计效果很好。

模型 mod2 是岭回归，有 3 个参数估计值。如果把 x_2 和 x_3 的参数估计值相加，与 mod 的参数估计值也很接近，表明岭回归的估计效果也不错。

1.7 模型的评价与比较

1.7.1 判定系数

在线性回归模型中，通常使用判定系数来评价模型对观测数据的整体拟合效果。在定义判定系数之前，首先引入下面三个平方和的概念：

$$SST = \sum_{i=1}^{n} (y_i - \bar{y})^2 \tag{1.100}$$

$$SSR = \sum_{i=1}^{n} (\hat{y}_i - \bar{y})^2 \tag{1.101}$$

$$SSE = \sum_{i=1}^{n} (y_i - \hat{y}_i)^2 \tag{1.102}$$

式中，SST 称作总平方和；SSR 称作回归平方和；SSE 称作残差平方和。

上述三个平方和满足下述关系：

$$SST = SSR + SSE \tag{1.103}$$

判定系数定义为回归平方和在总平方和中所占的比例，即

$$R^2 = \frac{SSR}{SST} = \frac{\sum_{i=1}^{n} (\hat{y}_i - \bar{y})^2}{\sum_{i=1}^{n} (y_i - \bar{y})^2} \tag{1.104}$$

判定系数的取值在 0～1 之间，越接近于 1，表明模型对数据的拟合效果越好。

因为 $SST = SSR + SSE$，所以判定系数的一个等价定义为：

$$R^2 = 1 - \frac{SSE}{SST} = 1 - \frac{\sum_{i=1}^{n} (\hat{y}_i - y_i)^2}{\sum_{i=1}^{n} (y_i - \bar{y})^2} \tag{1.105}$$

式（1.104）和式（1.105）表明，判定系数是回归模型所能解释的变异在因变量的总变异中所占的比例。这是对判定系数最为常见的一种解释。此外，还可以从其他角度对判定系数进行解释，譬如判定系数可以表示为因变量的观测值与拟合值之间的线性相关系数的平方，即

$$R^2 = [\mathrm{cor}(\boldsymbol{y}, \hat{\boldsymbol{y}})]^2 \tag{1.106}$$

式中，$\mathrm{cor}(\boldsymbol{y}, \hat{\boldsymbol{y}})$ 表示 $\boldsymbol{y}$ 与 $\hat{\boldsymbol{y}}$ 之间的线性相关系数，称作复相关系数，也可以解释为对因变量与所有解释变量之间线性相关关系的度量。

在一元线性回归模型中，因为拟合值与解释变量完全线性相关（即线性相关系数为 1），所以判定系数也等于因变量与解释变量之间的线性相关系数的平方。

判定系数的缺陷是随着模型中解释变量的增加，判定系数会越来越大，这就意味着倾向于选择更加复杂的模型。为了克服判定系数的这一缺陷，可以计算调整的判定系数：

$$R_a^2 = 1 - \frac{SSE/(n-k-1)}{SST/(n-1)} \tag{1.107}$$

式中，$k+1$ 是回归参数的个数；n 是观测值个数；SSE 是残差平方和，自由度为 $n-k-1$；SST 是总平方和，自由度为 $n-1$。

式（1.107）经变形，可以将调整的判定系数表示为：

$$R_a^2 = 1 - \frac{n-1}{n-k-1}(1-R^2) \tag{1.108}$$

需要说明的是，虽然调整的判定系数考虑了参数个数的影响，但从应用的角度看，它对参数个数的惩罚仍然偏弱。可以证明，如果新增变量的 t 值大于 1，则在模型中增加该变量以后调整的判定系数就会增大，也就是说，我们将在模型中包含 p 值大约为 0.3 的解释变量（Fahrmeir，2013）。

1.7.2 信息准则

对于嵌套模型的比较，即复杂模型与简单模型的比较，由于简单模型的解释变量是复杂模型的一个子集，所以可以使用 1.5 节的参数检验方法。但是，这些方法不适用于非嵌套模型的比较。非嵌套模型的比较可以使用 AIC 或 BIC 等信息准则。

一般而言，在模型中增加一个解释变量会进一步改善模型的拟合效果，减小拟合值的残差，但增加不必要的解释变量会降低回归参数的估计精度，即增大参数估计值的方差。所谓模型的选择，就是要在残差与方差之间寻求一种平衡。模型的拟合效果可以通过对数似然函数来衡量，对数似然函数的值越大，模型的拟合效果越好。而参数估计的精度与参数个数有关，参数个数越多，参数估计的精度就越低。因此，选择模型的准则要同时考虑对数似然函数与参数个数的影响，譬如，常用的 AIC 准则（Akaike' s information criterion）和 BIC 准则（Bayesian information criterion）的定义如下（Akaike，1974；Burnham，2002；Wit，2012）：

$$\text{AIC}=-2\ell+2p \tag{1.109}$$

$$\text{BIC}=-2\ell+p\ln n \tag{1.110}$$

式中，ℓ 为对数似然函数值；p 为模型中的参数个数；n 为观测值的个数。

对数似然函数的值越大，表明模型的拟合效果越好。p 表示模型中的参数个数，它越小，表示参数估计的精度越高。可见，AIC 和 BIC 综合考虑了模型拟合效果和参数估计精度的要求，因此在比较与选择非嵌套模型时，应该优先考虑 AIC 或 BIC 较小的模型。

在 AIC 的计算公式中，对参数个数乘以 2，而在 BIC 的计算公式中，对参数个数乘以 $\ln n$，所以，当样本量 n 很大时，基于 BIC 的模型选择结果比较保守，即倾向于选择过于简单的模型，此时使用 AIC 准则选择模型可能更加合理。

在正态分布假设下的线性回归模型中，-2ℓ 可以表示为：

$$\begin{aligned}-2\ell &= n\ln(2\pi)+n\ln(\hat{\sigma}^2)+\frac{1}{\hat{\sigma}^2}\sum_{i=1}^{n}(y_i-\boldsymbol{x}_i^{\mathrm{T}}\hat{\boldsymbol{\beta}})^2\\ &= n\ln(2\pi)+n\ln(\hat{\sigma}^2)+\frac{n\hat{\sigma}^2}{\hat{\sigma}^2}\\ &= n\ln(\hat{\sigma}^2)+\text{常数}\end{aligned}$$

式中，$\hat{\sigma}^2=\frac{1}{n}\sum_{i=1}^{n}(y_i-\boldsymbol{x}_i^{\mathrm{T}}\hat{\boldsymbol{\beta}})^2$，是误差项方差的极大似然估计值。删除 -2ℓ 中的常数项，然后将剩余部分代入式（1.109）和式（1.110），则线性回归模型的 AIC 和 BIC 可以表示为：

$$\text{AIC}=n\cdot\ln(\hat{\sigma}^2)+2p$$

$$\text{BIC}=n\cdot\ln(\hat{\sigma}^2)+\ln(n)p$$

注意，在线性回归模型中，误差项的方差 σ^2 也算作一个参数，即参数个数等于回归参数的个数加 1。

在应用 AIC 或 BIC 准则选择模型时，建立模型所使用的数据应该是相同的。基于不同数据建立的模型，不能简单地比较它们的 AIC 或 BIC。当某些解释变量存在缺失值时，复杂模型和简单模型使用的数据有可能不同，即复杂模型的观测值个数会因为某些解释变量存在缺失值而减少。此时，只有当复杂模型和简单模型使用的观测值个数差异不是很大时，才可以应用 AIC 和 BIC 准则进行模型的比较和选择。

1.7.3 交叉验证得分

交叉验证是进行模型比较的一种有效方法，它的基本原理如下（Kohavi，1995）：

（1）把原始数据集分解成 r 个大小近似相等的子数据集。

（2）把第一个子数据集作为验证数据集，把其余 $r-1$ 个子数据集合并后用于估计模型参数。基于该模型的参数对验证数据集的因变量进行预测，并计算预测误差的平方和。

（3）把第二个、第三个……直至第 r 个子数据集分别作为验证数据集，并把其余的 $r-1$ 个子数据集合并后用于估计模型参数。基于验证数据集计算因变量预测误差的平方和。

（4）计算前述 r 个预测误差平方和的平均值，平均值最小的模型为最优模型。

注意，最优模型选定以后，模型的最终参数需要基于全体数据重新估计。

交叉验证的一个特例是将每个观察值作为一个子数据集，然后使用该观察值之外的其他所有观察值估计模型参数，并计算预测误差的平方。假设用 $\hat{y}_i^{(-i)}$ 表示剔除第 i 个观察值之后用其他所有观察值建模求得的对第 i 个观察值的预测值，则交叉验证得分（cross validation score）可以表示为：

$$\mathrm{CV}=\frac{1}{n}\sum_{i=1}^{n}(y_i-\hat{y}_i^{(-i)})^2$$

上式表明，计算交叉验证得分需要进行 n 次最小二乘估计。但事实上，基于全体数据进行一次建模就可以计算出交叉验证得分：

$$\mathrm{CV}=\frac{1}{n}\sum_{i=1}^{n}\left(\frac{y_i-\hat{y}_i}{1-h_{ii}}\right)^2$$

式中，h_{ii} 是帽子矩阵 $\boldsymbol{H}=\boldsymbol{X}(\boldsymbol{X}^{\mathrm{T}}\boldsymbol{X})^{-1}\boldsymbol{X}^{\mathrm{T}}$ 对角线上的元素；$\hat{y}_i$ 是基于全体数据建立的模型对第 i 个观察对象的预测值。

1.8 应用示例

探究回归模型的基本特征和建模过程，最有效的途径之一是基于模拟数据的建模分析，因为模拟数据的生成机理和真实参数是已知的，可以与所建模型的参数估计值和拟合值进行比较。基于这种考虑，本节通过模拟数据来讨论线性回归模型的建模过程。

模拟数据中使用了 4 个解释变量，其中 x1 和 x2 是服从伽马分布的连续变量，x3 和 x4 是取值为 0 和 1 的二分类变量。因变量的均值是 4 个解释变量的线性组合，再加上 x2 和 x3 的交互项。误差项服从均值为零、标准差为 4 的正态分布。因变量的模拟值是均值与误差项之和。模拟数据的 R 程序代码如下。

```
#设定模拟的种子
set.seed(2389)

# 模拟次数
n = 50
```

```
# 解释变量 x1
x1 = rgamma(n, 2, 1)

# 解释变量 x2
x2 = rgamma(n, 2, 3)

# 分类解释变量 x3
x3 = rbinom(n, 1, 0.4)

# 分类解释变量 x4
x4 = rbinom(n, 1, 0.7)

# 模拟数据使用的参数的真实值
b0 = 100
b1 = 102
b2 = 12
b3 = 25
b4 = 6
b5 = 45

# 因变量的均值，最后一项是交互效应
mu = b0 + b1 * x1 + b2 * x2 + b3 * x3 + b4 * x4 + b5 * x2 * x3

# 误差项，均值为 0，标准差为 4
e = rnorm(n, mean = 0, sd = 4)

# 因变量的模拟值
y = mu + e

# 模拟的数据集 dt
dt = data.frame(y, x1, x2, x3, x4)
```

在建立线性回归模型之前，往往需要进行一些探索性数据分析，譬如绘制因变量与解释变量之间的关系图。基于前述模拟数据进行探索性数据分析的有关程序代码如下。

```
par(mfrow = c(2, 2))
plot(y ~ x1)
plot(y ~ x2)
barplot(tapply(y, x3, mean), xlab = "x3", ylab = "y", col = "white")
barplot(tapply(y, x4, mean), xlab = "x4", ylab = "y", col = "white")
```

图 1—11 给出了探索性数据分析的散点图和条形图。图 1—11（a）和图 1—11（b）分别描绘了 x1 和 x2 对因变量 y 的影响，可以看出，x1 对因变量的影响明显是线性的，但 x2 与因变量的关系似乎不是很清晰，这与模拟数据的生成机理有关，因为 x2 与因变量的关系还受到 x3 的影响。图 1—11（c）和图 1—11（d）是条形图，分别描绘了 x3 与 x4 对因变量的影响。x3 与 x4 是二分类变量，竖条的长度表示解释变量的取值分别为 0 和 1 时因变量的均值大小。条形图表明，这两个解释变量对因变量都具有明显影响。

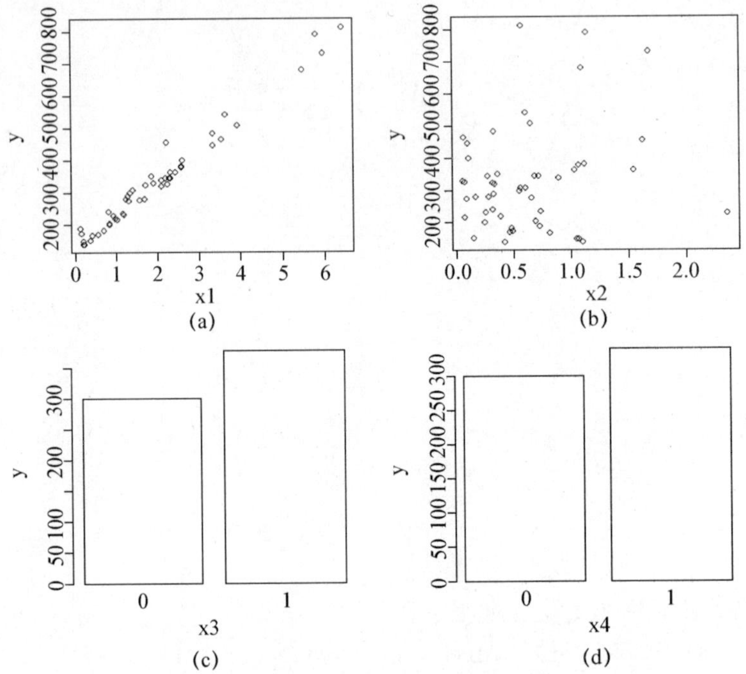

图 1—11 因变量与解释变量的关系图

基于前面的探索性分析，可以考虑把所有的解释变量都纳入回归模型。

下面的模型 mod1 把所有的解释变量都纳入模型，但没有考虑交互效应。函数 summary (mod1) 输出线性回归模型 mod1 的参数估计值、标准误和相应的 p 值。有关程序代码如下。

```
#应用 lm 函数建立模型 mod1:
mod1 = lm(y ~ x1 + x2 + x3 + x4, data = dt)

# 输出 mod1 的主要结果:
summary(mod1)
## Coefficients:
##               Estimate Std. Error t value  Pr(>|t|)
## (Intercept)    91.18       3.66    24.92   < 2e-16 ***
## x1            102.37       1.01   101.76   < 2e-16 ***
## x2             22.80       3.24     7.05   8.7e-09 ***
## x3             49.87       3.31    15.08   < 2e-16 ***
## x4              4.78       3.31     1.44     0.16
## ---
```

```
## Signif. codes:  0 '***' 0.001 '**' 0.01 '*' 0.05 '.' 0.1 ' ' 1
##
## Residual standard error: 10.5 on 45 degrees of freedom
## Multiple R-squared:  0.996,  Adjusted R-squared:  0.996
## F-statistic: 2.95e+03 on 4 and 45 DF,  p-value: <2e-16
```

模型 mod1 的判定系数 R^2 为 0.996，调整后的判定系数也高达 0.996，说明模型 mod1 在整体上对观测数据的拟合效果很好。但从 p 值来看，解释变量 x4 是不显著的，其 p 值为 0.16，大于 5%的显著性水平。

函数 confint(mod1, level =0.9) 输出了参数估计值的 90%置信区间。程序代码如下。

```
#输出 mod1 参数估计值的置信区间
confint(mod1, level = 0.9)
##                   5 %    95 %
## (Intercept)  85.0342  97.32
## x1          100.6763 104.05
## x2           17.3683  28.24
## x3           44.3170  55.43
## x4           -0.7799  10.34
```

其中，x4 的参数估计值的 90%置信区间包含零值在内，也说明该变量的参数与零值没有显著性差异。

残差分析是诊断线性回归模型的主要手段。模型 mod1 的残差分析图如图 1—12 所示。

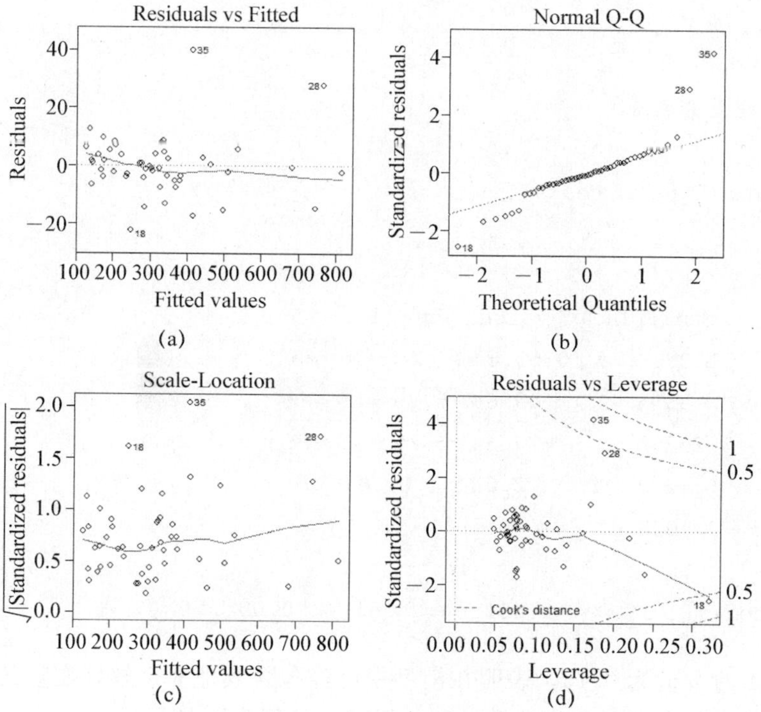

图 1—12　mod1 的残差分析图

图 1—12（a）是拟合值（fitted values）与残差（residuals）的散点图，图中的实线不存在明显的趋势性变化，表明模型 mod1 的常数方差假设得到了满足，但序号为 35，28 和 18 的观测值具有明显较大的残差。

图 1—12（b）是标准化残差（standardized residuals）的 Q-Q 图，该图的横轴是标准正态分布的理论分位数，纵轴是标准化残差的分位数，大多数散点都落在了对角线上，但序号为 35，28 和 18 的观测值明显偏离对角线。

图 1—12（c）是标准化残差绝对值的平方根与拟合值的散点图。横轴是模型 mod1 的拟合值，纵轴是标准化残差绝对值的平方根。该图也表明，序号为 35，28 和 18 的观测值与众不同。

图 1—12（d）是标准化残差与杠杆值的散点图，其中横轴是杠杆值，纵轴是标准化残差。该图同时用虚线给出了每个标准化残差与杠杆值的组合所对应的 Cook 距离，其中一条虚线表示 Cook 距离为 0.5，另一条虚线表示 Cook 距离为 1。可见，序号为 35，18 和 28 的观测值，它们的 Cook 距离也相对较大。

总之，模型 mod1 的残差分析图表明，序号为 35，18 和 28 的观测值与众不同，值得关注。输出残差分析图的代码如下。

```
#输出 mod1 的残差图
par(mfrow = c(2, 2))
plot(mod1, las = 1)
```

调用程序包 car 中的函数 Anova 可以输出线性回归模型的方差分析表。函数 Anova 使用的 F 检验是Ⅱ型检验，即检验线性回归模型在已经包含其他所有解释变量的情况下，再增加一个解释变量对模型残差平方和的影响。有关程序代码如下。

```
#调用 car 程序包
library(car)

#输出 mod1 的方差分析表
Anova(mod1)
## Anova Table (Type II tests)
##
## Response: y
##              Sum Sq Df  F value  Pr(>F)
## x1          1150549  1 10355.87 < 2e-16 ***
## x2             5515  1    49.64 8.7e-09 ***
## x3            25258  1   227.34 < 2e-16 ***
## x4              232  1     2.08    0.16
## Residuals      5000 45
## ---
## Signif. codes:  0 '***' 0.001 '**' 0.01 '*' 0.05 '.' 0.1 ' ' 1
```

解释变量 x4 的 p 值为 0.16，表明在模型中已经包含其他 3 个解释变量的情况下，增加解释变量 x4 虽然可以减小模型的残差平方和，但减小的程度不是很显著。

程序包 car 中的函数 vif 可以输出线性回归模型的方差膨胀因子。有关程序代码如下。

```
#输出 mod1 的方差膨胀因子
vif(mod1)
##    x1    x2    x3    x4
##  1.05  1.09  1.13  1.07
```

该例中所有解释变量的方差膨胀因子都在 1 附近，表明这些解释变量之间不存在共线性问题。

在 R 中计算线性回归模型 mod1 的 Cook 距离可以使用 cooks. distance 函数；计算模型 mod1 的杠杆值可以使用 influence 函数。有关程序代码如下。

```
#计算 mod1 的 Cook 距离
cook1 = cooks.distance(mod1)

# 计算 mod1 的杠杆值
h1 = influence(mod1) $ hat
```

对模型 mod1 的分析表明，解释变量 x4 是不显著的，所以可以考虑将其从模型中剔除，建立模型 mod2。有关程序代码如下。

```
#建立模型 mod2 (剔除 mod1 中不显著的解释变量 x4)
mod2 = lm(y ~ x1 + x2 + x3, data = dt)

#输出 mod2 的主要结果
summary(mod2)
## Coefficients:
##              Estimate Std. Error t value  Pr(>|t|)
## (Intercept)     93.69       3.26   28.78  < 2e-16 ***
## x1             102.41       1.02  100.66  < 2e-16 ***
## x2              23.16       3.27    7.09  6.6e-09 ***
## x3              51.08       3.24   15.77  < 2e-16 ***
## ---
## Signif. codes:  0 '***' 0.001 '**' 0.01 '*' 0.05 '.' 0.1 ' ' 1
##
## Residual standard error:10.7 on 46 degrees of freedom
## Multiple R-squared:  0.996,  Adjusted R-squared:  0.996
## F-statistic:3.84e+03 on 3 and 46 DF,  p-value: <2e-16

#输出 mod2 的残差图
par(mfrow = c(2, 2))
plot(mod2, las = 1)  #结果如图 1—13 所示
```

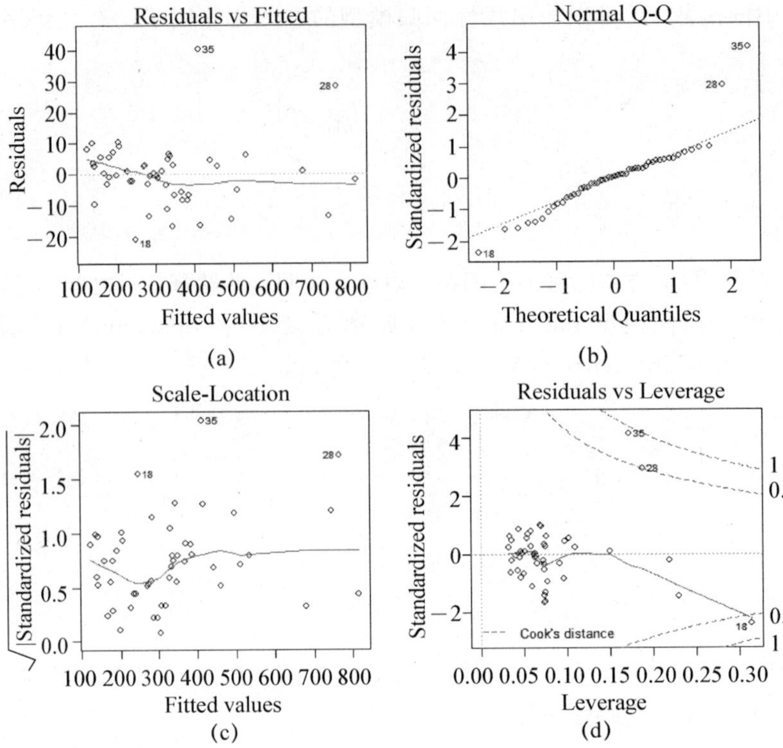

图 1—13 mod2 的残差图

模型 mod2 的判定系数为 0.996，调整后的判定系数为 0.996，表明该模型对观测值的整体拟合效果也很好。图 1—13 比较了 mod2 的拟合值与观测值，它们几乎落在同一条对角线上。模型 mod2 的每一个参数都是高度显著的，它们的 p 值几乎都为零。

模型 mod2 的残差分析图也表明，序号为 35，28 和 18 的观测值仍然与众不同，无论是它们的残差还是 Cook 距离，都明显大于其他观测值。

根据前述模拟数据的过程可知，正确的线性回归模型应该包含 x2 和 x3 的交互效应。下面的模型 mod3 是符合数据生成过程的正确模型，有关程序代码如下。

```
#线性回归模型 mod3（含交互效应的正确模型）
mod3 = lm(y ~ x1 + x2 + x3 + x4 + x2 * x3, data = dt)

#输出 mod3 的主要结果
summary(mod3)
## Coefficients:
##                Estimate Std. Error t value  Pr(>|t|)
## (Intercept)      99.82       1.63    61.31  < 2e-16 ***
## x1              101.74       0.42   242.36  < 2e-16 ***
## x2               12.86       1.50     8.55  6.7e-11 ***
## x3               24.98       2.18    11.47  8.2e-15 ***
## x4                3.87       1.38     2.81    0.0073 **
```

```
## x2:x3          46.83      3.18   14.73   < 2e-16 ***
## ---
## Signif. codes:  0 '***' 0.001 '**' 0.01 '*' 0.05 '.' 0.1 ' ' 1
##
## Residual standard error:4.38 on 44 degrees of freedom
## Multiple R-squared:  0.999,  Adjusted R-squared:  0.999
## F--statistic: 1.37e+04 on 5 and 44 DF,  p-value: <2e-16

#绘制 mod3 的残差图
par(mfrow = c(2, 2))
plot(mod3, las = 1)  #结果如图 1—14 所示
```

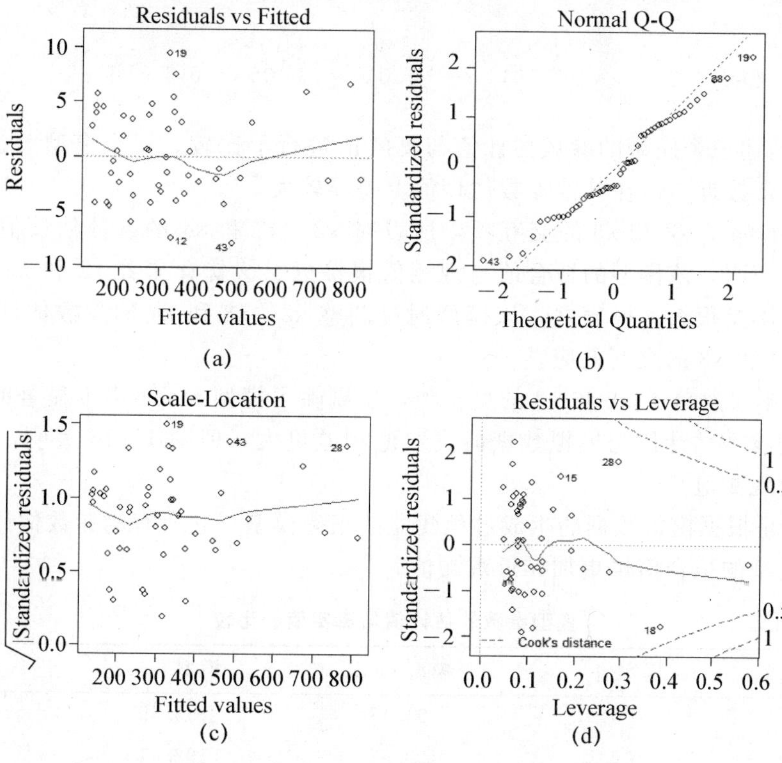

图 1—14　mod3 的残差图

模型 mod3 是根据模拟数据的生成过程建立的正确模型，其中包含 x2 与 x3 的交互效应。该模型的输出结果表明，每个参数估计值的 p 值都很小，表明 4 个解释变量以及 x2 和 x3 的交互效应对因变量的影响都是显著的。在模型 mod1 中不显著的解释变量 x4 在模型 mod3 中也变得显著了。模型 mod3 的判定系数接近于 1，表明该模型在整体上可以很好地拟合数据。图 1—14 表明，所有观测值的残差和 Cook 距离都没有出现明显的异常现象。这就表明在模型 mod1 和 mod2 中，序号为 35，28 和 18 的观测值之所以与众不同，主要原因在于这两个模型的设定存在缺陷，即忽略了 x2 和 x3 的交互效应。

下面关于模型 mod3 的方差分析结果也表明，模型中的主效应和交互效应都是显著的。

```
#输出 mod3 的方差分析表(II 型)
Anova(mod3)
## Anova Table (Type II tests)
##
## Response:y
##             Sum Sq Df  F value    Pr(>F)
## x1        1124900  1 58739.32   <2e-16 ***
## x2           5515  1   287.96   <2e-16 ***
## x3          25258  1  1318.92   <2e-16 ***
## x4            151  1     7.91    0.0073 **
## x2:x3        4157  1   217.06   <2e-16 ***
## Residuals     843 44
## ---
## Signif. codes:  0 '***' 0.001 '**' 0.01 '*' 0.05 '.' 0.1 ' ' 1
```

表 1—4 对前述三个模型的参数估计值与真实值进行了比较。三个模型关于 x1 和截距项的参数估计值非常接近，但在其他参数估计值上差异较大。

模型 mod1 忽略了 x2 和 x3 的交互项，所以对 x2，x3 和 x4 的参数估计值偏离真实值较多。但图 1—15 表明，该模型的拟合值与观测值很接近。这就意味着 x2 和 x3 的交互项对模型拟合值的影响不是很大。换言之，该模型通过调整 x2，x3 和 x4 的参数估计值在相当大的程度上替代了 x2 和 x3 的交互效应。

模型 mod2 不仅忽略了 x2 和 x3 的交互项，还剔除了模型 mod1 中不显著的解释变量 x4，所以 x2 和 x3 的参数估计值与模拟数据的真实值相差更大，但图 1—15 表明，该模型的拟合值仍然非常接近观测值。

模型 mod3 是根据模拟数据的生成过程建立的正确模型，它所有的参数估计值都与真实值非常接近，该模型的拟合值也更加靠近观测值。

表 1—4　　模型参数的估计值与真实值的比较

	真实值	模型 mod1	模型 mod2	模型 mod3
(Intercept)	100	91.18	93.69	99.82
x1	102	102.37	102.41	101.74
x2	12	22.80	23.16	12.86
x3	25	49.87	51.08	24.98
x4	6	4.78		3.87
x2：x3	45			46.83

相关程序代码如下。

```
#计算前述三个模型的拟合值
fit1 = fitted(mod1)
fit2 = fitted(mod2)
```

```
fit3 = fitted(mod3)

#绘图比较观测值与不同模型的拟合值
par(mfrow = c(1, 3))
plot(fit1, y, xlab = 'mod1 的拟合值', ylab = '观测值')
abline(0, 1)
plot(fit2, y, xlab = 'mod2 的拟合值', ylab = '观测值')
abline(0, 1)
plot(fit3, y, xlab = 'mod3 的拟合值', ylab = '观测值')
abline(0, 1)
```

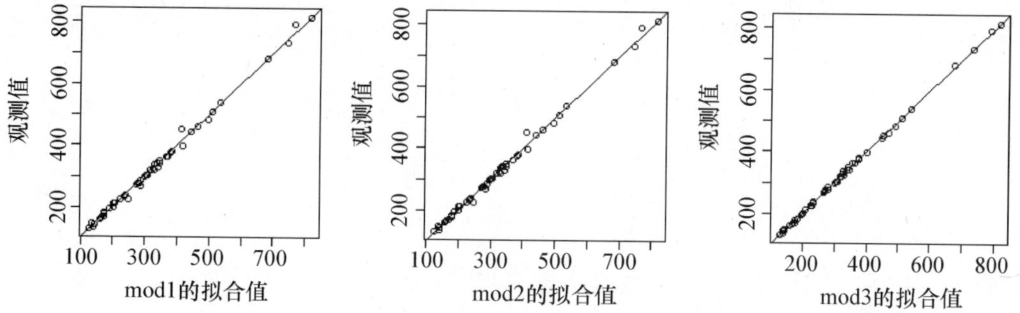

图 1—15　观测值与拟合值的比较

总之，本例的分析结果表明，从预测的角度看，忽略某些解释变量对模型的预测能力可能没有明显影响，但从因果分析的角度看，忽略某些重要的解释变量会导致对其他解释变量的参数估计值出现严重偏误。

练习题

1.1　假设真实模型为 $y=10+3x+\varepsilon$，$\varepsilon\sim N(0, w)$。$x\sim N(10, 100)$，w 在（1，10）区间上均匀分布。请模拟 100 个（y，x，w）的观察值，建立 y 与 x 的线性回归模型，并进行残差分析。

1.2　数据集 dat1① 是一组汽车保险的索赔数据（Ismail，2007），其中，exposures 为车年数（1 辆汽车保险 1 年记为 1 个车年）；claims 为索赔次数；severity 为索赔强度，即平均每次索赔的赔款金额。5 个解释变量分别为保单类型（coveragetype）、汽车产地（vehiclemake）、汽车用途和驾驶人性别（use-gender）、车龄（vehicleyear）和行驶区域（location）。请回答下述问题：

（1）分析索赔强度观察值的分布特征，并用正态分布进行拟合。

（2）把车龄作为分类变量处理，建立索赔强度的线性回归模型，并分析各个解释变量如何影响索赔强度的大小。

（3）进行残差分析，检验分布假设的合理性。

（4）把车龄作为连续型变量处理，引入车龄的多项式，重新建立线性回归模型。

① 数据下载地址：http://blog.sina.com.cn/mengshw。

1.3 汽车保险的索赔频率是平均每个车年发生的索赔次数，等于索赔次数与车年数之比。请基于数据集 dat1 回答下述问题：

(1) 分析索赔频率观察值的分布特征。

(2) 以索赔频率的观察值为因变量，建立线性回归模型并分析模型的合理性。

第2章 广义线性模型

当因变量是连续型变量且近似服从正态分布时可以建立线性回归模型。但在许多实际应用中，因变量可能是二分类变量（如成功与否）、多分类变量（如优秀、良好、合格、不合格等）、计数型变量（如事故次数），或大于零的右偏型变量（如保险事故的损失金额）。在这些情况下，线性回归模型通常不适用。即使对某些类型的变量（如右偏型变量）进行特定的函数变换以后（如对数变换）会接近对称，从而可以建立线性回归模型，但从应用的角度看，其效果仍然不及对未经变换的因变量直接建立模型（如伽马回归模型）。

广义线性模型（generalized linear models，GLM）是对线性回归模型的推广（Nelder，1972），该类模型的因变量可以服从指数分布族中的任意一个分布，如正态分布、二项分布、泊松分布、伽马分布、逆高斯分布或Tweedie分布等，模型的参数估计可以采用一种通用算法，即迭代加权最小二乘法（iterative weighted least squares）。

本章主要介绍广义线性模型的基本统计理论，包括模型的结构、参数估计方法和模型比较等内容。

2.1 模型结构

为方便介绍广义线性模型，首先回顾一下线性回归模型的基本假设：

（1）因变量的观测值相互独立，且服从正态分布，即 $y_i \sim N(\mu_i, \sigma_i^2)$。在线性回归模型中，如果使用最小二乘法估计模型参数，无须作正态分布假设。但在进行统计推断或应用极大似然法估计模型参数时，就需要作正态性假设。

（2）所有观测值具有相同的方差，即 $\sigma_i^2=\sigma^2$。

（3）因变量的期望值可以直接表示为参数的线性组合 $\mu_i=\boldsymbol{x}_i^{\mathrm{T}}\boldsymbol{\beta}$。其中，$\boldsymbol{\beta}=(\beta_0, \beta_1, \cdots, \beta_k)^{\mathrm{T}}$，表示参数向量；$\boldsymbol{x}_i^{\mathrm{T}}=(1, x_{1i}, \cdots, x_{ki})$，表示第 i 次观测的解释变量向量。

线性回归模型的上述假设可以简记为：

$$\begin{cases} y_i \sim N(\mu_i, \sigma^2) \\ \mu_i = \boldsymbol{x}_i^{\mathrm{T}}\boldsymbol{\beta} \end{cases}, \quad i=1,2,\ldots,n \tag{2.1}$$

广义线性模型是对线性回归模型的推广，主要体现在放松了线性回归模型的基本假设。在广义线性模型中，因变量的分布类型不再局限于正态分布，而是扩展到了指数分布族。对因变量的拟合值不再直接表示为参数的线性组合，而是把拟合值的一个函数变换表示为参数的线性组合。

广义线性模型包括下述三个基本构成部分：

（1）随机成分：观测值 y_i 是相互独立的随机变量，且服从指数分布族。与正态分布不同，指数分布族的方差可以随着其均值的变化而变化。

（2）系统成分：广义线性模型的线性预测值仍然为 $\eta_i=\boldsymbol{x}_i^{\mathrm{T}}\boldsymbol{\beta}$，这与线性回归模型完全相同。

（3）连接函数（link function）：因变量的拟合值经过连接函数 g 变换之后等于线性预测值，即 $g(\mu_i)=\boldsymbol{x}_i^{\mathrm{T}}\boldsymbol{\beta}$。连接函数 g 是一个严格单调且可导的函数，所以均值也可以表示为 $\mu_i=$

$h(\boldsymbol{x}_i^{\mathrm{T}}\boldsymbol{\beta})$，其中 h 表示连接函数 g 的逆函数，称作响应函数（response function）。

对式（2.1）进行推广，可将广义线性模型的一般形式表示为：

$$\begin{cases} y_i \sim \text{均值为 } \mu_i \text{ 的指数分布族} \\ g(\mu_i)=\boldsymbol{x}_i^{\mathrm{T}}\boldsymbol{\beta} \end{cases} \tag{2.2}$$

综上所述，广义线性模型与线性回归模型的主要区别是，把分布假设从正态分布推广到了指数分布族，并引入了连接函数。

下面介绍指数分布族和连接函数的有关性质。

2.1.1 指数分布族

指数分布族包含许多常用的分布类型，如正态分布、泊松分布、二项分布、伽马分布、逆高斯分布、Tweedie 分布等。

假设随机变量 Y 服从指数分布族，则其密度函数可以表示为（Fahrmeir，2013）：

$$f(y;\theta,\phi)=\exp\left\{\frac{y\theta-b(\theta)}{\phi}w+c(y,\phi)\right\} \tag{2.3}$$

式中，$b(\theta)$ 和 $c(y,\phi)$ 是已知函数，对于指数分布族中的不同分布，它们具有不同的形式，换言之，这两个函数的不同形式决定了具体的分布类型。事实上，函数 $b(\theta)$ 就能唯一确定分布的具体形式，函数 $c(y,\phi)$ 仅起到标准化的作用。

在式（2.3）中，θ 称作自然参数（natural parameter）或正则参数（canonical parameter），与分布的均值 μ 有关。ϕ 是离散参数（dispersion parameter），与分布的均值无关，仅与方差有关。对于某些分布，离散参数是已知的，如泊松分布和二项分布的离散参数等于 1；而对于其他一些分布，离散参数是未知的，需要进行估计。w 是已知的先验权重。

【例 2—1】请证明泊松分布属于指数分布族。

证明：对于均值参数为 μ 的泊松分布，其概率函数可以表示为：

$$f(y;\mu)=\mathrm{e}^{-\mu}\frac{\mu^y}{y!} \tag{2.4}$$

对式（2.4）首先进行对数变换，然后进行指数变换，则有

$$f(y;\mu)=\exp[-\mu+y\ln(\mu)-\ln(y!)]$$

令 $\mu=\mathrm{e}^\theta$，上式可以变形为：

$$f(y;\theta)=\exp[y\theta-\mathrm{e}^\theta-\ln(y!)]$$

显然，上式与式（2.3）所示的指数分布族具有相同的形式，其中

$$b(\theta)=\mathrm{e}^\theta$$
$$c(y,\phi)=-\ln(y!)$$

【例 2—2】请证明正态分布属于指数分布族。

证明：正态分布的密度函数为：

$$f(y;\mu,\sigma^2)=\frac{1}{\sqrt{2\pi\sigma^2}}\exp\left\{-\frac{(y-\mu)^2}{2\sigma^2}\right\} \tag{2.5}$$

式（2.5）经过变形，可以表示为：

$$f(y;\mu,\sigma^2)=\exp\left\{-\frac{(y-\mu)^2}{2\sigma^2}-\frac{1}{2}\ln(2\pi\sigma^2)\right\}$$
$$=\exp\left\{\frac{y\mu-\mu^2/2}{\sigma^2}-\frac{y^2}{2\sigma^2}-\frac{1}{2}\ln(2\pi\sigma^2)\right\}$$

在上式中，令 $\mu=\theta$，$\sigma^2=\phi$，即有

$$f(y;\theta,\phi)=\exp\left\{\frac{y\theta-\theta^2/2}{\phi}-\frac{y^2}{2\phi}-\frac{1}{2}\ln(2\pi\phi)\right\}$$

该式与式（2.3）所示的指数分布族具有相同的形式，其中

$$b(\theta)=\theta^2/2$$
$$c(y,\phi)=-\frac{y^2}{2\phi}-\frac{1}{2}\ln(2\pi\phi)$$

采用类似的方法，可以把二项分布、伽马分布和逆高斯分布的概率密度函数表示为指数分布族的形式。

二项分布的概率密度函数为：

$$f(y;k,\pi)=\binom{k}{y}\pi^y(1-\pi)^{k-y} \tag{2.6}$$

二项分布的概率函数可以表示为下述指数分布族的形式：

$$f(y;k,\pi)=\exp\left\{y\ln\left(\frac{\pi}{1-\pi}\right)+k\ln(1-\pi)+\ln\binom{k}{y}\right\} \tag{2.7}$$

式中，$\theta=\ln\left(\frac{\pi}{1-\pi}\right)$；$b(\theta)=-k\ln(1-\pi)$；$\phi=1$。

二项分布的均值为 $k\pi$，方差为 $k\pi(1-\pi)$。

伽马分布的密度函数可以表示为下述指数分布族的形式：

$$f(y;\mu,\phi)=\exp\left\{\frac{y/\mu-(-\ln\mu)}{-\phi}+\frac{1-\phi}{\phi}\ln y-\frac{\ln\phi}{\phi}-\ln\Gamma\left(\frac{1}{\phi}\right)\right\} \tag{2.8}$$

式中，$\theta=1/\mu$；$b(\theta)=-\ln\mu$。

伽马分布的均值为 μ，方差为 $\phi\mu^2$。

逆高斯分布的密度函数可以表示为下述指数分布族的形式：

$$f(y;\mu,\sigma^2)=\exp\left\{\frac{y/(2\mu^2)-1/\mu}{-\sigma^2}+\frac{1}{-2y\sigma^2}\ln y-\frac{1}{2}\ln(2\pi y^3\sigma^2)\right\} \tag{2.9}$$

式中，$\theta=\frac{1}{2}\mu^{-2}$；$b(\theta)=\frac{1}{\mu}$，$\phi=-\sigma^2$。

逆高斯分布的均值为 μ，方差为 $\sigma^2\mu^3$。

为了进一步讨论指数分布族的性质，首先引入下述定理。

【定理 2—1】假设随机变量 Y 的密度函数为 $f(y;\theta)$，简记为 f，对数似然函数为 $\ell(\theta)=\ln f(y;\theta)$，简记为 ℓ，则基于某些正则化条件，有

$$E\left(\frac{d\ell}{d\theta}\right)=0 \tag{2.10}$$

$$E\left(\frac{\mathrm{d}^2\ell}{\mathrm{d}\theta^2}\right)+E\left[\left(\frac{\mathrm{d}\ell}{\mathrm{d}\theta}\right)^2\right]=0 \tag{2.11}$$

证明：

$$\frac{\mathrm{d}\ell}{\mathrm{d}\theta}=\frac{\mathrm{d}\ell}{\mathrm{d}f}\frac{\mathrm{d}f}{\mathrm{d}\theta}=\frac{1}{f}\frac{\mathrm{d}f}{\mathrm{d}\theta} \tag{2.12}$$

对上式求期望，即得式（2.10）：

$$E\left(\frac{\mathrm{d}\ell}{\mathrm{d}\theta}\right)=\int\left(\frac{1}{f}\frac{\mathrm{d}f}{\mathrm{d}\theta}\right)f\mathrm{d}y=\frac{\mathrm{d}}{\mathrm{d}\theta}\int f\mathrm{d}y=\frac{\mathrm{d}}{\mathrm{d}\theta}1=0$$

把式（2.10）写成积分的形式，则有

$$\int\frac{\mathrm{d}\ell}{\mathrm{d}\theta}f\mathrm{d}y=0$$

$$\Rightarrow\frac{\mathrm{d}}{\mathrm{d}\theta}\int\frac{\mathrm{d}\ell}{\mathrm{d}\theta}f\mathrm{d}y=0$$

$$\Rightarrow\int\frac{\mathrm{d}^2}{\mathrm{d}\theta^2}f\mathrm{d}y+\int\frac{\mathrm{d}\ell}{\mathrm{d}\theta}\frac{\mathrm{d}f}{\mathrm{d}\theta}\mathrm{d}y=0 \tag{2.13}$$

由式（2.12）可知

$$\frac{\mathrm{d}f}{\mathrm{d}\theta}=\frac{\mathrm{d}\ell}{\mathrm{d}\theta}f \tag{2.14}$$

把式（2.14）代入式（2.13），可得

$$\int\frac{\mathrm{d}^2\ell}{\mathrm{d}\theta^2}f\mathrm{d}y+\int\left(\frac{\mathrm{d}\ell}{\mathrm{d}\theta}\right)^2f\mathrm{d}y=0$$

用期望的形式来表示，上式即可变形为式（2.11）。

对数似然函数关于参数 θ 的一阶导数称作得分（score）。得分的二阶矩称作 Fisher 信息，简称信息，可以表示为：

$$I(\theta)=E\left[\left(\frac{\mathrm{d}\ell}{\mathrm{d}\theta}\right)^2\right] \tag{2.15}$$

Fisher 信息度量了随机变量中所包含的关于未知参数 θ 的信息。

由于得分的一阶矩（即期望）为零，所以 Fisher 信息也就是得分的方差，即

$$I(\theta)=\mathrm{Var}\left(\frac{\mathrm{d}\ell}{\mathrm{d}\theta}\right) \tag{2.16}$$

如果对数似然函数关于未知参数 θ 二阶可导，则应用式（2.11），Fisher 信息也可以表示为：

$$I(\theta)=-E\left(\frac{\mathrm{d}^2\ell}{\mathrm{d}\theta^2}\right) \tag{2.17}$$

如果随机变量 y 的概率密度函数中包含 k 个参数，记为 $\boldsymbol{\theta}=(\theta_1, \theta_2, \cdots, \theta_k)^{\mathrm{T}}$，则 Fisher 信息就表现为一个 $k\times k$ 的矩阵，其中的元素为：

$$I(\theta)_{ij}=E\left(\frac{\partial \ell}{\partial \theta_i}\frac{\partial \ell}{\partial \theta_j}\right)=-E\left(\frac{\partial^2 \ell}{\partial \theta_i \partial \theta_j}\right) \tag{2.18}$$

【定理 2—2】 如果随机变量 y 服从式（2.3）所示的指数分布族，则其均值和方差分别为：

$$E(y)=b'(\theta) \tag{2.19}$$

$$\text{Var}(y)=\phi \cdot b''(\theta)/w \tag{2.20}$$

证明：指数分布族的对数似然函数可以表示为：

$$\ell(\theta, \phi; y)=\ln f(y; \theta, \phi)=\frac{y\theta-b(\theta)}{\phi}w+c(y, \phi)$$

故有

$$\frac{\partial \ell}{\partial \theta}=\frac{y-b'(\theta)}{\phi}w$$

$$\frac{\partial^2 \ell}{\partial \theta^2}=\frac{-b''(\theta)}{\phi}w$$

应用式（2.10），可以求得均值：

$$E\left(\frac{\partial \ell}{\partial \theta}\right)=0 \Rightarrow \frac{E(y)-b'(\theta)}{\phi}w=0 \Rightarrow E(y)=b'(\theta)$$

因为

$$E\left(\frac{\partial \ell}{\partial \theta}\right)^2=E\left[\frac{y-b'(\theta)}{\phi}w\right]^2=E\left[\frac{y-E(y)}{\phi}w\right]^2=\frac{\text{Var}(y)}{[\phi/w]^2}$$

且由式（2.11）可知

$$E\left(\frac{\partial \ell}{\partial \theta}\right)^2=-E\left(\frac{\partial^2 \ell}{\partial \theta^2}\right)=\frac{b''(\theta)}{\phi}w$$

所以

$$\text{Var}(y)=\phi \cdot b''(\theta)/w$$

上式表明，y 的方差与自然参数有关，而式（2.19）表明，自然参数与均值有关，所以指数分布族的方差与均值有关。

在式（2.20）中，函数 $b''(\theta)$ 称作方差函数。自然参数与均值有关，所以方差函数也可以表示为均值的函数，即 $b''(\theta)=\upsilon(\mu)$，相应地，指数分布族的方差可以表示为：

$$\text{Var}(y)=\phi \cdot \upsilon(\mu)/w \tag{2.21}$$

【例 2—3】 请证明泊松分布的方差函数为 $\upsilon(\mu)=\mu$。

解：在泊松分布中，$b(\theta)=e^{\theta}$，故有

$$b'(\theta)=e^{\theta}$$

$$\upsilon(\mu)=b''(\theta)=e^{\theta}=\mu$$

容易验证，指数分布族中一些常见分布的方差函数如表 2—1 所示。

表 2—1 指数分布族的方差函数

分布	方差函数
正态分布	$\upsilon(\mu)=1$
二项分布	$\upsilon(\mu)=\mu(1-\mu)$
泊松分布	$\upsilon(\mu)=\mu$
伽马分布	$\upsilon(\mu)=\mu^2$
逆高斯分布	$\upsilon(\mu)=\mu^3$

【定理 2—3】 指数分布族的矩母函数可以表示为：

$$M(t)=\exp\frac{b(\theta+t\phi/w)-b(\theta)}{\phi/w} \tag{2.22}$$

证明：

$$\begin{aligned}M_Y(t) &= \int\exp(ty)\exp\left[\frac{y\theta-b(\theta)}{\phi/w}+c(y;\ \phi)\right]\mathrm{d}y\\ &= \exp\frac{b(\theta+t\phi/w)-b(\theta)}{\phi/w}\int\exp\left[\frac{y\cdot(\theta+t\phi/w)-b(\theta+t\phi/w)}{\phi/w}+c(y;\ \phi)\right]\mathrm{d}y\\ &= \exp\frac{b(\theta+t\phi/w)-b(\theta)}{\phi/w}\end{aligned}$$

第二个等式的积分中是指数分布族的一个密度函数，自然参数为 $(\theta+t\phi/w)$，所以该积分等于 1。

【例 2—4】 应用累积母函数计算指数分布族的均值和方差。

解：由指数分布族的矩母函数可以求得其累积母函数为：

$$\kappa(t)=\ln M(t)=\frac{b(\theta+t\phi/w)-b(\theta)}{\phi/w} \tag{2.23}$$

累积母函数的一阶和二阶导数为：

$$\kappa'(t)=b'(\theta+t\phi/w)$$
$$\kappa''(t)=\phi b''(\theta+t\phi/w)/w$$

令累积母函数的一阶和二阶导数等于零，即得指数分布族的均值和方差分别为：

$$E(y)=\kappa'(0)=b'(\theta)$$
$$\mathrm{Var}(y)=\kappa''(0)=\phi b''(\theta)/w$$

【例 2—5】 假设 y_1，y_2，…，y_n 独立同分布，且服从式（2.3）所示的指数分布族，$a(\phi)=\phi/w_i$，则其均值参数的极大似然估计等于样本均值，即 $\hat{\mu}=\frac{1}{n}\sum_{i=1}^{n}w_iy_i$。

解：指数分布族的对数似然函数可以表示为：

$$\ell(\theta,\ \phi)=\sum_{i=1}^{n}\left\{\frac{y_i\theta-b(\theta)}{\phi/w}+c(y_i,\ \phi)\right\}$$

令对数似然函数关于自然参数 θ 的一阶导数等于零，则有

$$\frac{\partial \ell}{\partial \theta} = \sum_{i=1}^{n} \left\{ \frac{y_i - b'(\theta)}{\phi/w} \right\} = 0$$

$$\Rightarrow \sum_{i=1}^{n} w_i [y_i - b'(\theta)] = 0$$

$$\Rightarrow \sum_{i=1}^{n} w_i (y_i - \mu) = 0$$

$$\Rightarrow \hat{\mu} = \frac{1}{n} \sum_{i=1}^{n} w_i y_i$$

【例 2—6】 假设 y_1，y_2，…，y_n 独立同分布，且服从指数分布族，则样本均值 $\bar{y} = \frac{1}{n}\sum_{i=1}^{n} y_i$ 仍然属于指数分布族。

解：由式（2.22）可知，y/n 的矩母函数为：

$$M_{y/n}(t) = E(e^{ty/n}) = M_y(t/n) = \exp \frac{b[\theta + (\phi t/n)/w] - b(\theta)}{\phi/w}$$

因此，样本均值 $\bar{y} = \frac{1}{n}\sum_{i=1}^{n} y_i$ 的矩母函数可以表示为：

$$M_{\bar{y}}(t) = [M_{y/n}(t)]^n = \exp \frac{b[\theta + t(\phi/n)/w] - b(\theta)}{(\phi/n)/w}$$

显然，上式与式（2.22）具有相同的形式，只是将式（2.22）中的函数 ϕ 调整为 ϕ/n。

由此可见，对于指数分布族而言，样本均值仍然服从原来的指数分布族，且自然参数保持不变，只需将离散参数 ϕ 调整为 ϕ/n 即可。

【例 2—7】 泊松分布乘以正常数以后，仍然属于指数分布族，即若 $x \sim \text{Poisson}(\mu/\phi)$，且 $y = \phi x$，则 y 属于指数分布族。

解：若 $x \sim \text{Poisson}(\mu/\phi)$，则 x 的矩母函数可以表示为：

$$M_x(t) = \exp\left[\frac{\mu}{\phi}(e^t - 1)\right]$$

由于 $y = \phi x$，所以 y 的矩母函数为：

$$M_y(t) = E(e^{ty}) = E(e^{t\phi x}) = M_x(t\phi) = \exp\left[\frac{\mu}{\phi}(e^{t\phi} - 1)\right]$$

在上式中，令 $\mu = e^\theta$，则 y 的矩母函数可以表示为：

$$M_y(t) = \exp\left(\frac{e^{\theta + t\phi} - e^\theta}{\phi}\right)$$

在式（2.22）中，若令 $b(\theta) = e^\theta$，则指数分布族的矩母函数与上式相同，所以 y 属于指数分布族。

若 $x \sim \text{Poisson}(\mu/\phi)$，且令 $y = \phi x$，则有 $E(y) = \mu$，$\text{Var}(y) = \phi\mu$。当 $\phi > 1$ 时，y 的方差大于其均值，此时称 y 服从过离散泊松分布。

2.1.2　连接函数

连接函数 $g(\mu)$ 需要满足单调和可导的条件。一些常见的连接函数如表 2—2 所示。

表 2—2 常见的连接函数

名称	连接函数
恒等 (Identiuty)	$g(\mu)=\mu$
对数(log)	$g(\mu)=\ln(\mu)$
平方根	$g(\mu)=\sqrt{\mu}$
幂函数	$g(\mu)=\mu^p$
logit	$g(\mu)=\ln[\mu/(1-\mu)]$
Probit	$g(\mu)=\Phi^{-1}(\mu)$
log-log	$g(\mu)=-\ln[-\ln(\mu)]$
Complementary log-log	$g(\mu)=\ln[-\ln(1-\mu)]$

说明：Φ 表示标准正态分布的累积分布函数。

如果连接函数使得 $g(\mu)=\theta$ 成立，则相应的连接函数 g 称作正则连接函数 (canonical link function)。

对于指数分布族中的分布，有

$$\mu=b'(\theta)\Rightarrow\theta=b'^{-1}(\mu)\,;g(\mu)=\theta=b'^{-1}(\mu)$$

所以正则连接函数就是函数 $b'(\cdot)$ 的反函数，可以表示为 $b'^{-1}(\cdot)$。

【例 2—8】 请分别写出泊松分布和伽马分布假设下广义线性模型的正则连接函数。

由例 2—1 可知，对于泊松分布，$b(\theta)=e^\theta$，所以其均值为 $\mu=b'(\theta)=e^\theta$。两边取对数有 $\theta=\ln(\mu)$，故泊松分布的正则连接函数为对数连接函数。

对于伽马分布，$b(\theta)=-\ln(1/\theta)$，所以其均值为 $\mu=b'(\theta)=1/\theta$，即 $\theta=\mu^{-1}$，故伽马分布的正则连接函数为倒数连接函数。

读者在后面将会看到，使用正则连接函数可以大大简化模型的参数估计过程。不过连接函数的选择通常是基于建模的实际需要，如模型的可解释性和对观测数据的拟合效果等，没有必要仅仅为了简化参数估计过程而选择正则连接函数。

几个常见分布假设下的正则连接函数如表 2—3 所示。

表 2—3 正则连接函数

分布	正则连接函数
正态分布	$g(\mu)=\mu$
二项分布	$g(\mu)=\ln[\mu/(1-\mu)]$
泊松分布	$g(\mu)=\ln(\mu)$
伽马分布	$g(\mu)=\mu^{-1}$
逆高斯分布	$g(\mu)=\mu^{-2}$

2.2 参数估计

广义线性模型的参数包括回归参数和离散参数，它们都可以应用极大似然法进行估计。由于广义线性模型假设因变量服从指数分布族，所以回归参数的极大似然估计等价于迭代加权最小二乘估计。

2.2.1　极大似然估计

在广义线性模型中，假设因变量的第 i 个观测值 y_i 服从指数分布族，密度函数可以表示为：

$$f(y_i; \theta_i, \phi)=\exp\left\{\frac{y_i\theta_i-b(\theta_i)}{\phi}w_i+c(y_i, \phi)\right\} \tag{2.24}$$

在上式中，自然参数有下标 i，离散参数没有下标 i，表示每个观测值的自然参数 θ_i 不同，而离散参数 ϕ 相同。w_i 表示与第 i 个观察值对应的权重，为已知的观察数据。

广义线性模型是对因变量的均值进行预测，而均值仅仅是自然参数的函数，与离散参数无关，所以在上式中，不同观测值的自然参数不同，但离散参数相同。

第 i 个观测值的对数似然函数可以表示为：

$$\ell_i=\frac{y_i\theta_i-b(\theta_i)}{\phi}w_i+c(y_i, \phi) \tag{2.25}$$

假设 n 个观测值 y_1，y_2，…，y_n 相互独立，则它们的联合对数似然函数为：

$$\ell=\sum_{i=1}^{n}\ell_i=\sum_{i=1}^{n}\left[\frac{y_i\theta_i-b(\theta_i)}{\phi}w_i+c(y_i, \phi)\right] \tag{2.26}$$

【定理 2—4】 对于广义线性模型，回归参数 β_j（$j=0$，1，2，…，k）的极大似然估计是下述方程组的解：

$$\frac{\partial\ell}{\partial\beta_j}=\sum_{i=1}^{n}\frac{w_i(y_i-\mu_i)x_{ji}}{v(\mu_i)g'(\mu_i)}=0 \tag{2.27}$$

式中

$$\mu_i=g^{-1}(\beta_0+\beta_1x_{1i}+\cdots+\beta_kx_{ki}) \tag{2.28}$$

证明：回归参数的极大似然估计是下述方程的解：

$$\frac{\partial\ell}{\partial\beta_j}=\sum_{i=1}^{n}\frac{\partial\ell_i}{\partial\beta_j}=0 \tag{2.29}$$

应用链式法则，有

$$\frac{\partial\ell_i}{\partial\beta_j}=\frac{\partial\ell_i}{\partial\theta_i}\frac{\partial\theta_i}{\partial\mu_i}\frac{\partial\mu_i}{\partial\eta_i}\frac{\partial\eta_i}{\partial\beta_j} \tag{2.30}$$

由式（2.25）可知，式（2.30）右边的第一项可以表示为：

$$\frac{\partial\ell_i}{\partial\theta_i}=\frac{y_i-b'(\theta_i)}{\phi}w_i \tag{2.31}$$

指数分布族的均值可以表示为 $\mu_i=b'(\theta_i)$，所以式（2.30）右边的第二项可以表示为：

$$\frac{\partial\mu_i}{\partial\theta_i}=\frac{\partial b'(\theta_i)}{\partial\theta_i}=b''(\theta_i)=v(\mu_i) \tag{2.32}$$

由 $g(\mu_i)=\eta_i$ 可知，式（2.30）右边的第三项可以表示为：

$$\frac{\partial\mu_i}{\partial\eta_i}=\frac{1}{g'(\mu_i)} \tag{2.33}$$

由 $\eta_i=\beta_0+\beta_1 x_{1i}+\cdots+\beta_k x_{ki}$ 可知，式（2.30）右边的第四项可以表示为：

$$\frac{\partial \eta_i}{\partial \beta_j}=x_{ji} \tag{2.34}$$

将式（2.31）、式（2.32）、式（2.33）和式（2.34）代入式（2.30）可得

$$\frac{\partial \ell_i}{\partial \beta_j}=\frac{(y_i-\mu_i)x_{ji}w_i}{\phi \upsilon(\mu_i)g'(\mu_i)} \tag{2.35}$$

将式（2.35）代入式（2.29），即得式（2.27）。式（2.27）称作回归参数的估计方程（estimation equation）。

在式（2.27）中，离散参数被消除了，所以离散参数对回归参数的估计值不会产生任何影响。

在式（2.27）中，如果连接函数是正则连接，即连接函数满足 $g(\mu_i)=\theta_i$，则有

$$g'(\mu_i)=\frac{\partial \theta_i}{\partial \mu_i}\xrightarrow[\mu_i=b'(\theta_i)]{} g'(\mu_i)=\left(\frac{\partial \mu_i}{\partial \theta_i}\right)^{-1}=[b''(\theta_i)]^{-1}=[\upsilon(\mu_i)]^{-1}$$

将其代入式（2.27），估计方程可以简化为：

$$\sum_{i=1}^{n} w_i(y_i-\mu_i)x_{ji}=0 \tag{2.36}$$

上式表明，在正则连接函数下，可以大大简化回归参数的估计方程，且使得观测值的加权和等于拟合值的加权和。不过在实际应用中，简化估计方程并不能作为选择连接函数的主要依据。

2.2.2 Newton 迭代法

求解估计方程（2.27）可以使用 Newton 迭代法。为简化表述，可以把式（2.27）的估计方程简记为：

$$\ell'(\boldsymbol{\beta})=\mathbf{0} \tag{2.37}$$

式中，$\boldsymbol{\beta}=(\beta_0,\ \beta_1,\ \cdots,\ \beta_k)^{\mathrm{T}}$ 表示参数向量。

应用泰勒展开，式（2.37）左边可以近似表示为：

$$\ell'(\boldsymbol{\beta}^{(0)})+\ell''(\boldsymbol{\beta}^{(0)})(\boldsymbol{\beta}-\boldsymbol{\beta}^{(0)})\approx\mathbf{0} \tag{2.38}$$

对式（2.38）变形，即得

$$\boldsymbol{\beta}\approx\boldsymbol{\beta}^{(0)}-[\ell''(\boldsymbol{\beta}^{(0)})]^{-1}\ell'(\boldsymbol{\beta}^{(0)}) \tag{2.39}$$

上式表明，给定回归参数的一个初始估计值 $\boldsymbol{\beta}^{(0)}$，应用式（2.39）即可求得回归参数的一个新估计值。把新得到的估计值再代入式（2.39）的右边，可以得到一个更新的估计值。应用上式反复迭代，直至相邻两次迭代结果之间的差异小于一个给定的阈值，如小于10^{-8}，即可认为迭代过程收敛，并把最后一次的迭代结果作为 $\boldsymbol{\beta}$ 的估计值。

式（2.39）中的迭代公式可以更清晰地表示为：

$$\boldsymbol{\beta}^{(m)}=\boldsymbol{\beta}^{(m-1)}-[\ell''(\boldsymbol{\beta}^{(m-1)})]^{-1}\ell'(\boldsymbol{\beta}^{(m-1)}) \tag{2.40}$$

在应用迭代公式（2.40）时，需要计算对数似然函数的一阶导数向量 $\ell'(\boldsymbol{\beta})$ 和二阶导数

矩阵 $\ell''(\boldsymbol{\beta})$，对数似然函数的一阶导数向量 $\ell'(\boldsymbol{\beta})$ 称作得分向量，记为 $\boldsymbol{U}\equiv\ell'(\boldsymbol{\beta})$。对于指数分布族，由式（2.35）可知，得分向量 $\boldsymbol{U}$ 的第 j（$j=1$，2，…，k）个元素为：

$$U_j=\frac{\partial\ell}{\partial\beta_j}=\sum_{i=1}^{n}\frac{(y_i-\mu_i)x_{ji}w_i}{\phi\upsilon(\mu_i)g'(\mu_i)} \tag{2.41}$$

二阶导数矩阵 $\ell''(\boldsymbol{\beta})$ 也称作海森矩阵（Hessian matrix），第 j 行第 h 列（$j=1$，2，…，k；$h=1$，2，…，k）的元素可以表示为：

$$\frac{\partial^2\ell}{\partial\beta_j\partial\beta_h}=-\sum_{i=1}^{n}\frac{x_{ji}x_{hi}}{a(\phi)}\left\{\frac{1}{\upsilon(\mu_i)}\left(\frac{\partial\mu_i}{\partial\eta_i}\right)^2-(\mu_i-y_i)\left[\frac{1}{[\upsilon(\mu_i)]^2}\left(\frac{\partial\mu_i}{\partial\eta_i}\right)^2\frac{\partial\upsilon(\mu_i)}{\partial\mu_i}-\frac{1}{\upsilon(\mu_i)}\frac{\partial^2\mu_i}{\partial\eta_i^2}\right]\right\} \tag{2.42}$$

在应用迭代公式（2.40）求解回归参数的极大似然估计时，首先需要给出回归参数的一个初始估计值 $\boldsymbol{\beta}^{(0)}$，这在某些情况下有一定难度。下面介绍的迭代加权最小二乘法也是一种求解回归参数极大似然估计值的迭代算法，但在迭代运算之前，只需给出因变量的一个初始拟合值，这要容易得多，譬如可以使用因变量的平均值作为迭代运算的初始拟合值。有鉴于此，在广义线性模型的参数估计过程中，通常使用下述迭代加权最小二乘法。

2.2.3　迭代加权最小二乘法

应用迭代公式（2.40）可以求得回归参数的极大似然估计值。在该迭代公式中，需要使用 Hessian 矩阵。如果把 Hessian 矩阵用期望 Hessian 矩阵代替，就可以得到迭代加权最小二乘法。负的期望 Hessian 矩阵就是信息矩阵，所以下面首先给出信息矩阵的表达式。

【定理 2—5】 广义线性模型关于回归参数 $\boldsymbol{\beta}=[\beta_0,\beta_1,\cdots,\beta_k]^{\mathrm{T}}$ 的信息矩阵可以表示为：

$$\boldsymbol{I}(\boldsymbol{\beta})=\boldsymbol{X}^{\mathrm{T}}\boldsymbol{W}\boldsymbol{X} \tag{2.43}$$

式中，第 j 行第 h 列的元素为：

$$I_{jh}(\beta)=\sum_{i=1}^{n}\frac{w_ix_{ji}x_{hi}}{\phi\upsilon(\mu_i)[g'(\mu_i)]^2},\ j=1,2,\cdots,k;h=1,2,\cdots,k \tag{2.44}$$

$\boldsymbol{X}$ 是设计矩阵，可以表示为：

$$\boldsymbol{X}=\begin{bmatrix}1 & x_{11} & \cdots & x_{k1}\\ 1 & x_{12} & \cdots & x_{k2}\\ \vdots & \vdots & & \vdots\\ 1 & x_{1n} & \cdots & x_{kn}\end{bmatrix} \tag{2.45}$$

设计矩阵中的第一列对应模型的截距项，x_{ji} 表示第 j 个解释变量的第 i 次观测值。

$\boldsymbol{W}$ 是一个 $n\times n$ 的对角阵，对角线上的第 i 个元素为下式方括号中的内容。

$$\boldsymbol{W}=\mathrm{diag}\left[\frac{w_i}{\phi\upsilon(\mu_i)[g'(\mu_i)]^2}\right]_{n\times n} \tag{2.46}$$

证明：回归参数 $\boldsymbol{\beta}=[\beta_0,\beta_1,\cdots,\beta_k]^{\mathrm{T}}$ 的信息矩阵第 j 行第 h 列的元素可以表示为：

$$I_{jh}(\beta)=E\left(\frac{\partial\ell}{\partial\beta_j}\frac{\partial\ell}{\partial\beta_h}\right)=-E\left(\frac{\partial^2\ell}{\partial\beta_j\partial\beta_h}\right)$$

由 $\ell=\sum_{i=1}^{n}\ell_i$ 可得

$$I_{jh}(\beta)=-E\left(\frac{\partial^2 \ell}{\partial\beta_j\partial\beta_h}\right)=-\sum_{i=1}^{n}E\left(\frac{\partial^2 \ell_i}{\partial\beta_j\partial\beta_h}\right)=\sum_{i=1}^{n}E\left(\frac{\partial\ell_i}{\partial\beta_j}\frac{\partial\ell_i}{\partial\beta_h}\right)$$

应用式（2.35），令 $a(\phi)=\phi/w_i$，则由式（2.21）可知，每一个观测值对信息矩阵的贡献为：

$$E\left[\frac{\partial\ell_i}{\partial\beta_j}\frac{\partial\ell_i}{\partial\beta_h}\right]=E\left[\frac{w_i^2\ (y_i-\mu_i)^2x_{ji}x_{hi}}{\phi^2\ [v(\mu_i)]^2\ [g'(\mu_i)]^2}\right]=\frac{w_ix_{ji}x_{hi}}{\phi v(\mu_i)[g'(\mu_i)]^2}$$

因此，信息矩阵第 j 行第 h 列的元素为：

$$I_{jh}(\beta)=\sum_{i=1}^{n}E\left(\frac{\partial\ell_i}{\partial\beta_j}\frac{\partial\ell_i}{\partial\beta_h}\right)=\sum_{i=1}^{n}\frac{w_ix_{ji}x_{hi}}{\phi v(\mu_i)\ [g'(\mu_i)]^2}$$

即 $\boldsymbol{\beta}$ 的信息矩阵可以表示为式（2.43）所示的形式。

信息矩阵也可以通过对式（2.42）取负值后求期望直接求得，该式花括号中第二项的期望值为零。用期望 Hessian 矩阵代替 Hessian 矩阵所产生的差异也就是该式花括号中的第二项。

在求解估计方程（2.27）时，将 Newton 迭代公式（2.40）中的 Hessian 矩阵 $\ell''(\boldsymbol{\beta})$ 用期望 Hessian 矩阵 $E[\ell''(\boldsymbol{\beta})]$代替，就可以得到广义线性模型参数估计的迭代加权最小二乘法（McCullagh，1989）。

【定理 2—6】估计广义线性模型参数的迭代加权最小二乘法可以表示为：

$$\boldsymbol{\beta}^{(m)}=(\boldsymbol{X}^{\mathrm{T}}\boldsymbol{W}^{(m-1)}\boldsymbol{X})^{-1}\boldsymbol{X}^{\mathrm{T}}\boldsymbol{W}^{(m-1)}\boldsymbol{z}^{(m-1)} \tag{2.47}$$

式中，$\boldsymbol{X}$ 是设计矩阵，如式（2.45）所示；$\boldsymbol{W}$ 是一个 $n\times n$ 的对角阵，如式（2.46）所示；$\boldsymbol{z}$ 是一个 n 维向量，称作工作因变量（working response），它的第 i 个元素为：

$$z_i=\eta_i+(y_i-\mu_i)g'(\mu_i)$$

证明：期望 Hessian 矩阵的负值就是信息矩阵，即 $\boldsymbol{I}=-E[\ell''(\boldsymbol{\beta})]$，所以式（2.40）的迭代公式可以表示为：

$$\boldsymbol{\beta}^{(m)}=\boldsymbol{\beta}^{(m-1)}+[\boldsymbol{I}^{(m-1)}]^{-1}\boldsymbol{U}^{(m-1)} \tag{2.48}$$

式中，$\boldsymbol{U}^{(m-1)}\equiv\ell'(\boldsymbol{\beta}^{(m-1)})$ 表示对数似然函数的一阶导数向量，称作得分向量，参见式（2.41）。

式（2.48）两边乘以信息矩阵 $\boldsymbol{I}^{(m-1)}$，则有

$$\boldsymbol{I}^{(m-1)}\boldsymbol{\beta}^{(m)}=\boldsymbol{I}^{(m-1)}\boldsymbol{\beta}^{(m-1)}+\boldsymbol{U}^{(m-1)} \tag{2.49}$$

把式（2.43）的信息矩阵代入式（2.49）的左边，则其左边可以表示为：

$$\boldsymbol{I}^{(m-1)}\boldsymbol{\beta}^{(m)}=\boldsymbol{X}^{\mathrm{T}}\boldsymbol{W}^{(m-1)}\boldsymbol{X}\boldsymbol{\beta}^{(m)} \tag{2.50}$$

把式（2.41）的 U_j 和式（2.44）的 I_{jh} 代入式（2.49）的右边，则其右边的第 j 个元素可以表示为：

$$\sum_{h=1}^{k}\beta_h\sum_{i=1}^{n}\frac{w_ix_{ji}x_{hi}}{\phi v(\mu_i)\ [g'(\mu_i)]^2}+\sum_{i=1}^{n}\frac{(y_i-\mu_i)x_{ji}w_i}{\phi v(\mu_i)g'(\mu_i)}$$

$$= \sum_{i=1}^{n} \frac{w_i x_{ji} \sum_{h=1}^{k} \beta_h x_{hi}}{\phi v(\mu_i) [g'(\mu_i)]^2} + \sum_{i=1}^{n} \frac{(y_i - \mu_i) x_{ji} w_i}{\phi v(\mu_i) g'(\mu_i)}$$

$$= \sum_{i=1}^{n} x_{ji} \frac{w_i}{\phi v(\mu_i) [g'(\mu_i)]^2} \left(\sum_{h=1}^{k} \beta_h x_{hi} + (y_i - \mu_i) g'(\mu_i) \right)$$

$$= \sum_{i=1}^{n} x_{ji} \frac{w_i}{\phi v(\mu_i) [g'(\mu_i)]^2} (\eta_i + (y_i - \mu_i) g'(\mu_i))$$

$$= \sum_{i=1}^{n} x_{ji} \frac{w_i}{\phi v(\mu_i) [g'(\mu_i)]^2} z_i$$

式中

$$z_i = \eta_i + (y_i - \mu_i) g'(\mu_i) \tag{2.51}$$

应用式（2.46），可以把式（2.49）的右边进一步表示为下述矩阵形式：

$$\boldsymbol{I}^{(m-1)} \boldsymbol{\beta}^{(m-1)} + \boldsymbol{U}^{(m-1)} = \boldsymbol{X}^{\mathrm{T}} \boldsymbol{W}^{(m-1)} \boldsymbol{z}^{(m-1)} \tag{2.52}$$

故迭代方程（2.49）可以用矩阵形式表示为：

$$\boldsymbol{X}^{\mathrm{T}} \boldsymbol{W}^{(m-1)} \boldsymbol{X} \boldsymbol{\beta}^{(m)} = \boldsymbol{X}^{\mathrm{T}} \boldsymbol{W}^{(m-1)} \boldsymbol{z}^{(m-1)} \tag{2.53}$$

式（2.53）与线性回归模型中加权最小二乘法的估计方程具有相同的形式，但需迭代使用，故称为迭代加权最小二乘法。

式（2.53）经变形可以将迭代加权最小二乘法的参数估计值表示为式（2.47）所示的形式。

应用迭代公式（2.47）即可求得回归参数的极大似然估计值。该迭代公式适用于指数分布族中的所有分布类型，为广义线性模型的参数估计提供了一个统一框架。

在式（2.46）的权数矩阵 $\boldsymbol{W}$ 中，有离散参数 ϕ，但在迭代公式（2.47）中，ϕ^{-1} 与 ϕ 相乘正好可以相互抵消，所以回归参数的极大似然估计值不依赖于离散参数的估计值。换言之，在上述迭代公式中，令 $\phi=1$ 并不影响回归参数的估计值。不过，在计算信息矩阵和参数估计值的标准误时，需要获得准确的离散参数估计值，参见式（2.58）。

在迭代公式（2.47）中，工作因变量 z_i 可以解释为对 $g(y_i)$ 的线性近似，即

$$z_i = g(y_i) \approx g(\mu_i) + (y_i - \mu_i) g'(\mu_i)$$

容易求得 z_i 的均值和方差分别为：

$$E(z_i) = E[g(\mu_i)] = \eta_i = \boldsymbol{x}_i^{\mathrm{T}} \boldsymbol{\beta}$$

$$\mathrm{Var}(z_i) = \mathrm{Var}(y_i)[g'(\mu_i)]^2 = a(\phi) v(\mu_i) [g'(\mu_i)]^2 = \frac{\phi}{w_i} v(\mu_i) [g'(\mu_i)]^2$$

可见，z_i 的方差正好与式（2.46）中的权重成倒数关系。

现将迭代加权最小二乘法的具体应用过程总结如下：

(1) 首先给出因变量的一个初始拟合值，记为 $\hat{\mu}_i^{(0)}$，并通过连接函数求得 $\hat{\eta}_i^{(0)} = g(\hat{\mu}_i^{(0)})$。因变量的初始拟合值可以有多种选择，譬如对参数为 (k_i, p_i) 的二项分布，使用 $k_i(y_i+0.5)/(k_i+1)$ 作为初始拟合值，而对其他分布使用 $(y_i+\bar{y})/2$ 作为初始拟合值，其中

$\bar{y}=\frac{1}{n}\sum_{i=1}^{n}y_i$。

（2）在进行第 m 步迭代前，首先计算工作因变量和相应的权重：

$$z_i^{(m-1)}=\hat{\eta}_i^{(m-1)}+(y_i-\hat{\mu}_i^{(m-1)})g'(\hat{\mu}_i^{(m-1)})$$

$$W_i^{(m-1)}=\frac{w_i}{\upsilon(\hat{\mu}_i^{(m-1)})[g'(\hat{\mu}_i^{(m-1)})]^2}$$

在上式的权重项中，令 $\phi=1$，回归参数的估计值不受影响。

（3）使用权重 $W_i^{(m-1)}$，建立工作因变量 $z_i^{(m-1)}$ 与解释变量 $\boldsymbol{X}$ 的线性回归模型，并应用最小二乘法求解回归模型的参数：

$$\boldsymbol{\beta}^{(m)}=(\boldsymbol{X}^{\mathrm{T}}\boldsymbol{W}^{(m-1)}\boldsymbol{X})^{-1}\boldsymbol{X}^{\mathrm{T}}\boldsymbol{W}^{(m-1)}\boldsymbol{z}^{(m-1)}$$

式中，矩阵 $\boldsymbol{W}^{(m-1)}$ 对角线上的元素为 $W_i^{(m-1)}$，向量 $\boldsymbol{z}^{(m-1)}$ 的第 i 个元素为 $z_i^{(m-1)}$。

把因变量的拟合值和线性拟合值分别更新为：

$$\boldsymbol{\mu}^{(m)}=\boldsymbol{X}\boldsymbol{\beta}^{(m)}$$

$$\boldsymbol{\eta}^{(m)}=g(\boldsymbol{\mu}^{(m)})$$

（4）反复进行第（2）步和第（3）步，直至相邻两次迭代求得的参数估计值之差很小，如小于10^{-8}，停止迭代，最后一次迭代运算求得的参数估计值 $\boldsymbol{\beta}$ 就是其极大似然估计值。

在实际应用中，通常当相邻两次迭代的残差偏差很接近时停止迭代。残差偏差的定义可以参见 2.3.1 节内容。

在广义线性模型中，迭代加权最小二乘估计的一般算法可以归纳为表 2—4 所示的过程。

表 2—4　广义线性模型迭代加权最小二乘估计的一般算法

1. 设定初始值：
   $D=1$
   $\mu=\{y+\mathrm{mean}(y)\}/2$
   $\eta=g(\mu)$
2. 当残差偏差的变化 abs $(\Delta D)>10^{-8}$时，执行下述循环过程，否则停止循环：
   {
   $W=1/(\upsilon g'^2)$
   $z=\eta+(y-\mu)/g'$
   $\boldsymbol{\beta}=(\boldsymbol{X}^{\mathrm{T}}\boldsymbol{W}\boldsymbol{X})^{-1}\boldsymbol{X}^{\mathrm{T}}\boldsymbol{W}\boldsymbol{z}$
   $\boldsymbol{\eta}=\boldsymbol{X}\boldsymbol{\beta}$
   $\mu=g^{-1}(\eta)$
   Dold$=D$
   $D=2\phi*$（饱和模型的 ℓ－当前模型的 ℓ）
   $\Delta D=$Dold$-D$
   }
3. 计算皮尔逊卡方统计量：
   $\chi^2=\sum(y-\mu)^2/\upsilon$

在表 2—4 中，υ 表示方差函数，g 表示连接函数，g'表示连接函数的一阶导数，即$g'=\frac{\partial\eta}{\partial\mu}$。

【**推论**】如果使用对数连接函数，则迭代公式（2.47）可以表示为：

$$\boldsymbol{\beta}^{(m)}=\boldsymbol{\beta}^{(m-1)}+(\boldsymbol{X}^{\mathrm{T}}\boldsymbol{W}^{(m-1)}\boldsymbol{X})^{-1}(\boldsymbol{X}^{\mathrm{T}}\boldsymbol{W}^{(m-1)}\boldsymbol{k}^{(m-1)})\tag{2.54}$$

式中，$\boldsymbol{k}$ 是一个 n 维向量，第 i 个元素为 $k_i=\frac{y_i-\mu_i}{\mu_i}$。

证明：在对数连接函数下，由 $\ln\mu_i=\eta_i$ 可知，$g'(\mu_i)=1/\mu_i$，因此由式（2.46）可知，权数矩阵对角线上的元素简化为：

$$W_i=\frac{w_i}{\phi\upsilon(\mu_i)(g'(\mu_i))^2}=\frac{w_i\mu_i^2}{\phi\upsilon(\mu_i)}$$

由式（2.41）可知，得分向量 $\boldsymbol{U}$ 的第 j 个元素可以表示为：

$$U_j=\frac{\partial l}{\partial\beta_j}=\sum_{i=1}^{n}\frac{w_i(y_i-\mu_i)x_{ji}}{\phi\upsilon(\mu_i)g'(\mu_i)}=\sum_{i=1}^{n}x_{ji}\frac{w_i\mu_i^2}{\phi\upsilon(\mu_i)}\frac{(y_i-\mu_i)}{\mu_i}$$

使用矩阵形式，得分向量可以表示为 $\boldsymbol{U}=\boldsymbol{X}^{\mathrm{T}}\boldsymbol{W}\boldsymbol{k}$，从而迭代公式（2.48）可以表示为：

$$\begin{aligned}\boldsymbol{\beta}^{(m)}&=\boldsymbol{\beta}^{(m-1)}+(\boldsymbol{I}^{(m-1)})^{-1}\boldsymbol{U}^{(m-1)}\\&=\boldsymbol{\beta}^{(m-1)}+(\boldsymbol{X}^{\mathrm{T}}\boldsymbol{W}^{(m-1)}\boldsymbol{X})^{-1}(\boldsymbol{X}^{\mathrm{T}}\boldsymbol{W}^{(m-1)}\boldsymbol{k}^{(m-1)})\end{aligned}$$

2.2.4　Newton 迭代法与迭代加权最小二乘法的比较

在 Newton 迭代法中，用期望 Hessian 矩阵代替 Hessian 矩阵，就得到了迭代加权最小二乘法。下面可以证明，在使用正则连接函数的情况下，期望 Hessian 矩阵与 Hessian 矩阵相等，所以 Newton 迭代法与迭代加权最小二乘法的参数估计值也完全相等。

由式（2.42）可知，期望 Hessian 矩阵可以表示为：

$$E\left(\frac{\partial^2\ell}{\partial\beta_j\partial\beta_h}\right)=-\sum_{i=1}^{n}\frac{w_ix_{ji}x_{hi}}{\phi\upsilon(\mu_i)\left[g'(\mu_i)\right]^2}\tag{2.55}$$

式（2.55）中期望 Hessian 矩阵与式（2.42）中 Hessian 矩阵的差异为：

$$\Delta=\sum_{i=1}^{n}\frac{w_ix_{ji}x_{hi}}{\phi}\left\{(\mu_i-y_i)\left[\frac{1}{[\upsilon(\mu_i)]^2}\left(\frac{\partial\mu_i}{\partial\eta_i}\right)^2\frac{\partial\upsilon(\mu_i)}{\partial\mu_i}-\frac{1}{\upsilon(\mu_i)}\frac{\partial^2\mu_i}{\partial\eta_i^2}\right]\right\}\tag{2.56}$$

在使用正则连接函数的情况下，$\theta_i=\eta_i$，所以方差函数可以表示为：

$$\upsilon(\mu_i)=b''(\mu_i)=\frac{\partial b'(\theta_i)}{\partial\theta_i}=\frac{\partial\mu_i}{\partial\theta_i}=\frac{\partial\mu_i}{\partial\eta_i}\tag{2.57}$$

把式（2.57）的方差函数代入式（2.56）可得

$$\begin{aligned}\Delta&=\sum_{i=1}^{n}\frac{w_ix_{ji}x_{hi}}{\phi}(\mu_i-y_i)\left[\frac{\partial\upsilon(\mu_i)}{\partial\mu_i}-\frac{\partial\eta_i}{\partial\mu_i}\frac{\partial^2\mu_i}{\partial\eta_i^2}\right]\\&=\sum_{i=1}^{n}\frac{w_ix_{ji}x_{hi}}{\phi}(\mu_i-y_i)\left[\frac{\partial^2\mu_i}{\partial\mu_i\partial\eta_i}-\frac{\partial^2\mu_i}{\partial\mu_i\partial\eta_i}\right]\\&=0\end{aligned}$$

由此可见，在正则连接函数下，期望 Hessian 矩阵与 Hessian 矩阵相等，所以 Newton 迭代法完全等价于迭代加权最小二乘法。

2.2.5　离散参数的估计

在广义线性模型中，离散参数的取值不会影响回归参数的极大似然估计值。从理论上讲，完全可以应用极大似然法估计离散参数，求解方程 $\partial\ell/\partial\phi=0$ 即可。与回归参数的极大似然估计过程不同，在应用极大似然法估计广义线性模型的离散参数时，没有统一形式的估计方程，不同分布假设下的估计方程是不同的。在实际应用中，估计离散参数较为常用的方法是矩估计法。

如果因变量服从指数分布族，则其方差可以表示为：

$$\mathrm{Var}(y_i)=\phi\upsilon(\mu_i)/w_i$$

所以有

$$\phi=\frac{w_i\mathrm{Var}(y_i)}{\upsilon(\mu_i)}$$

类似于对方差 $\mathrm{Var}(y_i)$ 的矩估计，离散参数的一个矩估计可以表示为：

$$\hat{\phi}=\frac{1}{n-k-1}\sum_{i=1}^{n}\frac{w_i(y_i-\hat{\mu}_i)^2}{\upsilon(\hat{\mu}_i)} \tag{2.58}$$

式中，n 表示观测值的个数；$k+1$ 表示模型中的参数个数。

下面可以证明，式（2.58）是离散参数 ϕ 的一个近似无偏估计。

Pearson 卡方统计量定义为：

$$\chi^2=\sum_{i=1}^{n}\frac{w_i(y_i-\mu_i)^2}{\upsilon(\mu_i)} \tag{2.59}$$

相应地，尺度化 Pearson 卡方统计量可以定义为：

$$\chi^2/\phi=\sum_{i=1}^{n}\frac{w_i(y_i-\mu_i)^2}{\phi\upsilon(\mu_i)} \tag{2.60}$$

尺度化 Pearson 卡方统计量近似服从自由度为 $n-k-1$ 的卡方分布，故有

$$E(\chi^2/\phi)\approx n-k-1\Rightarrow E(\chi^2)\approx(n-k-1)\phi \tag{2.61}$$

把式（2.59）代入式（2.58），离散参数的估计值可以表示为：

$$\hat{\phi}=\frac{\chi^2}{n-k-1} \tag{2.62}$$

对上式求期望，并应用式（2.61）的结果，则有

$$E(\hat{\phi})=\frac{E(\chi^2)}{n-k-1}\approx\phi$$

由此可见，式（2.58）是离散参数 ϕ 的一个近似无偏估计。

在估计离散参数时最好使用未经汇总的数据。数据汇总之后，式（2.58）中的观测值个数 n 会减小，从而影响离散参数估计值的稳定性。不过，数据汇总并不会对回归参数的估计值产生影响。

2.2.6 参数估计值的标准误

在 Newton 迭代法中，迭代公式中使用了 Hessian 矩阵，所以参数估计值的协方差矩阵可以表示为：

$$\boldsymbol{\Sigma}=-[\ell''(\boldsymbol{\beta})]^{-1} \tag{2.63}$$

式中，$\ell''(\boldsymbol{\beta})$ 是 Hessian 矩阵，是对数似然函数关于回归参数的二阶导数矩阵。

协方差矩阵 $\boldsymbol{\Sigma}$ 对角线上的元素就是参数估计值的方差，参数估计值的标准误就是方差的平方根。Hessian 矩阵中的离散参数可以使用式（2.58）进行估计。

在迭代加权最小二乘法中，用期望 Hessian 矩阵代替 Hessian 矩阵，所以参数估计值的协方差矩阵可以基于信息矩阵进行计算，即等于信息矩阵的逆矩阵：

$$\boldsymbol{\Sigma}=[\boldsymbol{I}(\boldsymbol{\beta})]^{-1} \tag{2.64}$$

式中，$\boldsymbol{I}(\boldsymbol{\beta})=-E[\ell''(\boldsymbol{\beta})]$，是信息矩阵。

2.3 模型比较与诊断

广义线性模型的评价与线性回归模型有所不同，虽然仍然需要使用判定系数和残差等概念，但它们的定义并不完全相同。本节主要讨论关于广义线性模型检验和评价的一些常用方法。

2.3.1 偏差

偏差（deviance）是评价广义线性模型的一个重要工具。在不同文献中，关于偏差概念的定义和使用不完全一致。为了避免混淆，本节区分两种偏差概念，即尺度化偏差（scaled deviance）和残差偏差（residual deviance）。计算尺度化偏差需要已知离散参数的取值，而残差偏差与离散参数无关。如果用 D^* 表示尺度化偏差，用 D 表示残差偏差，则有 $D=\phi D^*$。换言之，在尺度化偏差 D^* 中，分母上有一个离散参数 ϕ，所以尺度化偏差 D^* 乘以离散参数 ϕ 就得到了不含离散参数的残差偏差 D。

1. *尺度化偏差*

在定义广义线性模型的尺度化偏差之前，首先介绍极大似然估计的一个重要性质。

假设当前模型包含 $k+1$ 个回归参数，用向量 $\boldsymbol{\beta}=(\beta_0, \beta_1, \cdots, \beta_k)^{\mathrm{T}}$ 表示。广义线性模型的对数似然函数 $\ell(\boldsymbol{\beta};\boldsymbol{y})$ 可以用泰勒展开式近似为：

$$\ell(\boldsymbol{\beta};\boldsymbol{y})\approx\ell(\hat{\boldsymbol{\beta}};\boldsymbol{y})+(\boldsymbol{\beta}-\hat{\boldsymbol{\beta}})^{\mathrm{T}}\boldsymbol{U}(\hat{\boldsymbol{\beta}})+\frac{1}{2}(\boldsymbol{\beta}-\hat{\boldsymbol{\beta}})^{\mathrm{T}}\boldsymbol{H}(\hat{\boldsymbol{\beta}})(\boldsymbol{\beta}-\hat{\boldsymbol{\beta}}) \tag{2.65}$$

式中，$\hat{\boldsymbol{\beta}}$ 是回归参数的极大似然估计值；$\boldsymbol{U}(\hat{\boldsymbol{\beta}})$ 是得分向量在 $\boldsymbol{\beta}=\hat{\boldsymbol{\beta}}$ 处的值；$\boldsymbol{H}(\hat{\boldsymbol{\beta}})$ 是对数似然函数的二阶导数矩阵（即 Hessian 矩阵）在 $\boldsymbol{\beta}=\hat{\boldsymbol{\beta}}$ 处的值。

由于 $\boldsymbol{U}(\hat{\boldsymbol{\beta}})=\boldsymbol{0}$，$\boldsymbol{I}(\hat{\boldsymbol{\beta}})=-E[\boldsymbol{H}(\hat{\boldsymbol{\beta}})]$，所以用负的信息矩阵代替 Hessian 矩阵 $\boldsymbol{H}$，式（2.65）可以变形为：

$$\ell(\hat{\boldsymbol{\beta}};\boldsymbol{y})-\ell(\boldsymbol{\beta};\boldsymbol{y})\approx\frac{1}{2}(\hat{\boldsymbol{\beta}}-\boldsymbol{\beta})^{\mathrm{T}}\boldsymbol{I}(\hat{\boldsymbol{\beta}})(\hat{\boldsymbol{\beta}}-\boldsymbol{\beta})$$

由极大似然估计的性质可得下述渐近分布：

$$(\hat{\boldsymbol{\beta}}-\boldsymbol{\beta})^{\mathrm{T}}\boldsymbol{I}(\hat{\boldsymbol{\beta}})(\hat{\boldsymbol{\beta}}-\boldsymbol{\beta})\sim\chi^2(k+1)$$

所以有

$$2[\ell(\hat{\boldsymbol{\beta}};\boldsymbol{y})-\ell(\boldsymbol{\beta};\boldsymbol{y})]\sim\chi^2(k+1) \tag{2.66}$$

广义线性模型的尺度化偏差的定义如下：

$$D^*=2[\ell(\hat{\boldsymbol{\beta}}_{\max})-\ell(\hat{\boldsymbol{\beta}})] \tag{2.67}$$

式中，$\ell(\hat{\boldsymbol{\beta}}_{\max})$ 表示饱和模型的对数似然函数；$\ell(\hat{\boldsymbol{\beta}})$ 表示当前模型的对数似然函数。饱和模型是指可以对观测值完美拟合的模型，包含 n 个参数，每个观测值对应一个参数，所以拟合值就等于其观测值，即 $\hat{\mu}_i=y_i$。饱和模型是过度拟合模型，没有任何预测能力，只能再现观测数据，通常作为评价其他模型拟合效果的基准。当前模型是指根据已知数据建立的包含 $k+1$ 个参数的模型，参数个数 $k+1$ 远远小于观测值个数 n。

式（2.67）中的尺度化偏差可以变形为：

$$D^*=2\{[\ell(\hat{\boldsymbol{\beta}}_{\max})-\ell(\boldsymbol{\beta}_{\max})]-[\ell(\hat{\boldsymbol{\beta}})-\ell(\boldsymbol{\beta})]+[\ell(\boldsymbol{\beta}_{\max})-\ell(\boldsymbol{\beta})]\} \tag{2.68}$$

式中，$\boldsymbol{\beta}_{\max}$ 和 $\hat{\boldsymbol{\beta}}_{\max}$ 分别表示饱和模型的真实参数及其极大似然估计值；$\boldsymbol{\beta}$ 和 $\hat{\boldsymbol{\beta}}$ 分别表示当前模型的真实参数及其极大似然估计值。

由式（2.66）可知，上式第一项近似服从自由度为 n 的卡方分布 $\chi^2(n)$；第二项近似服从自由度为 $k+1$ 的卡方分布 $\chi^2(k+1)$；第三项是大于零的常数，如果当前模型的拟合效果很好，该项应该近似为零。所以，如果当前模型的拟合效果很好，尺度化偏差应该近似服从自由度为 $n-k-1$ 的卡方分布，即

$$D^* \sim \chi^2(n-k-1) \tag{2.69}$$

反之，如果当前模型的拟合效果欠佳，尺度化偏差 D^* 将显著大于 $\chi^2(n-k-1)$ 的临界值。一般情况下，$D^* \sim \chi^2(n-k-1)$ 的近似效果不是很好，但在正态分布假设下，尺度化偏差精确服从自由度为 $n-k-1$ 的卡方分布（Dobson，2008）。

【例 2—9】在正态分布假设下，广义线性模型的尺度化偏差服从自由度为 $n-k-1$ 的卡方分布。

解：假设 y_1，…，y_n 相互独立，且服从正态分布，即 $y_i \sim N(\mu_i, \sigma^2)$，密度函数为：

$$f(y_i;\mu_i,\sigma^2)=\frac{1}{\sqrt{2\pi\sigma^2}}\exp\left\{-\frac{(y_i-\mu_i)^2}{2\sigma^2}\right\}$$

不妨假设每个观测值的权重为 $w_i=1$，则当前模型的对数似然函数可以表示为：

$$\ell(\hat{\boldsymbol{\beta}};\mathbf{y})=-\frac{1}{2\sigma^2}\sum_{i=1}^{n}(y_i-\hat{\mu}_i)^2-\frac{1}{2}n\ln(2\pi\sigma^2)$$

对于饱和模型，$\hat{\mu}_i=y_i$，所以饱和模型的对数似然函数为：

$$\ell(\hat{\boldsymbol{\beta}}_{\max};\mathbf{y})=-\frac{1}{2}n\ln(2\pi\sigma^2)$$

由此可得尺度化偏差为：

$$D^*=2[\ell(\hat{\boldsymbol{\beta}}_{\max};\mathbf{y})-\ell(\hat{\boldsymbol{\beta}};\mathbf{y})]=\frac{1}{\sigma^2}\sum_{i=1}^{n}(y_i-\hat{\mu}_i)^2$$

估计 $\hat{\mu}_i=\hat{\beta}_0+\hat{\beta}_1x_{1i}+\cdots+\hat{\beta}_kx_{ki}$ 会损失掉 $k+1$ 个自由度，所以在 σ^2 已知的情况下，上式服从自由度为 $n-k-1$ 的卡方分布 $\chi^2(n-k-1)$。

【例 2—10】在泊松分布假设下，广义线性模型的尺度化偏差只是近似服从自由度为 $n-k$ 的卡方分布。

解：假设 y_1，…，y_n 相互独立，且服从泊松分布，即 $y_i \sim \text{Poisson}(\mu_i)$，概率函数为：

$$f(y_i;\mu_i)=\mathrm{e}^{-\mu_i}\frac{\mu_i^{\ y_i}}{y_i!}$$

当前模型的对数似然函数可以表示为：

$$\ell(\hat{\boldsymbol{\beta}};\boldsymbol{y})=\sum_{i=1}^{n}y_i\ln\hat{\mu}_i-\sum_{i=1}^{n}\hat{\mu}_i-\sum_{i=1}^{n}\ln(y_i!)$$

对于饱和模型，$\hat{\mu}_i=y_i$，所以饱和模型的对数似然函数为：

$$\ell(\hat{\boldsymbol{\beta}}_{\max};\boldsymbol{y})=\sum_{i=1}^{n}y_i\ln y_i-\sum_{i=1}^{n}y_i-\sum_{i=1}^{n}\ln(y_i!)$$

由此可得泊松回归模型的尺度化偏差为：

$$\begin{aligned}D^{*}&=2[\ell(\hat{\boldsymbol{\beta}}_{\max};\boldsymbol{y})-\ell(\hat{\boldsymbol{\beta}};\boldsymbol{y})]\\&=\sum_{i=1}^{n}[y_i\ln(y_i/\hat{\mu}_i)-(y_i-\hat{\mu}_i)]\end{aligned}$$

上面的尺度化偏差不是严格的卡方统计量，所以，如果当前模型是正确的，则只是近似服从自由度为 $n-k-1$ 的卡方分布。

下面讨论广义线性模型在各种分布假设下的尺度化偏差。

广义线性模型假设因变量服从指数分布族。对于指数分布族，自然参数可以表示为均值的函数，即 $\theta_i=g_c(\mu_i)$，其中 $g_c(\cdot)$ 表示正则连接函数，所以，指数分布族的对数似然函数也可以写成均值的函数。当前模型的对数似然函数可以表示为 $\ell(\hat{\mu}_i,\phi;y_i)$，饱和模型的对数似然函数可以表示为 $\ell(y_i,\phi;y_i)$，所以，式（2.67）的尺度化偏差还可以表示为下面更容易应用的形式：

$$\begin{aligned}D^{*}&=2\sum_{i=1}^{n}[\ell(y_i,\phi;y_i)-\ell(\hat{\mu}_i,\phi;y_i)]\\&=2\sum_{i=1}^{n}\left\{\frac{y_ig_c(y_i)-b[g_c(y_i)]}{\phi/w_i}-\frac{y_ig_c(\hat{\mu}_i)-b[g_c(\hat{\mu}_i)]}{\phi/w_i}\right\}\\&=\frac{2}{\phi}\sum_{i=1}^{n}w_i\{y_i[g_c(y_i)-g_c(\hat{\mu}_i)]-b[g_c(y_i)]+b[g_c(\hat{\mu}_i)]\}\end{aligned}\tag{2.70}$$

譬如，对于正态分布，由表 2—3 可知，正则连接函数为恒等连接，即 $g_c(\mu)=\mu$，且有 $b(\theta)=\theta^2/2$，$\phi=\sigma^2$，所以，由式（2.70）可以求得正态分布假设下的尺度化偏差为：

$$\begin{aligned}D^{*}&=\frac{2}{\phi}\sum_{i=1}^{n}w_i\{y_i[g_c(y_i)-g_c(\hat{\mu}_i)]-b[g_c(y_i)]+b[g_c(\hat{\mu}_i)]\}\\&=\frac{2}{\sigma^2}\sum_{i=1}^{n}w_i\{y_i(y_i-\hat{\mu}_i)-y_i^2/2+\hat{\mu}_i^2/2\}\\&=\frac{1}{\sigma^2}\sum_{i=1}^{n}w_i(y_i-\hat{\mu}_i)^2\end{aligned}$$

上式就是线性回归模型的残差平方和。

对于泊松分布，正则连接函数为对数连接，即 $g_c(\mu_i)=\ln(\mu_i)$，且有 $b(\theta_i)=\mathrm{e}^{\theta_i}$，$\phi=1$，所以，由式（2.70）可以求得泊松分布假设下的尺度化偏差为：

$$
\begin{aligned}
D^* &= \frac{2}{\phi}\sum_{i=1}^{n} w_i\{y_i[g_c(y_i)-g_c(\hat{\mu}_i)]-b[g_c(y_i)]+b[g_c(\hat{\mu}_i)]\} \\
&= 2\sum_{i=1}^{n} w_i\{y_i(\ln y_i-\ln\hat{\mu}_i)-y_i+\hat{\mu}_i\} \\
&= 2\sum_{i=1}^{n} w_i[y_i\ln(y_i/\hat{\mu}_i)-(y_i-\hat{\mu}_i)]
\end{aligned}
$$

其他分布假设下的尺度化偏差如表 2—5 所示（Hardin，2012）。

表 2—5　　指数分布族的尺度化偏差

分布	尺度化偏差（D^*）
正态分布	$\frac{1}{\sigma^2}\sum_{i=1}^{n} w_i(y_i-\hat{\mu}_i)^2$
泊松分布	$2\sum_{i=1}^{n} w_i\left[y_i\ln\frac{y_i}{\hat{\mu}_i}-(y_i-\hat{\mu}_i)\right]$
二项分布（k）	$2\sum_{i=1}^{n} w_i\left[y_i\ln\frac{y_i}{\hat{\mu}_i}+(k_i-y_i)\ln\frac{k_i-y_i}{k_i-\hat{\mu}_i}\right]$
伽马分布	$\frac{2}{\phi}\sum_{i=1}^{n} w_i\left(\frac{y_i-\hat{\mu}_i}{\hat{\mu}_i}-\ln\frac{y_i}{\hat{\mu}_i}\right)$
逆高斯分布	$\frac{1}{\sigma^2}\sum_{i=1}^{n}\frac{w_i(y_i-\hat{\mu}_i)^2}{y_i\hat{\mu}_i^2}$

2. *残差偏差*

由表 2—5 可知，尺度化偏差中含有离散参数，所以在计算尺度化偏差之前首先需要求得离散参数的估计值。但是，在广义线性模型中，回归参数的估计值不依赖于离散参数。换言之，在未知离散参数的情况下就可以求得回归参数的估计值。此时，为了对广义线性模型进行评价，可以使用残差偏差。

残差偏差（residual deviance）定义为尺度化偏差与离散参数的乘积，即

$$D=\phi D^* \tag{2.71}$$

残差偏差中不包含离散参数，所以可以直接基于模型的观测值和拟合值进行计算，但残差偏差将不再近似服从自由度为 $n-k-1$ 的卡方分布。

在广义线性模型中，无论是尺度化偏差，还是残差偏差，都是对观测值与拟合值之间某种距离的度量。事实上，极大化似然函数与极小化偏差函数可以得到完全相同的回归参数估计值。

在 R 软件中，估计广义线性模型的函数是 glm，该函数不仅可以输出当前模型的残差偏差（residual deviance），还可以输出空模型的残差偏差（null deviance）。

空模型也称为零模型或截距模型，该模型没有任何解释变量，只有一个截距项 β_0。空模型的线性拟合值为 $\eta_i=\beta_0$。空模型对因变量的拟合值为 $\mu_i=g^{-1}(\beta_0)$，简记为 μ_0。由式（2.27）可知，求解空模型的估计方程为：

$$\sum_{i=1}^{n}\frac{w_i(y_i-\mu_0)}{v(\mu_0)g'(\mu_0)}=0\Rightarrow\sum_{i=1}^{n}w_i(y_i-\mu_0)=0$$

由此可见，空模型的拟合值就是观测值的加权平均值，即

$$\hat{\mu}_0 = \frac{1}{n}\sum_{i=1}^{n} w_i y_i \tag{2.72}$$

把残差偏差中的拟合值 $\hat{\mu}_i$ 替换为空模型的拟合值 $\hat{\mu}_0$，即可求得空模型的残差偏差。

3. 基于残差偏差估计离散参数

广义线性模型的离散参数也可以通过残差偏差进行估计：

$$\hat{\phi} = \frac{D}{n-k-1} \tag{2.73}$$

式中，n 是观察值个数；$k+1$ 是模型的参数个数；$n-k-1$ 是残差偏差的自由度。

因为尺度化偏差 D^* 近似服从自由度为 $n-k-1$ 的卡方分布，所以结合式（2.71）可得

$$E(D^*) \approx n-k-1 \Rightarrow E(D) = E(\phi D^*) \approx \phi(n-k-1)$$

由此可知，式（2.73）是离散参数的一个近似无偏估计，即

$$E(\hat{\phi}) = \frac{E(D)}{n-k-1} \approx \frac{\phi(n-k-1)}{n-k-1} = \phi$$

式（2.73）对离散参数的估计值易受模型误差的影响，所以不及式（2.58）常用。

2.3.2　模型比较

在比较不同广义线性模型的拟合效果时，需要区分两种情况：一种是嵌套模型的比较；另一种是非嵌套模型的比较。

嵌套模型是指两个相互比较的模型之间存在嵌套关系，一个模型包含的解释变量较少，称作简单模型；另一个包含的解释变量较多，称作复杂模型。在复杂模型中，除了简单模型中的解释变量之外，还包含其他解释变量。譬如，模型（2.74）嵌套于模型（2.75）之中：

$$g(\mu_i) = \beta_0 + \beta_1 x_{1i} + \beta_2 x_{2i} \tag{2.74}$$

$$g(\mu_i) = \beta_0 + \beta_1 x_{1i} + \beta_2 x_{2i} + \beta_3 x_{3i} \tag{2.75}$$

嵌套模型的比较等价于对模型的某些参数进行显著性检验。譬如，如果式（2.75）中的模型对观测值的拟合效果明显优于式（2.74）中的模型，就可以认为参数 β_3 显著不为零，即解释变量 x_3 对因变量具有显著影响。

1. 嵌套模型的比较

在比较两个嵌套的广义线性模型时，如果离散参数是已知的，如泊松分布和二项分布的离散参数均为 1，则两个嵌套模型的尺度化偏差之差近似服从卡方分布。假设复杂模型的尺度化偏差为 D_0^*，简单模型的尺度化偏差为 D_1^*，则简单模型与复杂模型的尺度化偏差之差 $D_1^* - D_0^*$ 近似服从自由度为 r 的卡方分布，即

$$D_1^* - D_0^* \sim \chi^2(r) \tag{2.76}$$

式中，r 是复杂模型与简单模型的参数个数之差。

卡方分布的均值等于其自由度，即 $E(D_1^* - D_0^*) = r$，所以当 $D_1^* - D_0^*$ 远远大于 r 时，譬如大于卡方分布 $\chi^2(r)$ 的 95%分位数，就可以认为复杂模型明显优于简单模型，即复杂模型中增加的解释变量对因变量存在显著影响；否则，就认为复杂模型与简单模型没有显著差异，即复杂模型中增加的解释变量对因变量不存在显著影响，可以从模型中剔除。

在比较两个嵌套的广义线性模型时，如果离散参数是未知的，就无法计算式（2.76）中

的尺度化偏差，因此不能基于式（2.76）进行嵌套模型的比较。因为残差偏差中没有离散参数，所以可以基于残差偏差构造 F 统计量用于嵌套模型的比较。

假设复杂模型的残差偏差为 $D_0=\phi D_0^*$，简单模型的残差偏差为 $D_1=\phi D_1^*$。由式（2.76）可知，$D_1^*-D_0^*=(D_1-D_0)/\phi$ 近似服从自由度为 r 的卡方分布，即

$$(D_1-D_0)/\phi\sim\chi^2(r) \tag{2.77}$$

式中，r 是复杂模型与简单模型的参数个数之差。

由式（2.60）可知，χ^2/ϕ 近似服从自由度为 $n-k-1$ 的卡方分布。而由式（2.62）可知，$\chi^2=(n-k-1)\hat{\phi}$，所以 $\chi^2/\phi=(n-k-1)\hat{\phi}/\phi$ 近似服从自由度为 $n-k-1$ 的卡方分布，即

$$(n-k-1)\hat{\phi}/\phi\sim\chi^2(n-k-1) \tag{2.78}$$

因此，由式（2.77）和式（2.78）可以定义下面的 F 统计量：

$$F=\frac{[(D_1-D_0)/\phi]/r}{[(n-k-1)\hat{\phi}/\phi]/(n-k-1)}=\frac{D_1-D_0}{r\hat{\phi}}$$

即

$$F=\frac{D_1-D_0}{r\hat{\phi}}\sim F(r,\ n-k-1) \tag{2.79}$$

上式服从自由度为（r，$n-k-1$）的 F 分布，其中 $\hat{\phi}$ 是应用式（2.58）或式（2.73）估计的离散参数；r 是复杂模型与简单模型的参数个数之差，也就是简单模型与复杂模型的自由度之差；n 是观测值的个数。在估计离散参数 ϕ 时，既可以使用简单模型的输出结果，也可以使用复杂模型的输出结果，但使用复杂模型的输出结果估计的离散参数更加准确。在使用复杂模型的输出结果估计离散参数时，式（2.79）中的 k 表示复杂模型中回归参数的个数。

2. 非嵌套模型的比较

在比较两个没有嵌套关系的广义线性模型时，通常使用 AIC 和 BIC 等信息准则（information criterion）。

AIC 的定义如下：

$$\text{AIC}=-2\ell+2p \tag{2.80}$$

式中，ℓ 是广义线性模型的对数似然函数；p 是模型的参数个数。

信息准则度量了模型损失掉的信息，所以信息准则的值越小，表明模型对观测数据的拟合效果越好。

在应用 AIC 比较不同的模型时，建立这些模型所使用的样本量应该相等，即都等于 n。但在实际应用中，由于不同模型使用的解释变量不同，而某些解释变量有可能存在缺失值，所以不同模型的样本量可能是不同的。在这种情况下，如果样本量的差异不是很大，仍然可以使用 AIC 准则进行模型比较，但应该使用下述经样本量调整的尺度化 AIC 准则：

$$\text{AIC}=\frac{-2\ell+2p}{n} \tag{2.81}$$

AIC 信息准则的另外两种形式是 AICC 和 AIChq，它们的定义如下：

$$\text{AICC}=-2\ell+2p+2\,\frac{p(p+1)}{n-p-1} \tag{2.82}$$

$$\text{AIChq}=-2\ell+2p\cdot\ln(\ln n) \tag{2.83}$$

使用 AICC 和 AIChq 比较模型时，如果不同模型的样本量存在差异，应该使用尺度化以后的形式，即分别除以它们各自的样本量。

在非嵌套模型的比较中，另一个常用的信息准则是 BIC，其定义如下：

$$\text{BIC}=-2\ell+p\cdot\ln n \tag{2.84}$$

式中，l 是对数似然函数；p 是模型的参数个数；n 是观察值个数。

无论 AIC 还是 BIC，它们越小，表示模型越好。但是，在实际应用中，两个模型的信息准则值相差多少才算是有明显差异呢？关于这个问题，目前还没有找到一个严格的统计量进行检验并给出相应的 p 值。

应用 AIC 比较两个模型的经验规则如下（Hilbe，2009）：

（1）当两个模型的 AIC 之差小于 2.5 时，表明这两个模型没有明显差异。

（2）当两个模型的 AIC 之差大于 10 时，AIC 较小的模型明显较优。

（3）如果样本量大于 256，且两个模型的 AIC 之差大于 2.5 小于 6，则 AIC 较小的模型较优。

（3）如果样本量大于 64，且两个模型的 AIC 之差大于 6 小于 9，则 AIC 较小的模型较优。

应用 BIC 比较两个模型的经验规则如下（Raftery，1995）：

（1）BIC 之差在 0～2 之间，表明两个模型存在微弱差异。

（2）BIC 之差在 2～6 之间，表明两个模型存在一定差异。

（3）BIC 之差在 6～10 之间，表明两个模型存在显著差异。

（4）BIC 之差大于 10，表明两个模型存在非常显著的差异。

2.3.3　伪判定系数

在线性回归模型中，通常使用判定系数对模型的整体拟合效果进行评价。在广义线性模型中，也可以定义与判定系数类似的统计量，通常称作伪判定系数（pseudo-R^2）。伪判定系数是对判定系数的一种推广，但不同的推广方法得到的伪判定系数具有不同含义，不宜采用同一种方式对它们进行解释。

不同的伪判定系数具有不同的含义和适用场合。在广义线性模型的评价中可以使用下述伪判定系数（Cameron，1997）：

$$R^2=1-\frac{K(\boldsymbol{y},\ \hat{\boldsymbol{\mu}})}{K(\boldsymbol{y},\ \hat{\boldsymbol{\mu}}_0)} \tag{2.85}$$

式中，$\hat{\boldsymbol{\mu}}$ 是当前模型的拟合值向量；$\hat{\boldsymbol{\mu}}_0$ 是空模型的拟合值向量；$K(\cdot)$ 表示 Kullback-Leibler 离差，简记为 KL 离差（KL divergence）。式（2.85）定义的伪判定系数假设当前模型中包含截距项。

KL 离差的一般定义公式如下：

$$K(\mu_1,\mu_2)\equiv 2E_{\mu_1}\left[\ln\left(\frac{f_{\mu_1}(y)}{f_{\mu_2}(y)}\right)\right] \tag{2.86}$$

式中，$f_{\mu_1}(y)$ 和 $f_{\mu_2}(y)$ 分别表示均值参数为 μ_1 和 μ_2 的密度函数；E_{μ_1} 表示关于密度函数 $f_{\mu_1}(y)$ 求期望。$K(\mu_1,\mu_2)$ 度量了两个均值 μ_1 和 μ_2 之间的一种偏离程度。

在密度函数 $f_{\mu_1}(y)$ 中，令均值参数等于观测值 y，则可以定义另一个密度函数 $f_y(y)$。

此时，式（2.86）中离差的定义公式将变形为：

$$K(y,\mu)\equiv 2E_y\left[\ln\left(\frac{f_y(y)}{f_\mu(y)}\right)\right] \tag{2.87}$$

上式度量了观测值 y 与其均值 μ 之间的偏离程度。

对于指数分布族，式（2.87）可以进一步简化为：

$$K(y,\mu)=2\ln\left[\frac{f_y(y)}{f_\mu(y)}\right] \tag{2.88}$$

由此可见，在式（2.85）定义的伪判定系数中，$K(\boldsymbol{y},\hat{\boldsymbol{\mu}})$ 度量了当前模型的拟合值偏离观测值的程度，而 $K(\boldsymbol{y},\hat{\boldsymbol{\mu}}_0)$ 度量了空模型的拟合值偏离观测值的程度，所以，伪判定系数度量了当前模型中因为加入解释变量从而使得拟合值与观测值的偏离程度下降的百分比，进行比较的基准是不含任何解释变量的空模型。

式（2.85）中定义的伪判定系数在［0，1］区间取值，且随着模型中解释变量的增加而增大。

【例 2—11】请写出泊松分布假设下广义线性模型的伪判定系数。

解：均值参数为 μ 的泊松分布的概率函数为：

$$f_\mu(y)=\frac{e^{-\mu}\mu^y}{y!}$$

把泊松分布的均值参数用观测值代替，则有

$$f_y(y)=\frac{e^{-y}y^y}{y!}$$

应用式（2.88），泊松分布假设下的 KL 离差为：

$$\begin{aligned}K(y,\mu)&=2\{[-y+y\ln(y)-\ln(y!)]-[-\mu+\mu\ln(y)-\ln(y!)]\}\\&=2[y\ln(y/\mu)-(y-\mu)]\end{aligned}$$

在泊松分布假设下的广义线性模型中，如果有 n 个相互独立的观测值，记为 $\boldsymbol{y}=(y_1,y_2,\cdots,y_n)^{\mathrm{T}}$，广义线性模型的拟合值记为 $\hat{\boldsymbol{\mu}}=(\hat{\mu}_1,\hat{\mu}_2,\cdots,\hat{\mu}_n)^{\mathrm{T}}$，则 KL 离差可以表示为每个观测值的 KL 离差之和，即

$$K(\boldsymbol{y},\hat{\boldsymbol{\mu}})=\sum_{i=1}^{n}2[y_i\ln(y_i/\hat{\mu}_i)-(y_i-\hat{\mu}_i)]$$

应用式（2.85），泊松分布假设下的伪判定系数可以表示为：

$$R^2=1-\frac{K(\boldsymbol{y},\hat{\boldsymbol{\mu}})}{K(\boldsymbol{y},\hat{\boldsymbol{\mu}}_0)}=1-\frac{\sum_{i=1}^{n}[y_i\ln(y_i/\hat{\mu}_i)-(y_i-\hat{\mu}_i)]}{\sum_{i=1}^{n}[y_i\ln(y_i/\bar{y})]}$$

在上式的分母中，由式（2.72）可知，空模型的拟合值等于观测值的加权平均值，即有 $\hat{\boldsymbol{\mu}}_0=(\bar{y},\bar{y},\cdots,\bar{y})^{\mathrm{T}}$，所以 $\sum_{i=1}^{n}(y_i-\bar{y})=0$。

类似地，可以求得在正态分布、二项分布、伽马分布和逆高斯分布假设下广义线性模型

的伪判定系数如表 2—6 所示。

表 2—6　　广义线性模型的伪判定系数

分布假设	伪判定系数
正态分布	$R^2=1-\dfrac{\sum_{i=1}^{n}(y_i-\hat{\mu}_i)^2}{\sum_{i=1}^{n}(y_i-\bar{y})^2}$
泊松分布	$R^2=1-\dfrac{\sum_{i=1}^{n}[y_i\ln(y_i/\hat{\mu}_i)-(y_i-\hat{\mu}_i)]}{\sum_{i=1}^{n}[y_i\ln(y_i/\bar{y})]}$
二项分布（k）	$R^2=1-\dfrac{\sum_{i=1}^{n}[\hat{\mu}_i\ln\hat{\mu}_i+(k_i-\hat{\mu}_i)\ln(k_i-\hat{\mu}_i)]}{\sum_{i=1}^{n}[\bar{y}\ln\bar{y}+(k_i-\bar{y})\ln(k_i-\bar{y})]}$
伽马分布	$R^2=1-\dfrac{\sum_{i=1}^{n}[y_i\ln(y_i/\hat{\mu}_i)-(y_i-\hat{\mu}_i)/\hat{\mu}_i]}{\sum_{i=1}^{n}[\ln(y_i/\bar{y})]}$
逆高斯分布	$R^2=1-\dfrac{\sum_{i=1}^{n}(y_i-\hat{\mu}_i)^2/(\hat{\mu}_i^2y_i)}{\sum_{i=1}^{n}(y_i-\bar{y})^2/(\bar{y}^2y_i)}$

2.3.4　残差

残差是评价广义线性模型的主要工具之一，可以用于分析模型假设的合理性，识别观测数据中的异常值，评价模型的整体拟合效果。在广义线性模型中，可以定义各种类型的残差，如原始残差、Pearson 残差、Deviance 残差和随机分位残差等（Hardin，2012）。

1. *原始残差*

原始残差（raw residuals）也称为因变量残差（response residuals），定义为因变量的观测值 y_i 与其拟合值 $\hat{\mu}_i$ 之差：

$$r_i=y_i-\hat{\mu}_i \tag{2.89}$$

2. Pearson *残差*

Pearson 残差是对原始残差的尺度化变换，定义如下：

$$r_i^{\mathrm{P}}=\frac{y_i-\hat{\mu}_i}{\sqrt{v(\hat{\mu}_i)}} \tag{2.90}$$

式中，$v(\hat{\mu}_i)$ 是方差函数。Pearson 残差的平方和为 Pearson 卡方统计量。

Pearson 残差使得不同方差的观测值具有可比性，所以 Pearson 残差与解释变量（或因变量）的散点图可以揭示因变量的方差与解释变量（或因变量）之间是否存在相依关系。Pearson 残差的绝对值越大，表明模型对观测值的拟合越差。利用 Pearson 残差的散点图可以发现观测数据中可能存在的异常值。

3. 标准化 Pearson 残差

标准化 Pearson 残差是对前述 Pearson 残差的标准化处理：

$$r_i^{\mathrm{StdP}}=\frac{r_i^{\mathrm{P}}}{\sqrt{\hat{\phi}(1-\hat{h}_{ii})}} \tag{2.91}$$

式中，$\hat{h}_{ii}$ 表示第 i 个观测值的杠杆值，是下述帽子矩阵对角线上的第 i 个元素：

$$\hat{\boldsymbol{H}}=\hat{\boldsymbol{W}}^{1/2}\boldsymbol{X}(\boldsymbol{X}^{\mathrm{T}}\hat{\boldsymbol{W}}\boldsymbol{X})^{-1}\boldsymbol{X}^{\mathrm{T}}\hat{\boldsymbol{W}}^{1/2} \tag{2.92}$$

在式（2.92）的帽子矩阵中，$\boldsymbol{X}$ 是广义线性模型的设计矩阵，$\hat{\boldsymbol{W}}$ 是一个 $n\times n$ 的对角阵，对角线上的第 i 个元素为式（2.93）方括号中的内容（参见式（2.46））：

$$\hat{\boldsymbol{W}}=\mathrm{diag}\left[\frac{w_i}{\phi v(\hat{\mu}_i)[g'(\hat{\mu}_i)]^2}\right]_{n\times n} \tag{2.93}$$

标准化 Pearson 残差的均值为零，方差等于 1。

4. Deviance 残差

偏差（deviance）在广义线性模型中扮演着十分重要的角色。Deviance 残差就是每个观测值对模型总残差偏差的贡献，定义如下：

$$r_i^{\mathrm{D}}=\mathrm{sign}(y_i-\hat{\mu}_i)\times\sqrt{D_i}$$

式中，D_i 是第 i 个观测值的残差偏差。$\mathrm{sign}(y_i-\hat{\mu}_i)$ 的含义是，如果观测值 y_i 大于其拟合值 $\hat{\mu}_i$，$\mathrm{sign}(y_i-\hat{\mu}_i)=1$；反之，如果观测值 y_i 小于其拟合值 $\hat{\mu}_i$，$\mathrm{sign}(y_i-\hat{\mu}_i)=-1$。

Deviance 残差近似服从正态分布。

5. 标准化 Deviance 残差

标准化 Deviance 残差是对前述 Deviance 残差的标准化处理：

$$r_i^{\mathrm{StdD}}=\frac{r_i^{\mathrm{D}}}{\sqrt{\hat{\phi}_i(1-\hat{h}_{ii})}} \tag{2.94}$$

标准化 Deviance 残差的均值为零，方差等于 1。

一般而言，无论是否进行标准化处理，Deviance 残差都要优于 Pearson 残差，因为 Deviance 残差的分布特征与线性回归模型的残差更加接近。

6. 调整的 Deviance 残差

对 Deviance 残差进行调整，可以使其更加近似服从正态分布。调整的 Deviance 残差定义如下：

$$r_i^{\mathrm{D_a}}=r_i^{\mathrm{D}}+\frac{1}{6}E\left\{\left[\frac{y_i-\hat{\mu}_i}{\sqrt{\mathrm{Var}(y_i)}}\right]^3\right\} \tag{2.95}$$

上式右边的第二项是对 Deviance 残差的调整项。譬如，泊松分布的调整项为 $1/\sqrt{\hat{\mu}_i}$，伽马分布的调整项为 $2/\sqrt{\hat{\phi}}$，逆高斯分布的调整项为 $3\hat{\mu}_i^{7/2}/\hat{\phi}^2$。

7. 分位残差

如果因变量 y_i 是连续变量，分位残差定义为：

$$r_i^Q=\Phi^{-1}\{F(y_i;\ \hat{\mu}_i,\ \hat{\phi})\} \tag{2.96}$$

如果因变量 y_i 是离散变量，分位残差是随机的，称为随机化分位残差，定义为：

$$r_i^Q=\Phi^{-1}(u_i) \tag{2.97}$$

式中，$\Phi(\cdot)$ 表示标准正态分布的分布函数；u_i 服从 $(a_i,\ b_i]$ 区间上的均匀分布，即

$$u_i \sim \text{uniform}(a_i,\ b_i]$$
$$a_i=\lim_{y\to y_i}F(y;\ \hat{\mu}_i,\ \hat{\phi})$$
$$b_i=F(y;\ \hat{\mu}_i,\ \hat{\phi})$$

分位残差和随机化分位残差近似服从标准正态分布（Dunn，1996）。

当因变量为计数数据或分类数据时，即使模型对观测数据的拟合效果很好，其他各种类型的残差也有可能呈现出正态分布所不具有的某种规律性，而分位残差和随机化分位残差没有这种缺陷，因此可以根据分位残差或随机化分位残差与正态分布的贴合程度来对模型的拟合效果进行评判。

注意，随机化分位残差不是唯一的，因此基于随机化分位残差绘制散点图时，最好生成多幅散点图来观测它们与正态分布的贴合程度。

2.3.5　Cook 距离

与线性回归模型类似，在广义线性模型中，也可以应用 Cook 距离识别强影响点。

Cook 距离的定义公式如下：

$$C_i=\frac{1}{k+1}\cdot\frac{\hat{h}_{ii}}{1-\hat{h}_{ii}}\cdot(r_i^{\text{StdP}})^2 \tag{2.98}$$

式中，$k+1$ 是回归参数的个数；$\hat{h}_{ii}$ 是第 i 个观测值的杠杆值，即式（2.92）中对角线上的第 i 个元素；r_i^{StdP} 是式（2.91）中的标准化 Pearson 残差。

2.3.6　连接函数的诊断

在广义线性模型中，也可以对连接函数的合理性进行诊断。应用泰勒展开式可以把函数 $g(y_i)$ 近似表示为：

$$g(y_i)\approx g(\mu_i)+g'(\mu_i)(y_i-\mu_i) \tag{2.99}$$

在广义线性模型 $g(\mu_i)=\boldsymbol{x}_i^{\mathrm{T}}\boldsymbol{\beta}$ 中，用 y_i 代替 μ_i，可得下述近似结果：

$$g(y_i)\approx\boldsymbol{x}_i^{\mathrm{T}}\boldsymbol{\beta} \tag{2.100}$$

所以由式（2.99）和式（2.100），有下述近似关系：

$$g(\hat{\mu}_i)+g'(\hat{\mu}_i)(y_i-\hat{\mu}_i)\approx\boldsymbol{x}_i^{\mathrm{T}}\hat{\boldsymbol{\beta}} \tag{2.101}$$

由此可见，如果模型选用的连接函数是合理的，则 $\boldsymbol{g}(\hat{\boldsymbol{\mu}}_i)+\boldsymbol{g}'(\hat{\boldsymbol{\mu}}_i)(\boldsymbol{y}_i-\hat{\boldsymbol{\mu}}_i)$ 与 $\boldsymbol{x}_i^{\mathrm{T}}\hat{\boldsymbol{\beta}}$ 的散点图应该近似落在一条直线上。严重弯曲的散点图就意味着模型的连接函数存在问题。

不过，在实际应用中，连接函数的选择更多地取决于模型的可解释性和简洁性。

【例 2—12】假设因变量 y_i 服从泊松分布，解释变量为 x_i，它们的 8 次观测值如表 2—7 所示。基于这组观测数据，应用迭代加权最小二乘法建立泊松回归模型。

表 2—7 **观测数据**

观测序号	1	2	3	4	5	6	7	8
y_i	1	3	3	5	6	7	9	10
x_i	−1	−1	0	0	0	0	1	1

解：由表 2—3，使用对数连接函数的泊松回归模型可以表示为：

$$y_i \sim \text{Poisson}(\mu_i)$$
$$\mu_i = \exp(\beta_0 + \beta_1 x_i)$$

泊松分布的方差函数为 $\upsilon(\mu_i)=\mu_i$，离散参数为 $\phi=1$。

在对数连接函数下，连接函数的一阶导数为：

$$g'(\mu_i)=[\ln(\mu_i)]'=1/\mu_i$$

在本例中，$w_i=1$，所以权数矩阵对角线上的第 i 个元素为 μ_i，即

$$\boldsymbol{W}=\text{diag}\left[\frac{w_i}{\phi\upsilon(\mu_i)[g'(\mu_i)]^2}\right]_{n\times n}=\text{diag}\,[\mu_i]_{n\times n}$$

在对数连接函数下，工作因变量为：

$$z_i=\eta_i+(y_i-\mu_i)g'(\mu_i)=\ln(\mu_i)+(y_i-\mu_i)/\mu_i$$

基于上述结果，应用迭代加权最小二乘法即可求得模型的参数估计值。有关程序代码和计算结果如下。

```
y = c(1, 3, 3, 5, 6, 7, 9, 10)
x = c(-1, -1, 0, 0, 0, 0, 1, 1)
dt = data.frame(y, x)

D = 1  #残差偏差的初始值
mu = rep(mean(y), length(y))  #初始值
x = model.matrix(~x, data = dt)  #设计矩阵
m = 0  #记录迭代次数

#开始循环运算
repeat {
   m = m + 1

   # 权数矩阵
   w = diag(c(mu))

   #工作因变量
   z = log(mu) + (y - mu)/mu
```

```
    #参数的估计值
    b = solve(t(x) %*% w %*% x) %*% t(x) %*% w %*% z

    #对因变量的拟合值
    mu = exp(x %*% b)
    Dold = D

    #残差偏差
    D = 2 * sum(y * log(y/mu) - (y - mu))
    Ddiff = Dold - D
    if (max(abs(Ddiff)) < 1e-08) break
}

#计算参数估计的标准误
se = sqrt(diag(solve(t(x) %*% w %*% x)))

#计算 z 值
z_value = b/se

#计算 p 值
p_value = 1 - pnorm(z_value)

#因变量 y 的均值
y_bar = mean(y)

#空模型的残差偏差
ND = 2 * sum(y * log(y/y_bar) - (y - y_bar))

#伪判定系数
R2 = 1 - sum(y * log(y/mu) - (y - mu))/sum(y * log(y/y_bar))

#输出回归参数的估计值、标准误和 p 值;
out = cbind(b, se, z_value, p_value)
colnames(out) = c("estimate", "std error", "z_value", "p_value")
out = round(out, 4)
pander::pander(out)
```

	estimate	std error	z_value	p_value
(Intercept)	1.581	0.1694	9.333	0
x	0.7102	0.2268	3.132	9e-04

```
#输出收敛所需的迭代次数
m
## [1] 5

#输出残差偏差(泊松回归中等于尺度化偏差)
D
## [1] 3.17

#输出空模型的残差偏差
ND
## [1] 13.61

#输出伪判定系数
R2
## [1] 0.767

#绘图比较观察值与模型的拟合值
plot(mu, y); abline(0, 1)     #如图 2—1 所示
```

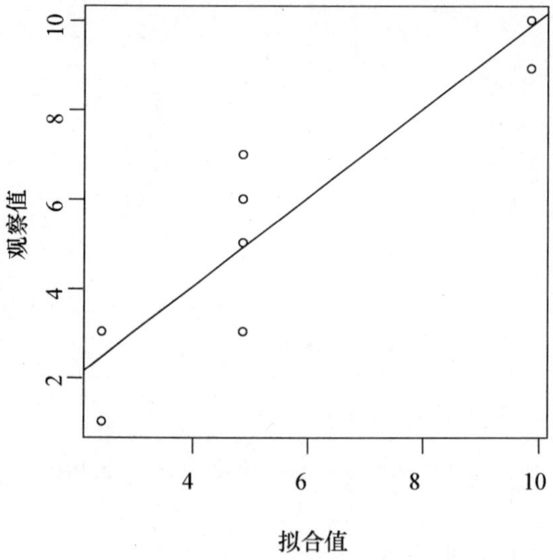

图 2—1 观测值与拟合值的比较

模型的尺度化偏差为 3.17，残差偏差为 3.17。空模型的残差偏差为 13.61。模型的伪判定系数为 0.767，表明模型整体上的拟合效果还算不错。观测值与拟合值的散点图图 2—1 显示，总体上比较靠近它们的对角线。

练习题

2.1 几何分布的概率函数为 $f(y;\ \pi)=\pi(1-\pi)^y$，请证明该分布属于指数分布族，并应

用指数分布族的性质证明其均值和方差分别为 $(1-\pi)/\pi$ 和 $(1-\pi)/\pi^2$。

2.2　伽马分布的密度函数为 $f(y;\alpha,\beta)=\frac{1}{\Gamma(\alpha)\beta^\alpha}y^{\alpha-1}\mathrm{e}^{-y/\beta}$，均值为 $\alpha\beta$，方差为 $\alpha\beta^2$。请将其表示为指数分布族的形式。

2.3　请证明二项分布的正则连接函数为 $g(\mu)=\ln[\mu/(1-\mu)]$。

2.4　请证明逆高斯分布的正则连接函数为 $g(\mu)=1/\mu^2$。

2.5　请证明二项分布、伽马分布和逆高斯分布的尺度化偏差如表 2—5 所示。

2.6　逆高斯分布的密度函数如式（2.9）所示，样本观察值为 y_1，y_2，…，y_n。请证明参数的极大似然估计值为 $\hat{\mu}=\bar{y}=\frac{1}{n}\sum_{i=1}^{n}y_i$，$\hat{\sigma}^2=\frac{1}{n}\sum_{i=1}^{n}\left(\frac{1}{y_i}-\frac{1}{\bar{y}}\right)$。

2.7　假设广义线性模型中的解释变量均是取值为 0 和 1 的二分类变量，请证明在下述情况下，因变量的观察值之和等于预测值之和：(1) 正态分布假设下使用恒等连接函数；(2) 泊松分布假设下使用对数连接函数；(3) 伽马分布假设下使用倒数连接函数；(4) 二项分布假设下使用 logit 连接函数。

第3章 连续型因变量

广义线性模型假设因变量服从指数分布族。在指数分布族中，既有连续分布，也有离散分布。本章讨论因变量服从连续分布的广义线性模型。指数分布族中的连续分布主要包括正态分布、伽马分布和逆高斯分布，相应地，与它们对应的广义线性模型称作正态回归模型、伽马回归模型和逆高斯回归模型。

3.1 正态回归模型

在正态分布假设下，广义线性模型等价于普通的线性回归模型。在广义线性模型的框架下讨论线性回归模型，有助于理解广义线性模型的基本原理。

3.1.1 模型设定

正态分布也称作高斯分布，是定义在（$-\infty$，$+\infty$）上的连续分布。

如果因变量 y 服从正态分布，则其密度函数可以表示为：

$$f(y;\mu,\sigma^2)=\frac{1}{\sqrt{2\pi\sigma^2}}\exp\left[-\frac{(y-\mu)^2}{2\sigma^2}\right] \tag{3.1}$$

式中，μ 是均值参数；σ 是标准差参数，也称为尺度参数。

指数分布族的密度函数可以表示为下述一般形式：

$$f(y;\theta,\phi)=\exp\left[\frac{y\theta-b(\theta)}{\phi}w+c(y;\phi)\right] \tag{3.2}$$

对式（3.1）变形，正态分布的密度函数也可以表示为指数分布族的形式，即

$$\begin{aligned}f(y;\mu,\sigma^2)&=\frac{1}{\sqrt{2\pi\sigma^2}}\exp\left[-\frac{(y-\mu)^2}{2\sigma^2}\right]\\&=\exp\left[-\frac{(y-\mu)^2}{2\sigma^2}-\frac{1}{2}\ln(2\pi\sigma^2)\right]\\&=\exp\left[\frac{y\mu-\mu^2/2}{\sigma^2}-\frac{y^2}{2\sigma^2}-\frac{1}{2}\ln(2\pi\sigma^2)\right]\end{aligned} \tag{3.3}$$

对比式（3.2）和式（3.3）可知

$$\begin{cases}\phi=\sigma^2\\b(\theta)=\mu^2/2\\\theta=\mu\end{cases} \tag{3.4}$$

在广义线性模型中，正则连接函数是使得 $g(\mu)=\theta$ 成立的函数 g。在正态分布假设下，$\mu=\theta$，所以相应的正则连接函数就是恒等连接函数，即 $g(\mu)=\mu$。

由式（3.4）可得正态分布的均值为：

$$b'(\theta)=\frac{\partial b}{\partial\theta}=\frac{\partial b}{\partial\mu}\frac{\partial\mu}{\partial\theta}=\mu \tag{3.5}$$

正态分布的方差函数为：

$$v(\mu)=b''(\theta)=\frac{\partial b'(\theta)}{\partial\theta}=\frac{\partial\mu}{\partial\theta}=1 \tag{3.6}$$

广义线性模型的残差偏差（简称为偏差）定义为：

$$D=2\phi\{\ell(y,\sigma^2;y)-\ell(\mu,\sigma^2;y)\} \tag{3.7}$$

式中，$\ell(\mu,\sigma^2;y)$ 表示当前模型的对数似然函数；$\ell(y,\sigma^2;y)$ 表示饱和模型的对数似然函数。在饱和模型的对数似然函数中，用观察值 y 代替了当前模型的拟合值 μ。

在正态回归模型中，当前模型的对数似然函数为：

$$\ell(\mu,\sigma^2;y)=\sum_{i=1}^{n}\left[\frac{y_i\mu_i-\mu_i^2/2}{\sigma^2}-\frac{y_i^2}{2\sigma^2}-\frac{1}{2}\ln(2\pi\sigma^2)\right] \tag{3.8}$$

饱和模型的对数似然函数为：

$$\ell(y,\sigma^2;y)=\sum_{i=1}^{n}\left[\frac{y_i^2-y_i^2/2}{\sigma^2}-\frac{y_i^2}{2\sigma^2}-\frac{1}{2}\ln(2\pi\sigma^2)\right]=\sum_{i=1}^{n}\left[-\frac{1}{2}\ln(2\pi\sigma^2)\right] \tag{3.9}$$

因此，正态回归模型的偏差为：

$$\begin{aligned}D&=2\phi\{\ell(y,\sigma^2;y)-\ell(\mu,\sigma^2;y)\}\\&=2\phi\left\{\sum_{i=1}^{n}\left[-\frac{1}{2}\ln(2\pi\sigma^2)\right]-\sum_{i=1}^{n}\left[\frac{y_i\mu_i-\mu_i^2/2}{\sigma^2}-\frac{y_i^2}{2\sigma^2}-\frac{1}{2}\ln(2\pi\sigma^2)\right]\right\}\\&=2\sigma^2\sum_{i=1}^{n}\left[\frac{y_i^2-2y_i\mu_i+\mu_i^2}{2\sigma^2}\right]\\&=\sum_{i=1}^{n}(y_i-\mu_i)^2\end{aligned} \tag{3.10}$$

可见，正态回归模型的残差偏差就是线性回归中的残差平方和。换言之，最小化残差平方和等价于最小化偏差。

广义线性模型的 Pearson χ^2 统计量定义为：

$$\chi^2=\sum_{i=1}^{n}\frac{(y_i-\mu_i)^2}{v(\mu_i)} \tag{3.11}$$

由于正态分布的方差函数等于 1，所以，正态回归模型的 Pearson χ^2 统计量与偏差相同，即

$$\chi^2=\sum_{i=1}^{n}\frac{(y_i-\mu_i)^2}{1}=D$$

3.1.2　迭代加权最小二乘估计

在广义线性模型中，参数的迭代加权最小二乘估计公式为：

$$\boldsymbol{X}^{\mathrm{T}}\boldsymbol{W}^{(m-1)}\boldsymbol{X}\boldsymbol{\beta}^{(m)}=\boldsymbol{X}^{\mathrm{T}}\boldsymbol{W}^{(m-1)}\boldsymbol{z}^{(m-1)} \tag{3.12}$$

式中

$$\boldsymbol{W}=\mathrm{diag}\left[\frac{w_i}{\phi v(\mu_i)[g'(\mu_i)]^2}\right]_{n\times n} \tag{3.13}$$

$$\boldsymbol{z}=[\eta_i+(y_i-\mu_i)g'(\mu_i)]_{n\times 1} \tag{3.14}$$

正则连接函数是使得 $g(\mu)=\theta$ 成立的连接函数。在正态分布假设下，式（3.4）表明，$\theta=\mu$，所以正态回归模型的正则连接函数就是恒等连接函数，即 $g(\mu)=\mu$。

在正态分布假设下，如果使用正则连接函数，则有 $g'(\mu)=1$，故式（3.13）和式（3.14）可以简化为：

$$\boldsymbol{W}=\mathrm{diag}[1/\sigma^2]$$
$$\boldsymbol{z}=\boldsymbol{y}$$

相应地，式（3.12）可以简化为：

$$\boldsymbol{\beta}=(\boldsymbol{X}^{\mathrm{T}}\boldsymbol{X})^{-1}\boldsymbol{X}^{\mathrm{T}}\boldsymbol{y} \tag{3.15}$$

上式就是普通线性回归模型参数的最小二乘估计。

3.1.3 其他连接函数

在正态回归模型中，也可以使用非恒等连接函数，如对数连接函数。

对数连接函数下的正态回归模型适用于对大于零的连续因变量建模。在广义线性模型提出之前，对于大于零的因变量，通常进行对数变换，然后以因变量的对数为新的因变量建立普通的线性回归模型（即本节所谓的正态回归模型）。

对数连接函数下的正态回归模型是对模型的均值进行对数变换，并把变换后的均值表示为线性预测项，即 $\ln(\mu_i)=\boldsymbol{x}_i^{\mathrm{T}}\boldsymbol{\beta}$。对数连接函数下的正态回归模型可以用极大似然法进行估计，但需要用对数连接函数下的均值 $\exp(\boldsymbol{x}_i^{\mathrm{T}}\boldsymbol{\beta})$代替恒等连接函数下的均值 $\boldsymbol{x}_i^{\mathrm{T}}\boldsymbol{\beta}$。

由式（3.3）可知，在对数连接函数下，正态回归模型的对数似然函数可以写成：

$$\ell(\mu_i,\sigma^2;y_i)=\sum_{i=1}^{n}\left\{\frac{y_i\exp(\boldsymbol{x}_i^{\mathrm{T}}\boldsymbol{\beta})-[\exp(\boldsymbol{x}_i^{\mathrm{T}}\boldsymbol{\beta})]^2/2}{\sigma^2}-\frac{[\exp(\boldsymbol{x}_i^{\mathrm{T}}\boldsymbol{\beta})]^2}{2\sigma^2}-\frac{1}{2}\ln(2\pi\sigma^2)\right\} \tag{3.16}$$

在对数连接函数下，正态回归模型的参数也可以使用迭代加权最小二乘法进行估计，此时，均值参数可以表示为 $\mu_i=\exp(\boldsymbol{x}_i^{\mathrm{T}}\boldsymbol{\beta})$。

在正态分布假设下，还可以使用其他连接函数，如倒数连接函数，即令 $g(\mu_i)=1/\mu_i=\boldsymbol{x}_i^{\mathrm{T}}\boldsymbol{\beta}$。倒数连接函数可以用于比例型因变量的建模。根据实际需要，还可以使用更加一般的幂连接函数，即令 $g(\mu_i)=\mu_i^p=\boldsymbol{x}_i^{\mathrm{T}}\boldsymbol{\beta}$。

3.1.4 模拟数据分析

为了说明正态回归模型可能存在的问题，本节首先用伽马分布模拟右偏的因变量，然后用正态回归模型进行拟合。假设因变量 y 服从伽马分布，受 4 个解释变量 x_1，x_2，x_3，x_4 的影响，其中，x_1，x_2 是连续型解释变量，x_3，x_4 是分类解释变量。模拟数据时使用了 6 个参数，最后一个参数是 x_2 和 x_3 的交互效应，即模拟因变量的均值为：

$$\mu=\exp(7+0.8x_1-0.8x_2+0.5x_3-0.2x_4-0.25x_2x_3)$$

模拟的因变量服从均值为 μ，标准差为 0.5μ 的伽马分布。

在模拟因变量时，我们使用 gamlss 程序包，其中函数 rGA(n，mu＝mu，sigma＝sigma) 可以模拟 n 个均值为 mu，标准差为 mu * sigma 的伽马分布的随机变量。模拟数据的 R 程序代码如下。

```
set.seed(123)
n = 500  #模拟次数
x1 = rgamma(n, 2, 1)      #解释变量 x1
x2 = rgamma(n, 2, 3)      #解释变量 x2
x3 = rbinom(n, 1, 0.4)    #分类解释变量 x3
x4 = rbinom(n, 1, 0.7)    #分类解释变量 x4

#模拟数据使用的参数值
b0 = 7
b1 = 0.8
b2 = -0.8
b3 = 0.5
b4 = -0.2
b5 = -0.25

#线性预测项
eta = b0 + b1 * x1 + b2 * x2 + b3 * x3 + b4 * x4 + b5 * x2 * x3

#因变量的均值
mu = exp(eta)

#因变量的模拟值
y = gamlss.dist::rGA(n, mu = mu, sigma = 0.5)

#模拟的数据集
dt = data.frame(y, x1, x2, x3, x4)
```

在 R 中，建立广义线性模型的函数是 glm。应用前述的模拟数据可以建立相应的回归模型，有关程序代码如下。

```
#模型 mod1 使用恒等连接函数,因变量为 y
mod1 = glm(y~x1 + x2 + x3 + x4 + x2 * x3, data = dt, family = gaussian)

#模型 mod2 使用恒等连接函数,因变量为 log(y)
mod2 = glm(log(y)~x1 + x2 + x3 + x4 + x2 * x3, data = dt, family = gaussian)

#模型 mod3 使用对数连接函数,因变量为 y
mod3 = glm(y~x1 + x2 + x3 + x4 + x2 * x3, data = dt, family = gaussian(link = log))
```

应用 summary 函数可以输出模型的参数估计值，结果如下所示。

```
#输出模型的参数估计值
summary(mod1)$coef
##                Estimate   Std.Error    t value     Pr(>|t|)
## (Intercept)   -11553.41     2178.0    -5.30469    1.707e-07
## x1             11279.61      536.7    21.01474    1.607e-70
## x2             -5748.15     2187.9    -2.62728    8.874e-03
## x3               -60.87     2483.1    -0.02451    9.805e-01
## x4              1006.42     1490.7     0.67515    4.999e-01
## x2:x3           3183.51     3263.6     0.97546    3.298e-01

summary(mod2)$coef
##                Estimate   Std.Error    t value     Pr(>|t|)
## (Intercept)      6.8002    0.07156     95.023    1.434e-319
## x1               0.8173    0.01764     46.344    5.534e-182
## x2              -0.7826    0.07189    -10.886    6.940e-25
## x3               0.4739    0.08159      5.808    1.132e-08
## x4              -0.1670    0.04898     -3.410    7.024e-04
## x2:x3           -0.2904    0.10724     -2.708    7.004e-03

summary(mod3)$coef
##                Estimate   Std.Error    t value     Pr(>|t|)
## (Intercept)    7.441714    0.12457    59.7377    3.622e-228
## x1             0.705698    0.01878    37.5763    6.038e-147
## x2            -1.070358    0.11042    -9.6938    1.856e-20
## x3             0.734987    0.10429     7.0474    6.160e-12
## x4            -0.005885    0.05903    -0.0997    9.206e-01
## x2:x3         -0.627020    0.14796    -4.2379    2.693e-05
```

从 p 值来看，模型 mod1 中后三个回归系数不显著，模型 mod2 中所有回归系数都是显著的，而模型 mod3 中 x4 的回归系数不显著。与模拟数据使用的回归系数进行比较可以发现，模型 mod2 的估计值与真实值比较接近。这表明对于右偏的因变量观察值，进行对数变换以后建立正态回归模型，可以改善模型的拟合效果。

本例的因变量实际上服从右偏的伽马分布，模型 mod1 的因变量是 y，使用正态分布假设和恒等连接函数，等价于普通线性回归模型。该模型与模拟数据的机理相去甚远，拟合值与观察值之间的差异很大，出现了负的拟合值，如图 3—1（左）所示。

模型 mod2 的因变量是 $\log(y)$，使用了正态分布假设和恒等连接函数，相当于对因变量进行对数变换以后建立普通线性回归模型。该模型的参数估计值与模拟数据的真实值比较接近，模型的拟合值与观察值也比较接近，如图 3—1（中）所示。模型 mod2 的结果表明，虽然因变量实际上服从伽马分布，但对其做对数变换以后将比较接近正态分布，所以基于 $\log(y)$ 的普通线性回归模型的参数估计值更加接近参数的真实值。

模型 mod3 的因变量是 y，使用了正态分布假设和对数连接函数，属于广义线性模型之一。该模型的拟合值与观察值比较接近，如图 3—1（右）所示，但参数估计值与真实参数相差较大，这是因为该模型使用了错误的分布假设。

绘制图 3—1 的程序代码如下：

```
#绘图比较观察值与模型的拟合值
par(mfrow = c(1, 3))
plot(y~fitted(mod1), xlab = "mod1 的拟合值")
abline(0, 1)
plot(log(y)~fitted(mod2), xlab = "mod2 的拟合值")
abline(0, 1)
plot(log(y)~log(fitted(mod3)), xlab = "log(mod3 的拟合值)")
abline(0, 1)
```

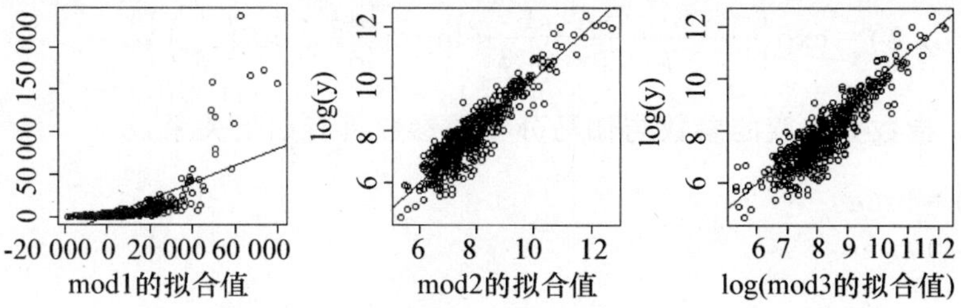

图 3—1　观察值与拟合值的比较

3.2　伽马回归模型

伽马回归模型是指在因变量服从伽马分布的假设下建立的广义线性模型。伽马分布主要用于描述大于零的连续型随机变量，所以伽马回归适用于对损失金额等大于零的因变量建立预测模型。

3.2.1　模型设定

常见的伽马分布有两个参数：形状参数 α 和尺度参数 β，其密度函数可以表示为：

$$f(y;\alpha,\beta)=\frac{1}{\Gamma(\alpha)\beta^{\alpha}}y^{\alpha-1}\mathrm{e}^{-y/\beta} \tag{3.17}$$

上述伽马分布的均值为 $\alpha\beta$，方差为 $\alpha\beta^2$。

广义线性模型是对均值参数建立回归模型，所以需要把上述伽马分布的均值设定为一个参数。在式（3.17）中，若令 $\alpha=1/\phi$，$\beta=\phi\mu$，则伽马分布的均值可以表示为 μ，方差可以表示为 $\phi\mu^2$，相应地，伽马分布的密度函数可以表示为：

$$f(y;\mu,\phi)=\frac{1}{y\Gamma(1/\phi)}\left(\frac{y}{\mu\phi}\right)^{1/\phi}\exp\left(-\frac{y}{\mu\phi}\right) \tag{3.18}$$

式中，μ 是伽马分布的均值参数；ϕ 称作离散参数。

在均值给定的情况下，离散参数 ϕ 越大，伽马分布的离散程度越大，如图 3—2 所示，三个密度函数的均值都是 100，离散参数分别为 0.3，0.5 和 0.8。

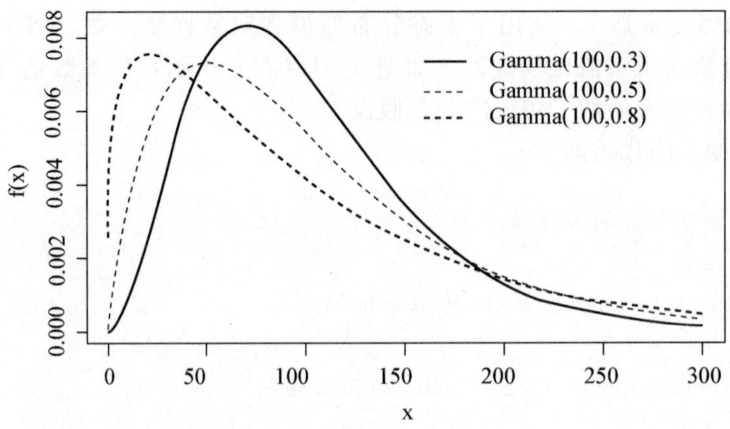

图 3—2 伽马分布的密度函数

将式（3.18）的密度函数变形，可以将其表示为一般形式的指数分布族的密度函数：

$$f(y;\mu,\phi)=\exp\left\{\frac{-y/\mu-\ln\mu}{\phi}+\frac{1-\phi}{\phi}\ln y-\frac{\ln\phi}{\phi}-\ln\Gamma\left(\frac{1}{\phi}\right)\right\} \tag{3.19}$$

上式表明，指数分布族的参数与伽马分布的参数具有如下关系：

$$\begin{cases}b(\theta)=\ln(\mu)\\ \theta=-1/\mu\end{cases} \tag{3.20}$$

指数分布族的均值与方差是 $b(\theta)$ 的函数。由式（3.20）可知

$$\begin{aligned}b'(\theta)&=\frac{\partial b}{\partial\mu}\frac{\partial\mu}{\partial\theta}=\frac{1}{\mu}\frac{\partial\mu}{\partial\theta}=\frac{1}{\mu}(\mu^2)=\mu\\ b''(\theta)&=\frac{\partial b'(\theta)}{\partial\theta}=\frac{\partial\mu}{\partial\theta}=\mu^2\end{aligned} \tag{3.21}$$

所以，伽马分布的均值为 $b'(\theta)=\mu$，方差为 $\phi\mu^2$。

由式（3.19）容易求得伽马分布的对数似然函数，从而可以求得伽马回归模型的残差偏差为：

$$\begin{aligned}D&=2\phi\{\ell(y;y)-\ell(\mu;y)\}\\ &=2\phi\sum_{i=1}^{n}\frac{1+\ln y_i-y_i/\mu_i-\ln(\mu_i)}{-\phi}\\ &=2\sum_{i=1}^{n}\left\{\frac{y_i-\mu_i}{\mu_i}-\ln\left(\frac{y_i}{\mu_i}\right)\right\}\end{aligned} \tag{3.22}$$

3.2.2 迭代加权最小二乘估计

对大于零的因变量建立伽马回归模型时，较常使用对数连接函数，即 $g(\mu)=\ln\mu$，故有 $g'(\mu)=1/\mu$。

由式（3.20）和（3.21）可知，伽马分布的方差函数为 $v=\mu^2$，且有 $a(\phi)=\phi$，将它们代入式（3.13）可得

$$\boldsymbol{W}=\mathrm{diag}\left[\frac{w_i}{\phi v(\mu_i)[g'(\mu_i)]^2}\right]_{n\times n}=\mathrm{diag}\,[1/\phi]_{n\times n} \tag{3.23}$$

$$z=[\eta_i+(y_i-\mu_i)g'(\mu_i)]_{n\times 1}=[\eta_i+(y_i-\mu_i)/\mu_i]_{n\times 1} \tag{3.24}$$

离散参数的取值不影响回归参数的估计值，可以令式（3.23）中的 $\phi=1$，此时，对数连接函数下估计伽马回归参数的迭代加权最小二乘算法如表 3—1 所示。其中均值的初始值设定为 $\mu=\{y+\text{mean}(y)\}/2$，可以避免在迭代运算中分母上出现零值。

表 3—1　　估计伽马回归参数的迭代加权最小二乘算法

1. 设定初始值：

$D=1$

$\mu=\{y+\text{mean}(y)\}/2$

$\eta=\ln(\mu)$

2. 当残差偏差变化的绝对值 $\text{abs}(\Delta D)>1\text{e}-8$ 时，执行下述循环过程，否则停止循环：

{

$z=\eta+(y-\mu)/\mu$

$\boldsymbol{\beta}=(\boldsymbol{X}^{\mathrm{T}}\boldsymbol{X})^{-1}\boldsymbol{X}^{\mathrm{T}}\boldsymbol{z}$

$\boldsymbol{\eta}=\boldsymbol{X}\boldsymbol{\beta}$

$\mu=\exp(\eta)$

$D^*=D$

$D=2\sum\{(y-\mu)/\mu-\ln(y/\mu)\}$

$\Delta D=D^*-D$

}

3. 计算皮尔逊卡方统计量：

$\chi^2=\sum(y-\mu)^2/\mu^2$

3.2.3　模拟数据分析

本节使用前面的模拟数据建立伽马回归模型，可以分别应用表 3—1 中的迭代加权最小二乘法和 glm 函数对伽马回归模型中的参数进行估计。应用迭代加权最小二乘法的 R 程序代码如下。

```
#初始值
D = 1
mu = (y + mean(y))/2
eta = log(mu)

#设计矩阵
X = model.matrix(~x1 + x2 + x3 + x4 + x2 * x3)

#迭代运算过程
repeat {
    z = eta + (y - mu)/mu
    beta = solve(t(X) %*% X) %*% t(X) %*% z
    eta = X %*% beta
    mu = exp(eta)
```

```
    Dstar = D
    D = 2 * sum((y - mu)/mu - log(y/mu))  #残差偏差
    Ddiff = Dstar - D
    if (max(abs(Ddiff)) <1e - 08)
        break
    chi2 = sum((y - mu)^2/mu^2)  #卡方统计量
}

#输出参数估计值
beta
##                    [,1]
## (Intercept)       6.903
## x1                0.815
## x2               -0.772
## x3                0.495
## x4               -0.155
## x2:x3            -0.301
```

应用 glm 函数的 R 程序代码如下。

```
mod4 = glm(y~x1 + x2 + x3 + x4 + x2 * x3, data = dt, family = Gamma(link = log))

#输出参数估计值
summary(mod4)$coef
##              Estimate  Std.Error  t value      Pr(>|t|)
## (Intercept)    6.9035     0.0675   102.30    <2e - 16 ***
## x1             0.8148     0.0166    48.99    <2e - 16 ***
## x2            -0.7719     0.0678   -11.39    <2e - 16 ***
## x3             0.4951     0.0769     6.44    2.9e - 10 ***
## x4            -0.1554     0.0462    -3.36     0.00083 ***
## x2:x3         -0.3011     0.1011    -2.98     0.00305 **
```

两者的估计结果完全相同。伽马回归模型与模拟数据使用的模型完全相同，所以参数估计值与真实值非常接近。

图 3—3 是伽马回归模型的残差分析图。图 3—3（a）是原始残差关于模型预测值的散点图，没有明显的趋势性变化；图 3—3（b）是标准化偏差残差与标准正态分布的分位数图，几乎落在同一条直线上；图 3—3（c）是标准化偏差残差绝对值的平方根关于模型预测值的散点图，也没有明显的趋势性变化；图 3—3（d）是标准化皮尔逊残差与杠杆值的散点图以及相应的 Cook 距离，可见，所有观察值的 Cook 距离都很小。由此可见，伽马回归模型可以很好地拟合这组数据，且在数据中没有发现异常值和强影响点。绘制图 3—3 的代码如下。

```
#输出残差图
par(mfrow = c(2, 2))
plot(mod4)
```

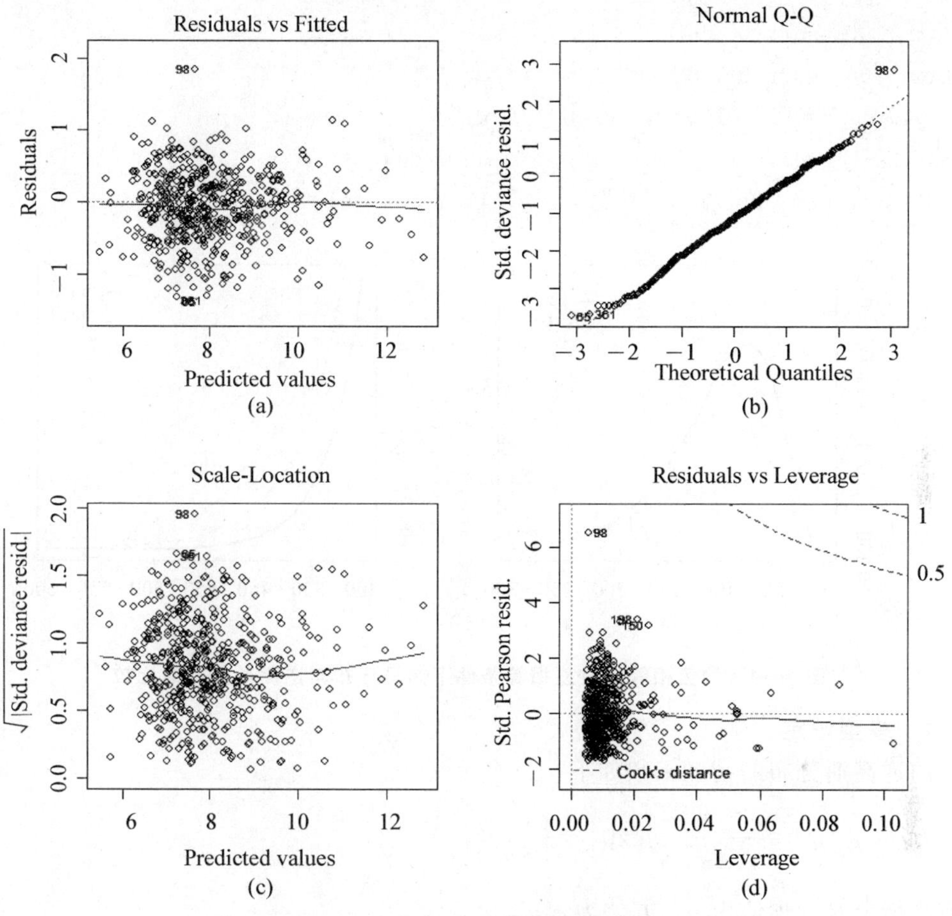

图 3—3　伽马回归模型的残差分析图

3.3　逆高斯回归模型

与伽马回归类似，逆高斯回归也适用于对大于零的因变量建模。与伽马分布相比，逆高斯分布具有尖峰厚尾的特征。因此，当因变量的观察值具有尖峰厚尾的特征时，可以尝试用逆高斯分布代替伽马分布。

图 3—4 在均值相等（均为 100）、方差相等（均为 2 500）的条件下对伽马分布（GA）和逆高斯分布（IG）的密度函数进行了比较。显然，逆高斯分布的峰度更尖，尾部更厚。绘制图 3—4 的程序代码如下。

```
par(mfrow = c(1, 2))
x = seq(0, 300, 0.1)
y1 = dGA(x, 100, sqrt(0.25))
y2 = dIG(x, 100, sqrt(0.0025))
```

```
plot(x, y1, type = "l", lty = 1, ylab = "f(x)", ylim = c(0, 0.012))
lines(x, y2, lty = 2)
legend(150, 0.008, c("GA", "IG"), lty = 1:2, box.col = "white")
x = seq(300, 600, 0.1)
y1 = dGA(x, 100, sqrt(0.25))
y2 = dIG(x, 100, sqrt(0.0025))
plot(x, y1, type = "l", lty = 1, ylab = "f(x)")
lines(x, y2, lty = 2)
legend(400, 5e-05, c("GA", "IG"), lty = 1:2, box.col = "white")
```

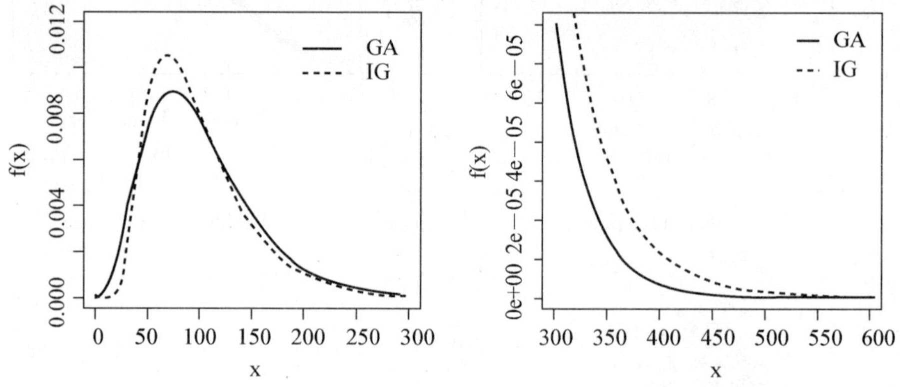

图 3—4 均值相等、方差相等条件下伽马分布与逆高斯分布的比较

3.3.1 模型设定

常见的逆高斯分布的密度函数如下：

$$f(y;\mu,\sigma^2)=\frac{1}{\sqrt{2\pi y^3\sigma^2}}\exp\left\{-\frac{(y-\mu)^2}{2(\mu\sigma)^2y}\right\} \tag{3.25}$$

式中，逆高斯分布的均值为 μ，方差为 $\sigma^2\mu^3$。

逆高斯分布属于指数分布族，所以可以表示为下述指数分布族的形式：

$$\begin{aligned}f(y;\mu,\sigma^2)&=\exp\left\{-\frac{(y-\mu)^2}{2(\mu\sigma)^2y}-\frac{1}{2}\ln(2\pi y^3\sigma^2)\right\}\\&=\exp\left\{\frac{-y/(2\mu^2)+1/\mu}{\sigma^2}-\frac{1}{2y\sigma^2}-\frac{1}{2}\ln(2\pi y^3\sigma^2)\right\}\end{aligned} \tag{3.26}$$

与指数分布族的一般形式进行对比可知

$$\begin{cases}\phi=\sigma^2\\ b(\theta)=-\dfrac{1}{\mu}\\ \theta=-\dfrac{1}{2\mu^2}=-\dfrac{1}{2}\mu^{-2}\end{cases} \tag{3.27}$$

应用指数分布族的性质，逆高斯分布的均值可以表示为：

$$b'(\theta)=\frac{\partial b}{\partial\mu}\frac{\partial\mu}{\partial\theta}=\left(\frac{1}{\mu^2}\right)(\mu^3)=\mu \tag{3.28}$$

逆高斯分布的方差函数可以表示为：

$$b''(\theta)=\frac{\partial b'(\theta)}{\partial\theta}=\frac{\partial b'(\theta)}{\partial\mu}\frac{\partial\mu}{\partial\theta}=\mu^3 \tag{3.29}$$

相应地，逆高斯分布的方差为 $\sigma^2\mu^3$，其中 σ^2 相当于指数分布族的离散参数 ϕ。

由式（3.26）可知，逆高斯分布假设下的对数似然函数可以表示为：

$$\ell=\sum_{i=1}^{n}\left\{\frac{-y_i/(2\mu_i^2)+1/\mu_i}{\sigma^2}-\frac{1}{2y_i\sigma^2}-\frac{1}{2}\ln(2\pi y_i^3\sigma^2)\right\} \tag{3.30}$$

所以逆高斯回归模型的残差偏差可以表示为：

$$\begin{aligned}D&=2\sigma^2\{\ell(y,\sigma^2;y)-\ell(\mu,\sigma^2;y)\}\\&=2\sigma^2\sum_{i=1}^{n}\left\{\frac{-y_i/(2y_i^2)+1/y_i}{\sigma^2}-\frac{-y_i/(2\mu_i^2)+1/\mu_i}{\sigma^2}\right\}\\&=\sum_{i=1}^{n}\left\{\frac{y_i}{\mu_i^2}-\frac{2}{\mu_i}+\frac{1}{y_i}\right\}\\&=\sum_{i=1}^{n}\left\{\frac{(y_i-\mu_i)^2}{y_i\mu_i^2}\right\}\end{aligned} \tag{3.31}$$

3.3.2　迭代加权最小二乘估计

逆高斯回归模型通常使用对数连接函数，即 $g(\mu)=\ln(\mu)$，故有 $g'(\mu)=1/\mu$。

逆高斯分布的方差函数为 $v=\mu^3$，且有 $\phi=\sigma^2$，将它们代入式（3.13）可得

$$\boldsymbol{W}=\text{diag}\left[\frac{w_i}{\phi v(\mu_i)[g'(\mu_i)]^2}\right]_{n\times n}=\text{diag}\left[1/(\sigma^2\mu_i)\right]_{n\times n} \tag{3.32}$$

$$\boldsymbol{z}=[\eta_i+(y_i-\mu_i)g'(\mu_i)]_{n\times 1}=[\eta_i+(y_i-\mu_i)/\mu_i]_{n\times 1} \tag{3.33}$$

离散参数的取值不影响回归参数的估计值，可以令式（3.32）中的 $\sigma^2=1$，此时，对数连接函数下估计逆高斯回归参数的迭代加权最小二乘算法如表 3—2 所示。

表 3—2　　估计逆高斯回归参数的迭代加权最小二乘算法

1. 设定初始值：

　　$D=1$

　　$\mu=\{y+\text{mean}(y)\}/2$

　　$\eta=\ln(\mu)$

2. 当残差偏差的变化 $\text{abs}(\Delta D)>1\text{e}-8$ 时，执行下述循环过程，否则停止循环：

　　{

　　$W=1/\mu$

　　$z=\eta+(y-\mu)/\mu$

　　$\boldsymbol{\beta}=(\boldsymbol{X}^{\text{T}}\boldsymbol{W}\boldsymbol{X})^{-1}\boldsymbol{X}^{\text{T}}\boldsymbol{W}\boldsymbol{z}$

　　$\boldsymbol{\eta}=\boldsymbol{X}\boldsymbol{\beta}$

　　$\mu=\exp(\eta)$

　　$D^*=D$

　　$D=\sum\{(y-\mu)^2/(y\mu^2)\}$

　　$\Delta D=D^*-D$

　　}

3. 计算皮尔逊卡方统计量：

　　$\chi^2=\sum(y-\mu)^2/\mu^3$

3.3.3 模拟数据分析

本节使用前述的模拟数据建立逆高斯回归模型。可以分别应用表 3—2 中的迭代加权最小二乘算法和 glm 函数对逆高斯回归模型的参数进行估计。应用表 3—2 中的迭代加权最小二乘法的 R 程序代码如下。

```
#初始值
D = 1
mu = (y + mean(y))/2
eta = log(mu)

#设计矩阵
X = model.matrix(~x1 + x2 + x3 + x4 + x2 * x3)

#迭代运算过程
repeat {
    W = diag(1/mu)
    z = eta + (y - mu)/mu
    beta = solve(t(X) %*%W %*%X) %*%t(X) %*%W %*%z
    eta = c(X %*% beta)
    mu = exp(eta)
    Dstar = D
    D = sum((y - mu)^2/(y * mu^2))  #残差偏差
    Ddiff = Dstar - D
    if (max(abs(Ddiff)) <1e - 08)
        break
    chi2 = sum((y - mu)^2/mu^3)  #卡方统计量
}

#输出参数估计值
beta
##                    [,1]
## (Intercept)       7.005
## x1                0.802
## x2               -0.847
## x3                0.400
## x4               -0.181
## x2:x3            -0.208
```

应用 glm 函数的 R 程序代码如下。

```
#应用 glm 函数
mod5 = glm(y~x1 + x2 + x3 + x4 + x2 * x3, data = dt, family = inverse.gaussian(link = log))
```

```
#输出参数估计值
summary(mod5) $ coef
##                  Estimate   Std. Error   t value       Pr(>|t|)
## (Intercept)        7.0054       0.0680    103.02   <2e-16 ***
## x1                 0.8022       0.0288     27.89   <2e-16 ***
## x2               - 0.8471       0.0537   - 15.78   <2e-16 ***
## x3                 0.4001       0.0840      4.76   2.5e-06 ***
## x4               - 0.1808       0.0486    - 3.72   0.00023 ***
## x2:x3            - 0.2084       0.0815    - 2.56   0.01087 *
```

两者的估计结果完全相同。

逆高斯回归模型的参数估计值与模拟数据的真实值有较大差距。从 AIC 统计量来看，伽马回归模型对这组模拟数据的拟合效果更优，其 AIC 值为 8 586，远远小于逆高斯回归模型的 AIC 值（为 8 852）。

图 3—5 是逆高斯回归模型的残差分析图。图 3—5（a）是原始残差关于模型预测值的散点图，随着预测值的增大，残差的方差有偏小的趋势。图 3—5（b）是标准化偏差残差与标准

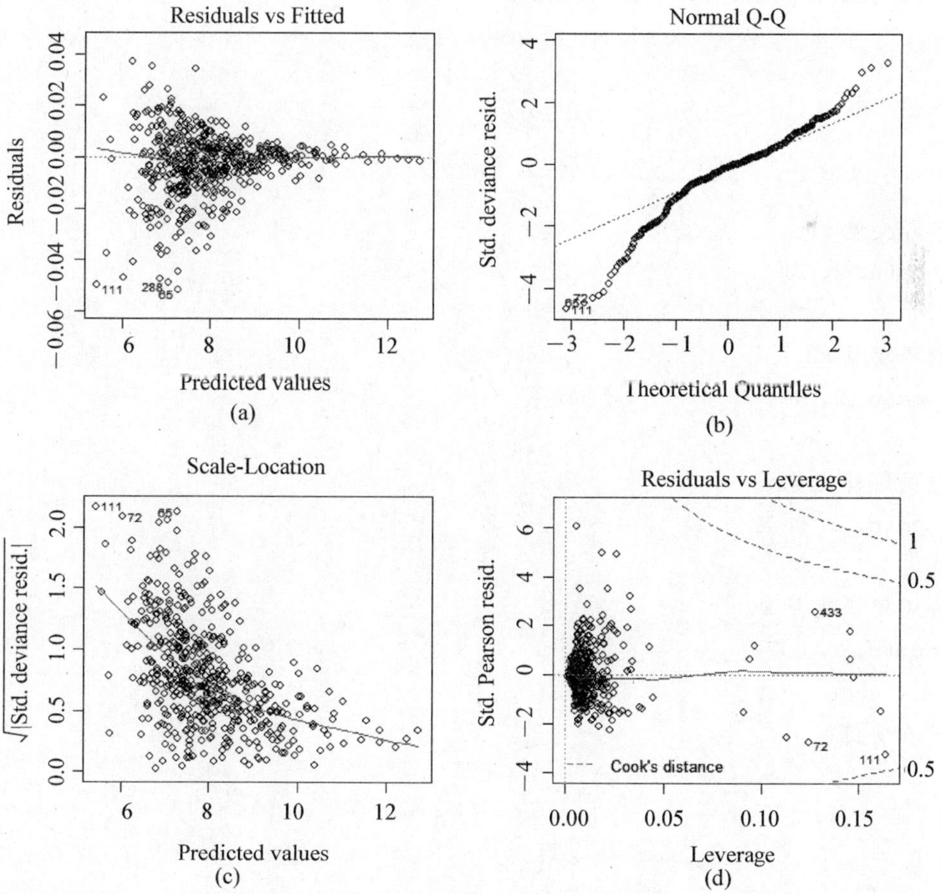

图 3—5　逆高斯回归模型的残差分析图

正态分布的分位数图，两端严重偏离对角线。图 3—5（c）是标准化偏差残差绝对值的平方根关于模型预测值的散点图，随着预测值的增大，标准化偏差残差的绝对值有下降趋势。图 3—5（d）是标准化皮尔逊残差与杠杆值的散点图以及相应的 Cook 距离，没有明显异常。残差分析图表明，用逆高斯回归模型拟合该组数据是不恰当的。输出图 3—5 的程序代码如下。

```
#输出残差图
par(mfrow = c(2, 2))
plot(mod5)
```

3.4 基于 R 的应用

如果因变量是连续型变量，常见的广义线性模型是伽马回归模型和逆高斯回归模型。在 R 中，有两个函数可以建立广义线性模型，一个是基础包中的 glm 函数，专门用于建立广义线性模型；另一个是 gamlss 程序包中的 gamlss 函数，可以建立更加一般意义上的回归模型，广义线性模型仅是其中的一个特例。本节基于模拟数据说明这两个程序包在建立伽马回归模型和逆高斯回归模型中的应用。

下面是模拟数据集 dt 的程序代码。模拟数据集中有四个解释变量，两个为连续型解释变量，两个为分类解释变量。模拟的因变量服从伽马分布。

```
set.seed(112)
#设定模拟次数
n = 50

#模拟解释变量 x1
x1 = rgamma(n, 2, 1)

#模拟解释变量 x2
x2 = rgamma(n, 2, 3)

#模拟分类解释变量 x3
x3 = rbinom(n, 1, 0.4)

#模拟分类解释变量 x4
x4 = rbinom(n, 1, 0.7)

#参数的真实值
b0 = 7
b1 = 0.8
b2 = -0.8
b3 = 0.7
b4 = -0.6
```

```
#计算线性预测项
eta = b0 + b1 * x1 + b2 * x2 + b3 * x3 + b4 * x4

#计算因变量的均值,使用对数连接函数
mu = exp(eta)

#应用 gamlss 函数模拟因变量的观察值
library(gamlss)
y = rGA(n, mu = mu, sigma = 0.1)

#模拟的数据集
dt = data.frame(y, x1, x2, x3, x4)
```

下面的程序代码分别应用 glm 函数和 gamlss 函数建立伽马回归模型和逆高斯回归模型，全都使用对数连接函数。因为 glm 函数仅可以对分布的均值参数建立回归模型，所以连接函数就是关于均值回归的连接函数。在 gamlss 程序包中，不仅可以对分布的均值参数建立回归模型，还可以对分布的离散参数建立回归模型，所以必须使用 mu. link 指定均值的连接函数。在 gamlss 程序包中，GA 表示伽马分布，IG 表示逆高斯分布。

```
#应用 glm 函数建立伽马回归模型
mGA1 = glm(y~x1 + x2 + factor(x3) + factor(x4), data = dt, family = Gamma(link = log))

#应用 glm 函数建立逆高斯回归模型
mIG1 = glm(y~x1 + x2 + factor(x3) + factor(x4), data = dt, family = inverse.gaussian
(link = log))

#应用 gamlss 函数建立伽马回归模型
mGA2 = gamlss(y~x1 + x2 + factor(x3) + factor(x4), data = dt, family = GA, mu.link = log)

#应用 gamlss 函数建立逆高斯回归模型
mIG2 = gamlss(y~x1 + x2 + factor(x3) + factor(x4),data = dt,family = IG,mu.link = log)
```

下述的程序代码输出了伽马回归模型 mGA2 的参数估计值和有关统计量，其中包括均值 mu 的回归参数估计值，离散参数 sigma 的估计值。

应用 summary(mGA2) 得到伽马回归模型的输出结果如下：

```
Mu link function:   log
Mu Coefficients:
                  Estimate   Std. Error    t value        Pr(>|t|)
(Intercept)        7.01323    0.04680      149.87      <2e-16 ***
```

```
x1                  0.80892      0.01128       71.70     <2e-16 ***
x2                 -0.79740      0.03313      -24.07     <2e-16 ***
factor(x3)1         0.71263      0.03215       22.16     <2e-16 ***
factor(x4)1        -0.67147      0.03479      -19.30     <2e-16 ***
--------------------------------------------------------------------
Sigma link function:  log
Sigma Coefficients:
                   Estimate    Std.Error     t value       Pr(>|t|)
(Intercept)        -2.33716      0.09984      -23.41     <2e-16 ***
********************************************************************
```

广义线性模型假设所有观察对象的离散参数 sigma 是相同的，所以在本例的 gamlss 函数中没有考虑解释变量对离散参数的影响。在 gamlss 函数中，对离散参数建立回归模型的默认连接函数是对数连接，所以本例的离散参数估计值为 exp(－2.337 16)＝0.096 6。

gamlss 函数可以输出 AIC 和 SBC 统计量，其中 SBC 统计量也就是前面定义的 BIC 统计量。这两个统计量的值越小，表明模型的拟合效果越好。

下面的程序代码可以同时输出多个模型的 AIC 统计量并进行比较：

```
AIC(mGA2, mIG2)
        df        AIC
mGA2     6     688.69
mIG2     6     716.25
```

上面结果显示，伽马回归模型 mGA2 的 AIC 统计量相对较小，表明伽马回归模型对前述数据的拟合效果相对较好。

为了对伽马回归模型进行诊断，可以绘制其残差图。mGA1 是应用 glm 函数建立的伽马回归模型，可以用下述程序代码输出其残差图，结果如图 3—6 所示。

```
par(mfrow = c(2,2))
plot(mGA1)
```

在图 3—6 中，图 3—6（a）的横轴是模型的预测值（注意，这里的预测值是广义线性模型的线性预测项，经过指数变换以后才是因变量的预测值），纵轴是模型的残差，图中的实线是残差关于预测值的平滑线，平滑线在零值附近，没有明显的趋势变化，表示模型的拟合效果较好。图 3—6（b）的横轴是标准正态分布的理论分位数，纵轴是模型的标准化偏差残差，散点越是落在对角线附近，表明模型的拟合效果越好。图 3—6（c）的横轴是模型的预测值，纵轴是标准化偏差残差的绝对值的平方根，图中的实线是关于散点图的平滑线，平滑线没有明显的趋势变化，表明模型的拟合效果较好。图 3—6（d）的横轴是杠杆值，纵轴是标准化皮尔逊残差，图中的实线是关于散点图的平滑线，虚线表示 Cook 距离。该图给出了 Cook 距离等于 0.5 的虚线。可见，所有点上的 Cook 距离都小于 0.5。由此可知，伽马回归对这组数据的拟合效果较好。

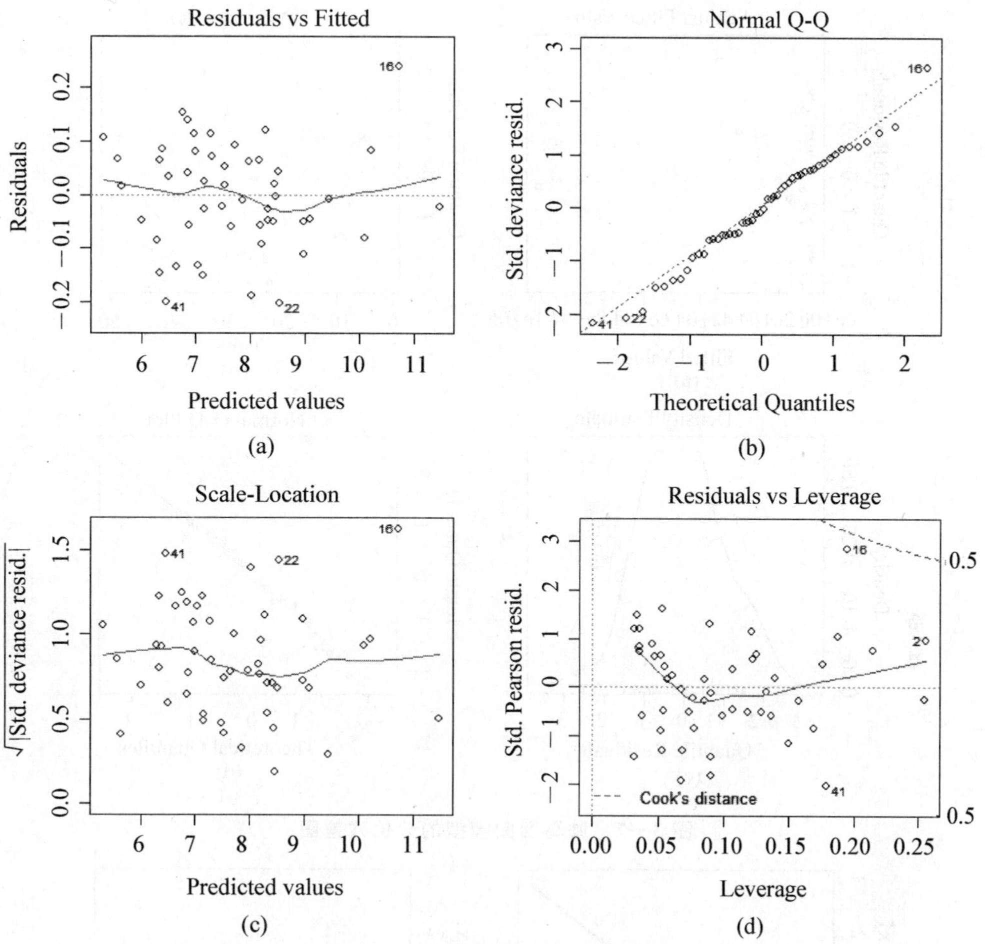

图 3—6　伽马回归模型的残差图

mGA2 是应用 gamlss 函数建立的伽马回归模型，可以用 plot(mGA2) 输出其分位残差图，结果如图 3—7 所示。

图 3—7 中使用的残差是分位残差。分位残差是随机化残差，每次的绘图结果都是随机的，所以需要绘制多次分位残差图来观察残差的分布特征，图 3—7 仅仅展示了其中一次的结果。图 3—7（a）的横轴是因变量的预测值，纵轴是分位残差。图 3—7（b）的横轴是观察值的序号，纵轴是分位残差。这两幅散点图如果随机分布在零值周围，就表明模型的拟合效果较好。图 3—7（c）是分位残差的密度函数，对称型的密度函数表明模型的拟合效果较好。图 3—7（d）的横轴是标准正态分布的理论分位数，纵轴是分位残差的样本分位数，落在对角线附近的散点图表明模型的拟合效果较好。

为了直观展示每个解释变量对因变量均值的影响，可以使用 gamlss 程序包中的 term. plot 函数对已经建立的伽马回归模型 mGA2 绘图，结果如图 3—8 所示，其中的阴影面积表示预测值的标准误，阴影部分的面积越大，表示预测的可靠程度越低。图 3—8（a）表明解释变量 x1 对因变量均值具有显著的正向影响；图 3—8（b）表明 x2 对因变量的均值具有显著的负向影响；图 3—8（c）表明 x3 的不同取值对因变量的均值具有显著影响；而图 3—8（d）表明 x4 的不同取值对因变量的均值也有显著影响。

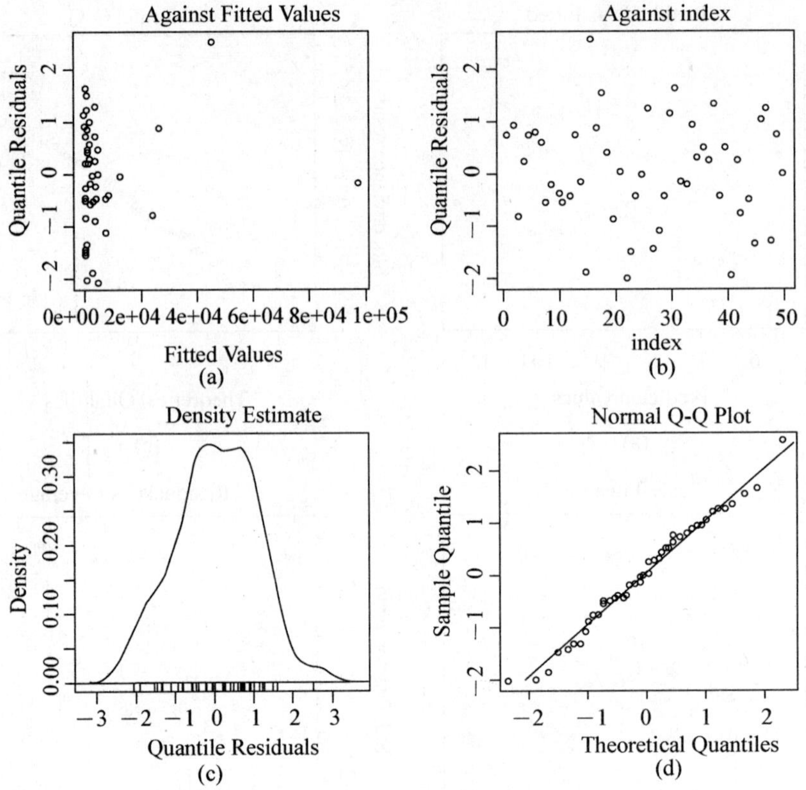

图 3—7 伽马回归模型的分位残差图

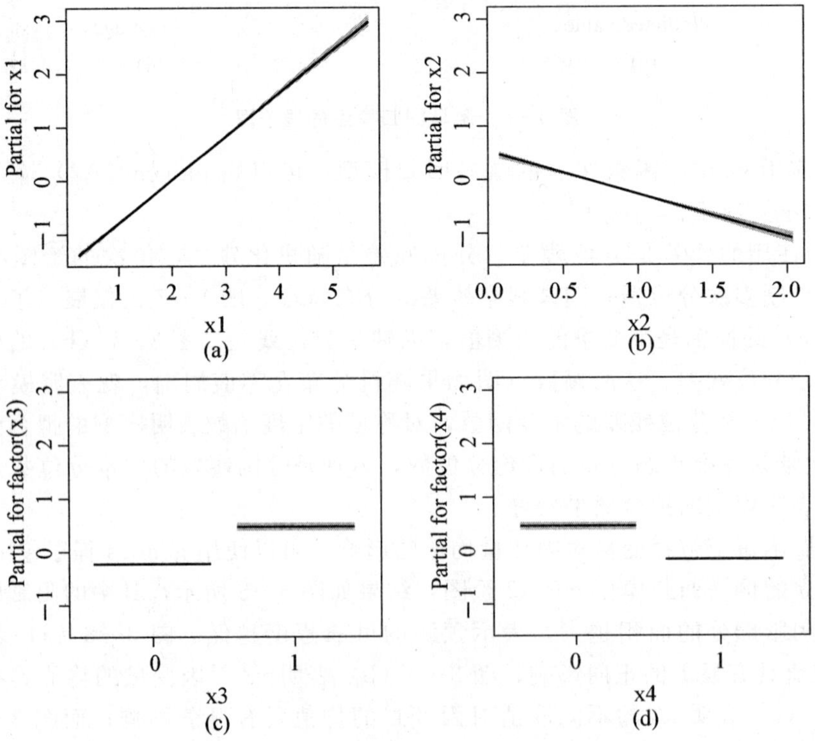

图 3—8 解释变量对因变量均值的影响

绘图的有关程序代码如下：

```
par(mfrow = c(2, 2))
term.plot(mGA2, 'mu', se = TRUE)
```

为了检验模型中分布假设的合理性，还可以绘制蠕虫图（worm plot）。用 gamlss 程序包中的 wp 函数输出蠕虫图的程序代码如下：

```
par(mfrow = c(1,2))
wp(mGA2)                      #伽马回归的蠕虫图
wp(mIG2,ylim.all = 1)         #逆高斯回归的蠕虫图
```

蠕虫图是对 Q-Q 图的变形，即对 Q-Q 图进行了去趋势化处理。在 Q-Q 图中，横轴表示标准正态分布的分位数，纵轴表示模型残差的经验分位数。如果模型是适当的，Q-Q 图应该呈现出一条对角线。在蠕虫图中，横轴仍然是标准正态分布的分位数，如图 3—9 中的"Unit normal quantile"所示，但纵轴是模型残差的经验分位数与标准正态分布的分位数之差，如图 3—9 中的"Deviation"所示。如果模型是适当的，蠕虫图应该呈现出一条斜率为零的直线。在蠕虫图中，可以同时给出离差（Deviation）的 95%置信区间，如图 3—9 中的两条椭圆形曲线所示。如果某些散点落在 95%的置信区间之外，表明模型对这些观察值的拟合效果很差。

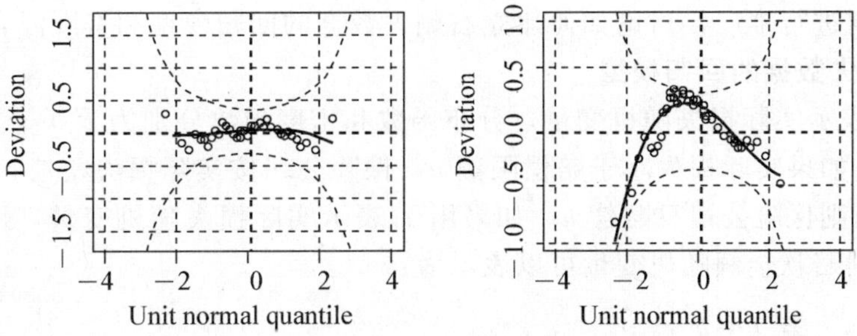

图 3—9　伽马回归与逆高斯回归的蠕虫图

在图 3—9 中，左图是伽马回归的蠕虫图，右图是逆高斯回归的蠕虫图。在伽马回归的蠕虫图中，所有散点接近斜率为零的水平线，且落在 95%的置信区间之内，表明用伽马分布假设较为合适。在逆高斯回归的蠕虫图中，个别散点落在 95%置信区间的外侧，且总体上远远偏离斜率为零的水平线，表明用逆高斯分布假设是不适当的。

前述的分析结果表明，伽马回归对该组数据的拟合效果要优于逆高斯回归，但比较两个模型的拟合值可以发现，它们的差异不是很大（见图 3—10）。绘制图 3—10 的有关程序代码如下：

```
par(mfrow = c(1, 1))
plot(log(fitted(mGA2)), log(fitted(mIG2)), xlab = '伽马回归拟合值的对数', ylab = '逆高斯回归拟合值的对数')
abline(0, 1, col = 2)
```

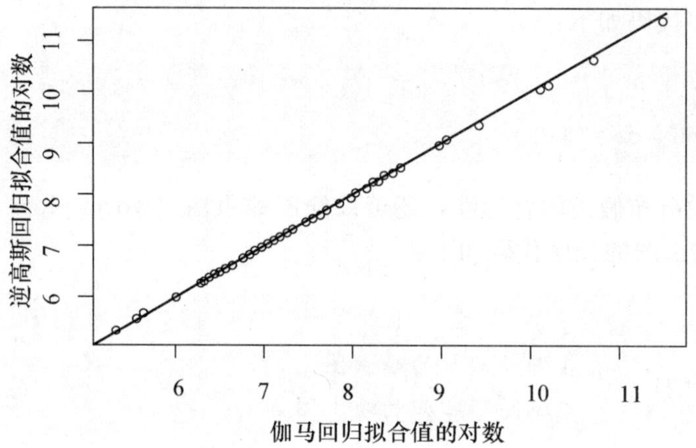

图 3—10 比较伽马回归与逆高斯回归的拟合值

3.5 模型推广

对于连续型的因变量，可以假设它们服从伽马分布或逆高斯分布，从而建立伽马回归模型或逆高斯回归模型。在某些情况下，因变量的取值可能存在删失，如保险理赔数据，如果保单设定了赔偿限额，即保险公司对被保险人的每次损失只负责赔偿限额以下的部分，则在保险公司的赔款数据库中，损失在赔偿限额以上的部分是没有记录的，这就形成了右删失的赔款数据。因变量的观察值也有可能来自不同的分布，这就形成了有限混合分布。本节对前面的广义线性模型进行推广，讨论如何建立右删失数据的回归模型和有限混合回归模型。

3.5.1 右删失数据的回归模型

不妨假设 Y 表示实际损失随机变量，分布函数和密度函数分别为 $F_Y(y)$ 和 $f_Y(y)$，保单的赔偿限额为 u，如果实际损失小于赔偿限额 u，保险公司按实际损失赔偿；如果实际损失超过了赔偿限额 u，则保险公司只赔偿 u。如果用 Y 表示实际损失随机变量，用 Y^* 表示保险公司的赔款金额，则赔款金额随机变量可以表示为：

$$Y^* = \begin{cases} Y, & 若\ Y<u \\ u, & 若\ Y\geqslant u \end{cases}$$

上述赔款金额就是一个右删失的随机变量，它的密度函数可以表示为：

$$f_{Y^*}(y) = \begin{cases} f_Y(y), & y<u \\ 1-F_Y(y), & y\geqslant u \end{cases}$$

如果因变量是右删失的，就应该建立右删失的回归模型。右删失随机变量不服从指数分布族中的分布，所以基于右删失分布建立的回归模型不能使用前面的迭代加权最小二乘法进行参数估计，但可以使用极大似然法估计模型参数。

下面仍然以模拟数据为例说明建模过程。模拟右删失数据的程序代码如下：

```
set.seed(112)
n = 500   #模拟次数
x1 = rgamma(n, 2, 1)     #解释变量 x1
x2 = rgamma(n, 2, 3)     #解释变量 x2
```

```
x3 = rbinom(n, 1, 0.4)      # 分类解释变量 x3
x4 = rbinom(n, 1, 0.7)      # 分类解释变量 x4

# 模拟数据使用的参数值
b0 = 7
b1 = 0.8
b2 = -0.8
b3 = 0.5
b4 = -0.2

# 线性预测项
eta = b0 + b1 * x1 + b2 * x2 + b3 * x3 + b4 * x4

# 因变量的均值
mu = exp(eta)

# 模拟伽马分布的随机变量 y0
y0 = gamlss.dist::rGA(n, mu = mu, sigma = 0.5)

# 对大于 c 的观察值进行删失处理,修改为 c
c = 80000
y = ifelse(y0 >= c, c, y0)  # 右删失
status = ifelse(y == c, 0, 1)

# 把 y 表示为右删失数据的格式
y = survival::Surv(time = y, event = status)

# 因变量 y 为右删失的数据集 dt
x3 = as.factor(x3)
x4 = as.factor(x4)
dt = data.frame(y, x1, x2, x3, x4)
```

基于前述的模拟数据，可以建立右删失的伽马回归模型和右删失的逆高斯回归模型。为此，首先需要生成右删失伽马分布和右删失逆高斯分布，可以使用 gamlss.cens 程序包中的 gen.cens 函数，有关程序代码如下：

```
# 生成右删失的伽马分布,默认名称为 GArc
library(gamlss.cens)
gen.cens(family = GA, type = "right")
```

```
#生成右删失的逆高斯分布,默认名称为 IGrc
gen.cens(family = IG, type = "right")
```

然后，就可以应用 gamlss 函数建立右删失的伽马回归模型（mGA）和右删失的逆高斯回归模型（mIG），程序代码如下。

```
#建立右删失的伽马回归模型
mGA = gamlss(y~x1 + x2 + x3 + x4, data = dt, family = GArc, mu.link = log)

#建立右删失的逆高斯回归模型
mIG = gamlss(y~x1 + x2 + x3 + x4, data = dt, family = IGrc, mu.link = log)

#模型比较
AIC(mGA, mIG)
##          df      AIC
## mGA      6    8396.40
## mIG      6    8578.24
```

AIC 的输出结果表明，右删失的伽马回归模型对该组数据的拟合效果较好。事实上，前述数据就是基于右删失的伽马分布模拟的。下面给出了右删失伽马回归模型的参数估计值、分位残差图（见图 3—11）和蠕虫图（见图 3—12），以及每个解释变量对因变量的影响图（见图 3—13）。

应用 summary（mGA）输出模型 mGA 的参数估计如下。

```
## Mu link function:  log
## Mu Coefficients:
##                  Estimate    Std.Error      t value       Pr(>|t|)
## (Intercept)       7.11847     0.06347      112.148      <2e-16 ***
## x1                0.78604     0.01722       45.644      <2e-16 ***
## x2               -0.83573     0.04776      -17.500      <2e-16 ***
## x31               0.42845     0.04604        9.306      <2e-16 ***
## x41              -0.25961     0.04751       -5.464    7.38e-08 ***
## ----------------------------------------------------------------
## Sigma link function:  log
## Sigma Coefficients:
##                  Estimate    Std.Error      t value       Pr(>|t|)
## (Intercept)      -0.71389     0.03082      -23.16       <2e-16 ***
## ----------------------------------------------------------------
##              AIC:   8396.4
##              SBC:   8421.69
## ****************************************************************
```

绘制图 3—11 的程序代码如下。

```
# 输出 mGA 的分位残差图
plot(mGA)
```

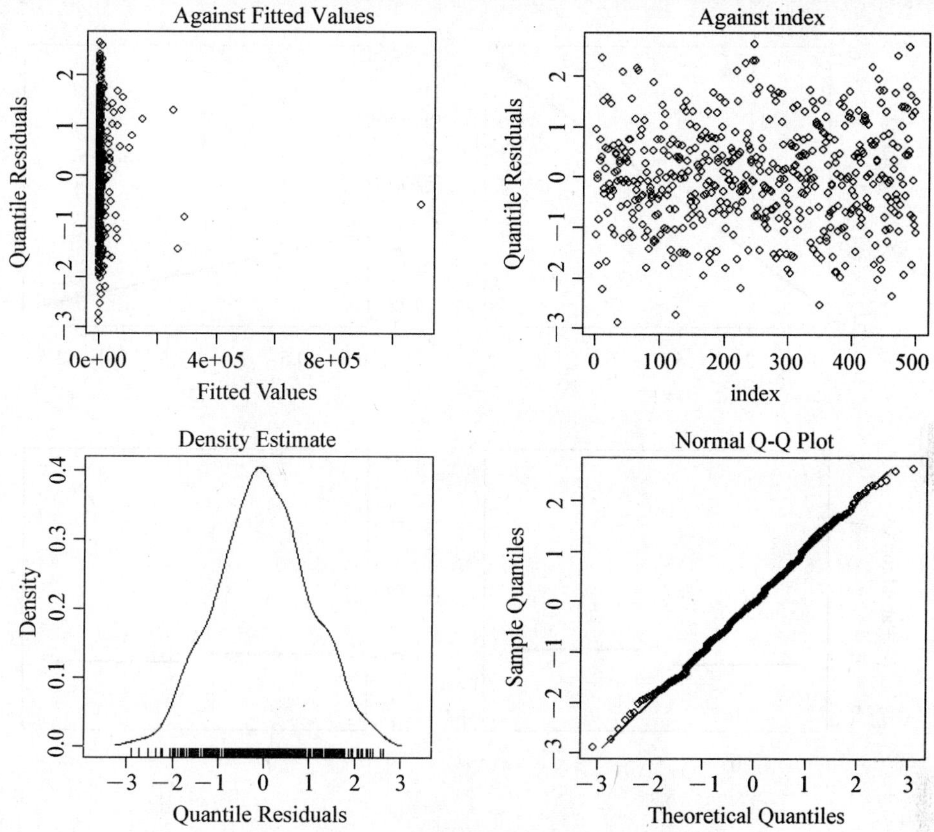

图 3—11 右删失伽马回归的分位残差图

绘制图 3—12 的程序代码如下。

```
# 输出 mGA 的蠕虫图
wp(mGA)
```

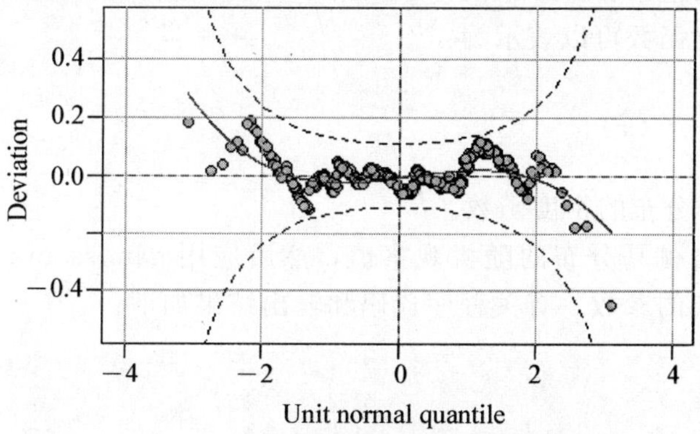

图 3—12 右删失伽马回归的蠕虫图

绘制图 3—13 的程序代码如下。

```
#输出 mGA 模型中每个解释变量对因变量的影响
par(mfrow = c(2, 2))
term.plot(mGA)
```

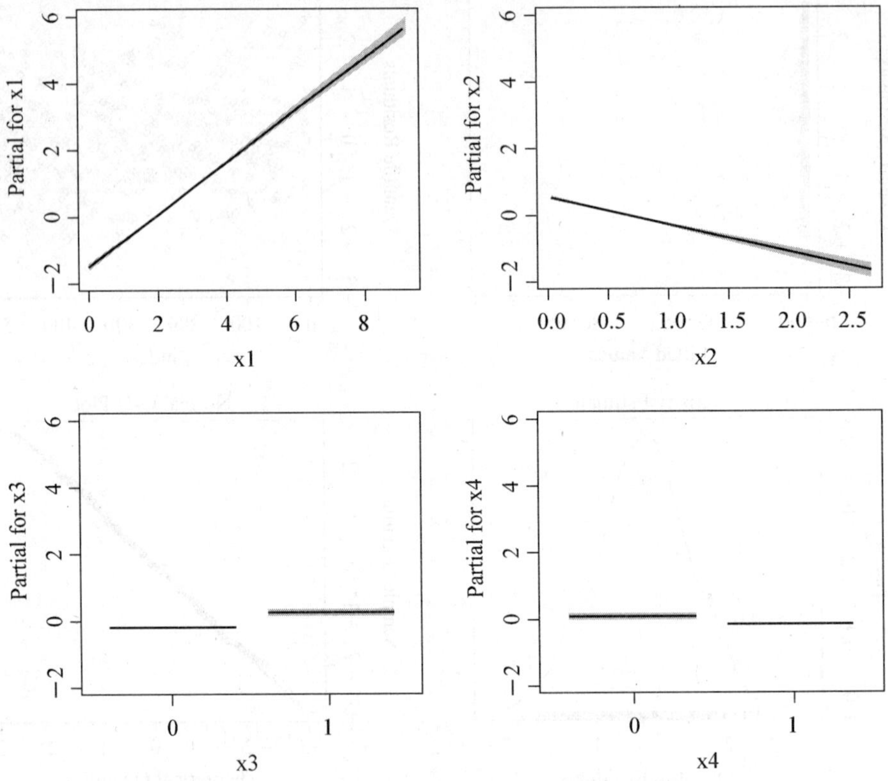

图 3—13 模型 mGA 中解释变量对因变量的影响

从图 3—11、图 3—12 和图 3—13 可以看出，右删失的伽马回归较好地拟合了该组数据，且每个解释变量对因变量都有显著影响。

3.5.2 有限混合回归模型

当因变量的观察值来自不同的分布时，就可以建立有限混合模型（finite mixture models）。

假设因变量的观察值来自 n 个不同分布，第 i 个分布的占比为 π_i，且 $\pi_1+\pi_2+\cdots+\pi_n=1$，则有限混合分布的密度函数可以表示为：

$$f(x) = \sum_{i=1}^{n}\pi_i f_i(x) \tag{3.34}$$

式中，$f_i(x)$ 是第 i 个分布的密度函数。

下面首先模拟混合伽马分布的随机观察值，然后应用 gamlss.mx 程序包中的 gamlssMX 函数估计混合伽马分布的参数。有关程序代码和输出结果如下：

```
library(gamlss)
library(gamlss.mx)
```

```
set.seed(111)
n = 5000

# 第一个伽马分布的参数
mu1 = 100
sigma1 = 0.2

# 第二个伽马分布的参数
mu2 = 300
sigma2 = 0.3

# 模拟混合伽马分布的观察值,第一个伽马分布的占比为 40 %
index = runif(n)
x = ifelse(index <= 0.4, rGA(n, mu = mu1, sigma = sigma1), rGA(n, mu = mu2, sigma =
sigma2))

# 混合伽马分布模拟值的直方图
hist(x, breaks = 100, main = "")  # 结果如图 3—14 所示
```

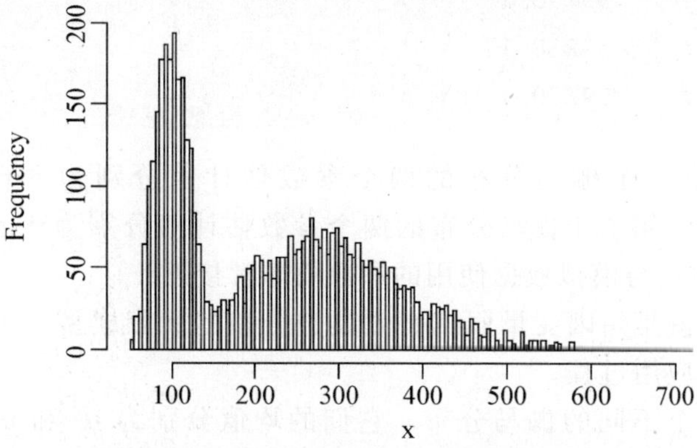

图 3—14　混合伽马分布的模拟值

```
# 估计混合伽马分布的参数
mod = gamlssMX(x~1, family = GA, K = 2)

# 输出参数估计值
mod
##
## Mixing Family:  c("GA", "GA")
##
## Fitting method:EM algorithm
##
```

```
## Call:  gamlssMX(formula = x~1, family = GA, K = 2)
##
## Mu Coefficients for model: 1
## (Intercept)
##       4.611
## Sigma Coefficients for model: 1
## (Intercept)
##      -1.585
## Mu Coefficients for model: 2
## (Intercept)
##       5.704
## Sigma Coefficients for model: 2
## (Intercept)
##      -1.196
##
## Estimated probabilities: 0.4013484 0.5986516
##
## Degrees of Freedom for the fit: 5 Residual Deg. of Freedom   4995
## Global Deviance:     59208.1
##             AIC:     59218.1
##             SBC:     59250.7
```

上述结果表明，第一个伽马分布的两个参数估计值分别为 exp(4.611)＝100.58 和 exp(－1.585)＝0.204 9，第二个伽马分布的两个参数估计值分别为 exp(5.704)＝300.065 和 exp(－1.196)＝0.302 4，与模拟数据使用的参数值非常接近。

有限混合回归模型就是指因变量服从有限混合分布的回归模型。下面通过模拟数据来介绍有限混合回归模型的应用过程。

假设因变量来自两个不同的伽马分布，它们的均值分别为 μ_1 和 μ_2，各自的权重分别为 $\pi_1=0.4$ 和 $\pi_2=0.6$。两个解释变量为 x_1，x_2，其中 x_1 是连续型解释变量，x_2 是二分类解释变量。

模拟数据的程序代码如下。

```
#模拟数据:有限混合伽马分布
set.seed(111)
n = 5000 #模拟次数
x1 = rgamma(n, 2, 1) #解释变量 x1
x2 = rbinom(n, 1, 0.4)  #分类解释变量 x2

#参数的真实值
b0 = 2
```

```
b1 = - 0.15
b2 = - 0.2
c0 = 7
c1 = 0.2
c2 = 0.25

#两个伽马分布的均值
mu1 = exp(b0 + b1 * x1 + b2 * x2)
mu2 = exp(c0 + c1 * x1 + c2 * x2)
index = runif(n)
dt = data.frame(x1, x2, mu1, mu2, index)

#模拟因变量 y 的观察值
dt $ y = ifelse(index <= 0.4, rGA(n, mu1), rGA(n, mu2))
```

估计有限混合伽马回归模型的参数时，可以使用 gamlss. mx 程序包中的 gamlssMX 函数，程序代码如下：

```
library(gamlss)
library(gamlss.mx)
mod = gamlssMX(y~x1 + x2, data = dt, family = "GA", K = 2)
mod
```

上述程序代码的输出结果如表 3—3 所示，其中第一个伽马回归模型中三个参数的估计值分别为 1.968 4，−0.151 0 和−2.227 2，模拟数据的真实参数值为 2，−0.15 和−0.2。第二个伽马回归模型中三个参数的估计值分别为 6.981 6，0.214 4 和 0.251 5，模拟数据的真实参数值为 7，0.2 和 0.25。在模拟数据时，假设两个伽马模型的占比分别为 0.4 和 0.6，基于模拟数据估计出的比例为 0.395 5 和 0.604 5。该表同时给出了模型的自由度为 9，残差的自由度为 4 991，偏差(Deviance）为 68 079.2，AIC 统计量为 68 097.2，SBC（即 BIC）统计量为 68 155.8。

表 3—3　　伽马混合回归模型的参数估计结果

```
Mixing Family:  c (" GA", " GA")
  Fitting method: EM algorithm
  Call:  gamlssMX (formula=y~x1+x2, family=" GA", K=2, data=dt)
  Mu Coefficients for model: 1
(Intercept)          x1            x2
     1.9684      -0.1510       -0.2272
Sigma Coefficients for model: 1
(Intercept)
 -0.001618
Mu Coefficients for model: 2
(Intercept)          x1            x2
     6.9816       0.2144        0.2515
```

```
Sigma Coefficients for model: 2
(Intercept)
-0.004317
  Estimated probabilities: 0.3954964 0.6045036
  Degrees of Freedom for the fit: 9 Residual Deg. of Freedom   4991
Global Deviance:      68079.2
            AIC:      68097.2
            SBC:      68155.8
```

练习题

3.1 数据集 dat1[①] 是一组汽车保单的索赔数据（Ismail，2007，2009），其中 exposures 为车年数（1 辆汽车保险 1 年就是一个车年）；claims 为索赔次数；severity 为索赔强度，即平均每次索赔的赔款金额。5 个解释变量分别为保单类型（coveragetype）、汽车产地（vehiclemake）、汽车用途和驾驶人性别（use-gender）、车龄（vehicleyear）和行驶区域（location）。回答下述问题：

（1）绘制条形图揭示每个解释变量的不同水平对索赔强度的影响。

（2）分别用正态分布、伽马分布和逆高斯分布拟合索赔强度的观察值，比较它们的拟合效果。

（3）以索赔强度为因变量建立线性回归模型、伽马回归模型和逆高斯回归模型。

（4）检验伽马回归模型和逆高斯回归模型中每个解释变量的显著性。

（5）分别计算线性回归模型、伽马回归模型和逆高斯回归模型的 Deviance 残差和分位残差，绘制残差的直方图和 Q-Q 图，并解释用哪种分布假设下的回归模型对本例的索赔强度建模更加合理。

（6）计算线性回归模型、伽马回归模型和逆高斯回归模型的预测值，并将它们分别与索赔强度的观察值进行比较。

3.2 对数据集 dat1 中的索赔强度观察值进行对数变换，然后建立线性回归模型，并求该模型对索赔强度的预测值。

3.3 数据集 dat5 是一组汽车保单的索赔数据（de Jong，2008），其中 veh _ value 表示汽车的价值；exposure 表示车年数；clm 表示是否发生索赔，取值为 0 和 1；numclaims 表示索赔次数；claimcst 表示总索赔金额；veh _ body 表示汽车类型；veh _ age 表示车龄；gender 表示驾驶人性别；area 表示行驶区域；agecat 表示驾驶人年龄类别。请建立索赔强度的预测模型。索赔强度是指索赔金额与索赔次数之比，在本例中，索赔强度的观察值为 claimcst 与 numclaims 之比。

---

① 数据下载地址：http://blog.sina.com.cn/mengshw。

第4章 计数型因变量

计数型变量是指取值为非负整数的变量，如保单的索赔次数、家庭的孩子数、旅游景点的访问人数等。指数分布族中的计数型分布主要包括泊松分布与负二项分布，相应地，与它们对应的广义线性模型称作泊松回归模型与负二项回归模型。

4.1 泊松回归模型

泊松回归模型是假设因变量服从泊松分布的广义线性模型，其一般形式可以表示为：

$$y_i \sim \text{Poisson}(\mu_i)$$
$$g(\mu_i) = \boldsymbol{x}_i^{\mathrm{T}} \boldsymbol{\beta}$$

式中，μ_i 是泊松分布的均值；$g(\cdot)$ 是连接函数。

4.1.1 泊松分布

如果随机变量 Y 服从参数为 μ 的泊松分布，则其概率函数可以表示为：

$$f(y;\mu) = \frac{\mu^y \mathrm{e}^{-\mu}}{y!}, \quad y = 0,1,2,\cdots \tag{4.1}$$

泊松分布的参数越大，其分布形态越接近对称分布，如图4—1所示。因此，当泊松分布的参数很大时，可以用正态分布近似计算泊松分布的概率。

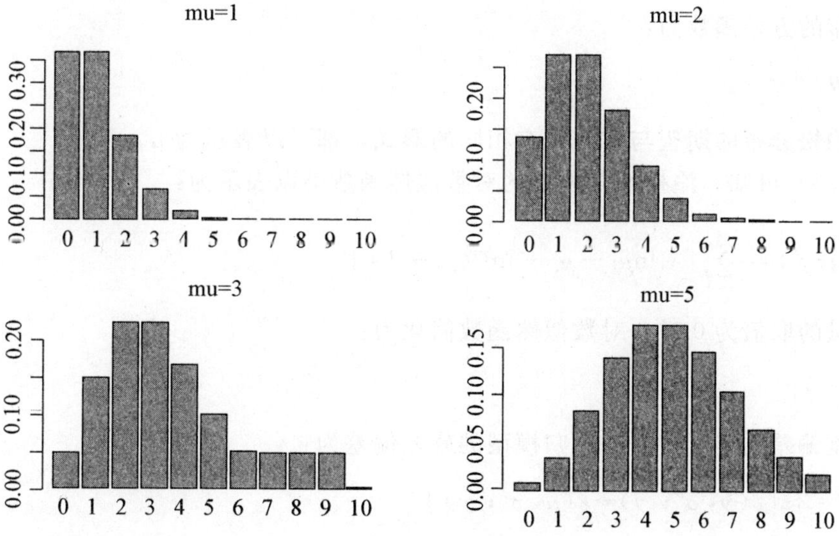

图4—1 泊松分布的概率函数

绘图的R程序代码如下。

```
par(mfrow = c(2, 2))
x = 0:10
for (mu in c(1, 2, 3, 5)) {
barplot(dpois(x, mu), names.arg = x, main = paste("mu = ", mu, sep = " "))}
```

4.1.2 模型设定

指数分布族的密度函数可以表示为下面的一般形式：

$$f(y;\theta,\phi)=\exp\left[\frac{y\theta-b(\theta)}{\phi}w+c(y;\phi)\right] \tag{4.2}$$

对式（4.1）变形，泊松分布的概率函数也可以表示为指数分布族的形式，即

$$f(y;\mu)=\exp[y\ln\mu-\mu-\ln\Gamma(y+1)] \tag{4.3}$$

对比式（4.2）和式（4.3），有

$$\begin{aligned}&\theta=\ln\mu\\&b(\theta)=\mu\end{aligned} \tag{4.4}$$

泊松回归模型的一般形式可以表示为：

$$\begin{aligned}&y_i\sim \text{Poisson}(\mu_i)\\&g(\mu_i)=\eta_i=\boldsymbol{x}_i^{\mathrm{T}}\boldsymbol{\beta}\end{aligned}$$

式中，g 表示连接函数；$\eta_i=\boldsymbol{x}_i^{\mathrm{T}}\boldsymbol{\beta}$ 为线性预测项。

在广义线性模型中，正则连接函数是使得 $g(\mu)=\theta$ 成立的函数 g。在泊松分布假设下，$\theta=\ln\mu$，所以相应的正则连接函数就是对数连接函数，即 $g(\mu)=\ln\mu$。

由式（4.4）可得泊松分布的均值，即

$$b(\theta)=\mu=\mathrm{e}^{\theta}\Rightarrow b'(\theta)=\mathrm{e}^{\theta}=\mu \tag{4.5}$$

泊松分布的方差函数为：

$$b''(\theta)=\mathrm{e}^{\theta}=\mu \tag{4.6}$$

可见，泊松分布的期望与方差具有相同的形式，都可以表示为 μ。

由式（4.3）可知，泊松回归模型的对数似然函数可以表示为：

$$\ell(\mu;y)=\sum_{i=1}^{n}[y_i\ln\mu_i-\mu_i-\ln\Gamma(y_i+1)] \tag{4.7}$$

当因变量的取值为 0 时，对数似然函数简化为：

$$\ell=-\mu_i \tag{4.8}$$

根据残差偏差的定义，泊松回归模型的残差偏差为：

$$\begin{aligned}D&=2\phi[\ell(y,\sigma^2;y)-\ell(\mu,\sigma^2;y)]\\&=2\sum_{i=1}^{n}[y_i\ln y_i-y_i-y_i\ln\mu_i+\mu_i]\\&=2\sum_{i=1}^{n}\left[y_i\ln\left(\frac{y_i}{\mu_i}\right)-(y_i-\mu_i)\right]\end{aligned} \tag{4.9}$$

同样地，当因变量取值为 0 时，泊松分布的偏差简化为：

$$D=2\sum_{i=1}^{n}\mu_i \tag{4.10}$$

泊松分布的 Pearson χ^2 统计量定义为：

$$\chi^2=\sum_{i=1}^{n}\frac{(y_i-\mu_i)^2}{\upsilon(\mu_i)}=\sum_{i=1}^{n}\frac{(y_i-\mu_i)^2}{\mu_i}$$

4.1.3 迭代加权最小二乘估计

对计数型因变量建立泊松回归模型时，通常使用对数连接函数，即 $g(\mu)=\ln\mu$，故有 $g'(\mu)=1/\mu$。

由式（4.5）和式（4.6）可知，泊松分布的方差函数为 $\upsilon=\mu$，将它们代入式（2.46）可得

$$\boldsymbol{W}=\text{diag}\left[\frac{w_i}{\phi\upsilon(\mu_i)[g'(\mu_i)]^2}\right]_{n\times n}=\text{diag}[\mu]_{n\times n} \tag{4.11}$$

$$\boldsymbol{z}=[\eta_i+(y_i-\mu_i)g'(\mu_i)]_{n\times 1}=[\eta_i+(y_i-\mu_i)/\mu_i]_{n\times 1} \tag{4.12}$$

对数连接函数下估计泊松回归参数的迭代加权最小二乘算法如表 4—1 所示。

表 4—1　　泊松回归参数的迭代加权最小二乘算法

1. 设定初始值：

$D=0$
$\mu=\{y+\text{mean}(y)\}/2$
$\eta=\ln\mu$

2. 当 $\text{abs}(\Delta D)>1\text{e}-8$，执行下述循环过程，否则停止循环：

{
$\boldsymbol{W}=\mu$
$z=\eta+(y-\mu)/\mu$
$\boldsymbol{\beta}=(\boldsymbol{X}^{\mathrm{T}}\boldsymbol{W}\boldsymbol{X})^{-1}\boldsymbol{X}^{\mathrm{T}}\boldsymbol{W}\boldsymbol{z}$
$\boldsymbol{\eta}=\boldsymbol{X}\boldsymbol{\beta}$
$\mu=\exp(\eta)$
$D^*=D$

$$D=\begin{cases}2\sum[y\ln(y/\mu)-(y-\mu)], & \text{若 } y\geqslant 1\\ 2\sum\mu, & \text{若 } y=0\end{cases}$$

$\Delta D=D^*-D$
}

3. 计算皮尔逊卡方统计量：

$$\chi^2=\sum(y-\mu)^2/\mu$$

4.1.4 抵消项

在广义线性模型中，如果某个解释变量的回归系数是已知的，就可以将其设定为抵消项(offset)，即广义线性模型的线性预测项可以表示为：

$$\eta_i=\boldsymbol{x}_i^{\mathrm{T}}\boldsymbol{\beta}+\text{offset}_i \tag{4.13}$$

在使用对数连接函数的情况下，均值预测值可以表示为：

$$\mu_i=\exp(\boldsymbol{x}_i^{\mathrm{T}}\boldsymbol{\beta}+\text{offset}_i) \tag{4.14}$$

譬如，在汽车保险中，索赔频率等于索赔次数 y_i 与车年数 n_i 之比。在使用对数连接函数的情况下，索赔频率模型可以表示为：

$$\ln\left(\frac{\mu_i}{n_i}\right)=\boldsymbol{x}_i^{\mathrm{T}}\boldsymbol{\beta} \tag{4.15}$$

式中，μ_i 表示第 i 个风险类别的期望索赔次数；μ_i/n_i 表示期望索赔频率。

式（4.15）经过简单变换，可以得到

$$\ln\mu_i=\eta_i=\boldsymbol{x}_i^{\mathrm{T}}\boldsymbol{\beta}+\ln n_i \tag{4.16}$$

在式（4.16）中，$\ln n_i$ 就是所谓的抵消项。

在式（4.15）中，因变量是索赔频率，在式（4.16）中，因变量是索赔次数，但这两个模型是等价的，即它们的参数估计值 $\boldsymbol{\beta}$ 完全相同。

由此可见，抵消项可以看作无须估计其参数的已知项。抵消项的作用仅仅相当于对模型的截距项进行平移，因此仅对截距项的估计值产生影响，而对模型中其他参数的估计值和拟合值没有任何影响。

在有抵消项的情况下，期望索赔次数将与车年数成比例，即

$$\mu_i=n_i\cdot\exp(\boldsymbol{x}_i^{\mathrm{T}}\boldsymbol{\beta}) \tag{4.17}$$

上式表明，期望索赔次数等于车年数与期望索赔频率的乘积，而 $\exp(\boldsymbol{x}_i^{\mathrm{T}}\boldsymbol{\beta})$ 表示平均每个车年的索赔次数，即索赔频率。由此可见，在索赔次数模型中引入抵消项，等价于用车年数加权。

4.1.5 模型参数的解释

假设泊松回归模型中包含 x_1 和 x_2 两个解释变量和截距项 β_0，下面分析 x_1 的系数 β_1 的含义。在正则连接函数下，如果直接考虑泊松回归模型的预测值之差，则有

$$\Delta y_i=\exp[\beta_0+\beta_1(x_{1i}+1)+\beta_2x_{2i}]-\exp[\beta_0+\beta_1x_{1i}+\beta_2x_{2i}] \tag{4.18}$$

显然，Δy_i 与其他解释变量的取值有关，这使得 Δy_i 解释起来相当困难。

为此，可以定义事件发生率之比（incidence-rate ratio）。在对数连接函数下，事件发生率之比就是在 x_1+1 状态下事件发生的频率与在 x_1 状态下事件发生频率之比，即

$$x_1\text{ 的事件发生率之比}=\frac{\exp[\beta_0+\beta_1(x_{1i}+1)+\beta_2x_{2i}]}{\exp[\beta_0+\beta_1x_{1i}+\beta_2x_{2i}]}=\exp(\beta_1) \tag{4.19}$$

由此可见，解释变量 x_1 的事件发生率之比是一个常数，等于参数 β_1 的指数变换。换言之，x_1 每增加一个单位，事件发生频率就会提高为原来的 $\exp(\beta_1)$ 倍。

4.1.6 模拟分析

假设因变量 y 服从负二项分布，受 4 个解释变量 x_1，x_2，x_3，x_4 的影响，其中 x_1，x_2 是连续型解释变量，x_3，x_4 是分类解释变量。模拟因变量的均值还受到风险单位数 w_i 的影响，其均值等于风险单位数 w_i 与平均索赔频率的乘积：

$$\mu_i=w_i\times\exp(-2+0.45x_1-0.8x_2+0.3x_3-0.2x_4)$$

模拟的因变量服从均值为 μ，方差为 $\mu+2\mu^2$ 的负二项分布。在模拟因变量时，可以使用 gamlss 程序包，其中函数 rNBI（n，mu＝mu，sigma＝sigma）可以模拟 n 个均值为 mu，方差为 mu＋sigma * mu^2 的负二项分布随机变量。模拟计数型数据的 R 程序代码如下：

```
set.seed(111)
n = 500 # 模拟次数
x1 = rgamma(n, 2, 1)      # 解释变量 x1
x2 = rgamma(n, 2, 3)      # 解释变量 x2
x3 = rbinom(n, 1, 0.4)    # 分类解释变量 x3
x4 = rbinom(n, 1, 0.7)    # 分类解释变量 x4

# 参数的真实值
b0 = -2; b1 = 0.45; b2 = -0.8; b3 = 0.3; b4 = -0.2

# 线性预测项
eta = b0 + b1 * x1 + b2 * x2 + b3 * x3 + b4 * x4

# 因变量的均值,使用对数连接函数
mu = exp(eta)

# 用负二项分布模拟因变量
library(gamlss)
y = rNBI(n, mu = mu, sigma = 2)

# 把 x3 和 x4 转化为因子
x3 = as.factor(x3)
x4 = as.factor(x4)

# 模拟的数据集
dt = data.frame(y, x1, x2, x3, x4)
```

基于前述的模拟数据，可以分别应用表 4—1 中的迭代加权最小二乘算法、glm 函数或 gamlss 函数估计泊松回归模型的参数，它们的参数估计结果相同。有关程序代码如下。

```
# 应用表 4—1 中的迭代算法:
D = 0
mu = (y + mean(y))/2
eta = log(mu)
X = model.matrix(~x1 + x2 + x3 + x4)   # 设计矩阵
repeat {
    W = diag(mu)
    z = eta + (y - mu)/mu
    beta = solve(t(X) %*% W %*% X) %*% t(X) %*% W %*% z
    eta = c(X %*% beta)
```

```
    mu = exp(eta)
    Dstar = D
    Di = ifelse(y == 0, 2 * mu, 2 * (y * log(y/mu) - (y - mu)))
    D = sum(Di)
    Ddiff = Dstar - D
    if(max(abs(Ddiff)) <1e - 8) break
}

#输出参数估计值
beta
##                   [,1]
## (Intercept)    - 1.9085
## x1               0.4642
## x2             - 0.6805
## x31              0.3721
## x41            - 0.3267

#应用 glm 函数:
mod1 = glm(y~x1 + x2 + x3 + x4,data = dt,family = poisson (link = log))
```

应用 summary(mod1) 可以输出模型 mod1 的参数估计值如下。

```
##                Estimate    Std. Error    z value       Pr(>|z|)
## (Intercept)   - 1.90853     0.24711      - 7.724    1.13e - 14 ***
## x1              0.46417     0.04367      10.628      <2e - 16 ***
## x2            - 0.68049     0.22708      - 2.997      0.00273 **
## x31             0.37208     0.16118        2.308      0.02097 *
## x41           - 0.32671     0.16603      - 1.968      0.04909 *
```

对于离散型因变量的广义线性模型，分析分位残差图更加直观。应用 glm 函数建立的模型 mod1 不能输出分位残差图，而应用 gamlss 函数建立的模型 mod2 可以输出分位残差图。模型 mod2 的分位残差图如图 4—2 所示。从 Q-Q 图可以看出，泊松回归模型对观察数据的右尾拟合得不是很好。事实上，本例的数据是基于负二项分布模拟的，数据中存在过离散现象，所以泊松回归对数据的尾部拟合得不好。有关程序代码如下。

```
#应用 gamlss 函数
mod2 = gamlss(y~x1 + x2 + x3 + x4,data = dt,family = PO,mu. link = log)
#输出残差图
plot(mod2)
```

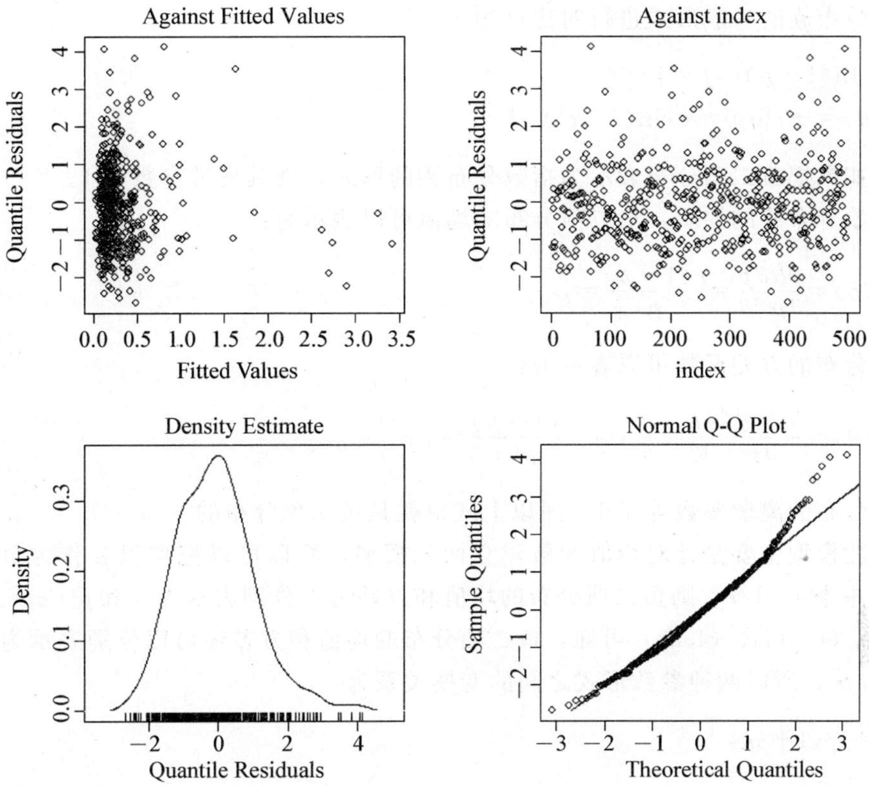

图 4—2　泊松回归模型的分位残差图

4.2　负二项回归模型

负二项回归模型是假设因变量服从负二项分布的广义线性模型。泊松分布的方差等于均值，而负二项分布的方差大于均值，所以当因变量的观察值呈现出方差大于均值的过离散特征时，可以考虑用负二项回归模型代替前面的泊松回归模型。

负二项分布有两种常见的形式，即负二项Ⅰ型分布和负二项Ⅱ型分布。① 在实际应用中，负二项Ⅰ型分布的使用较为广泛，所以通常所说的负二项分布即负二项Ⅰ型分布。

4.2.1　负二项Ⅰ型分布

为了简化表述，本节把负二项Ⅰ型分布简称为负二项分布，在 gamlss 程序包中简记为 NBI。

负二项分布的概率函数及其参数有多种不同的表现形式，最常见的形式之一为：

$$f(y;r,p)=\binom{y+r-1}{r-1}p^r(1-p)^y \tag{4.20}$$

式（4.20）也可以表示为指数分布族的形式：

$$f(y;r,p)=\exp\left\{y\ln(1-p)+r\ln p+\ln\binom{y+r-1}{r-1}\right\} \tag{4.21}$$

① 本书关于负二项Ⅰ型分布和负二项Ⅱ型分布的区分与 gamlss 程序包中使用的名称一致。在某些文献中，这里的负二项Ⅱ型分布称作 NB-1 分布，负二项Ⅰ型分布称作 NB-2 分布，因为它们的方差分别是均值的一次幂函数和二次幂函数。

与指数分布族的一般形式进行对比可知

$$\theta=\ln(1-p)\Leftrightarrow p=1-e^{\theta} \tag{4.22}$$

$$b(\theta)=-r\ln p=-r\ln(1-e^{\theta}) \tag{4.23}$$

可见，如果把负二项分布表示为指数分布族的形式，则其离散参数为 1。

应用指数分布族的性质，负二项分布的均值可以表示为：

$$b'(\theta)=\frac{\partial b}{\partial p}\frac{\partial p}{\partial \theta}=\frac{r(1-p)}{p}=\mu \tag{4.24}$$

负二项分布的方差函数可以表示为：

$$b''(\theta)=\frac{\partial b'(\theta)}{\partial p}\frac{\partial p}{\partial \theta}=\frac{r}{p^2}e^{\theta}=\frac{r(1-p)}{p^2}=\mu+\frac{1}{r}\mu^2 \tag{4.25}$$

负二项分布的离散参数等于 1，所以上式也就是负二项分布的方差。

广义线性模型主要是针对均值参数建立回归模型，所以可以把均值 μ 作为负二项分布的参数之一，并令 $\sigma=1/r$，则负二项分布的均值和方差可以分别表示为 μ 和 $\mu+\sigma\mu^2$。

由式（4.24）和式（4.25）可知，负二项分布的均值和方差还可以分别表示为 $r(1-p)/p$ 和 $r(1-p)/p^2$，所以两种参数形式之间的变换关系为：

$$\begin{aligned}p&=1/(1+\sigma\mu)\\ r&=1/\sigma\end{aligned} \tag{4.26}$$

负二项回归模型的一般形式可以表示为：

$$y_i\sim \mathrm{NB}(\mu_i,\sigma)$$
$$g(\mu_i)=\eta_i=\boldsymbol{x}_i^{\mathrm{T}}\boldsymbol{\beta}$$

式中，g 表示连接函数；$\eta_i=\boldsymbol{x}_i^{\mathrm{T}}\boldsymbol{\beta}$ 为线性预测项，且假设参数 σ 对所有的观察个体是相同的。

在广义线性模型中，正则连接函数是使得 $g(\mu)=\theta$ 成立的函数 g。在负二项分布假设下，由式（4.22）和式（4.26）可知

$$\theta=\ln(1-p)=\ln\left(\frac{\sigma\mu}{1+\sigma\mu}\right)$$

所以负二项回归模型的正则连接函数为：

$$g(\mu)=\ln\left(\frac{\sigma\mu}{1+\sigma\mu}\right) \tag{4.27}$$

将式（4.26）代入式（4.20），则负二项分布的概率函数还可以表示为：

$$f(y;\mu,\sigma)=\frac{\Gamma(y+1/\sigma)}{\Gamma(y+1)\Gamma(1/\sigma)}\left(\frac{1}{1+\sigma\mu}\right)^{1/\sigma}\left(\frac{\sigma\mu}{1+\sigma\mu}\right)^{y} \tag{4.28}$$

上述负二项分布可以表示为下述指数分布族的形式：

$$f(y;\mu,\sigma)=\exp\left\{y\ln\left(\frac{\sigma\mu}{1+\sigma\mu}\right)+\frac{1}{\sigma}\ln\left(\frac{1}{1+\sigma\mu}\right)+\ln\Gamma\left(y+\frac{1}{\sigma}\right)-\ln\Gamma(y+1)-\ln\Gamma\left(\frac{1}{\sigma}\right)\right\} \tag{4.29}$$

与指数分布族的一般形式进行对比可知

$$\theta=\ln\left(\frac{\sigma\mu}{1+\sigma\mu}\right) \tag{4.30}$$

$$b(\theta)=-\frac{1}{\sigma}\ln\left(\frac{1}{1+\sigma\mu}\right) \tag{4.31}$$

此时，式（4.30）是指数分布族的自然参数，但在该参数的表达式中包含了式（4.28）中负二项分布的两个参数，即均值参数 μ 和尺度参数 σ。这就意味着，只有在尺度参数已知的条件下，负二项分布才可以表示为指数分布族的形式。

由式（4.31）可得负二项分布的均值和方差分别为：

$$b'(\theta)=\mu \tag{4.32}$$

$$b''(\theta)=\mu+\sigma\mu^2 \tag{4.33}$$

由式（4.28）可知，负二项分布的对数似然函数可以表示为：

$$\ell(\mu;\,y,\,\sigma)=\sum_{i=1}^{n}\left\{y_i\ln\left(\frac{\sigma\mu_i}{1+\sigma\mu_i}\right)-\frac{1}{\sigma}\ln(1+\sigma\mu_i)+\ln\Gamma\left(y_i+\frac{1}{\sigma}\right)-\ln\Gamma(y_i+1)-\ln\Gamma\left(\frac{1}{\sigma}\right)\right\} \tag{4.34}$$

故根据残差偏差的定义，负二项回归模型的残差偏差可以表示为：

$$\begin{aligned}D&=2\phi[\ell(y,\,\sigma;\,y)-\ell(\mu,\,\sigma;\,y)]\\&=2\sum_{i=1}^{n}\left[y_i\ln\left(\frac{y_i}{\mu_i}\right)-\left(y_i+\frac{1}{\sigma}\right)\ln\left(\frac{1+\sigma y_i}{1+\sigma\mu_i}\right)\right]\end{aligned} \tag{4.35}$$

4.2.2　负二项Ⅱ型分布

负二项Ⅱ型分布的概率函数为：

$$f(y;\,\mu,\,\sigma)=\frac{\Gamma(y+\mu/\sigma)}{\Gamma(\mu/\sigma)\Gamma(y+1)}\left(\frac{1}{1+\sigma}\right)^{\mu/\sigma}\left(\frac{\sigma}{1+\sigma}\right)^{y} \tag{4.36}$$

负二项Ⅱ型分布的均值为 μ，方差为 $\mu+\sigma\mu=(1+\sigma)\mu$。可见，负二项Ⅱ型分布的方差与均值之比为常数。在 gamlss 程序包中，负二项Ⅱ型分布简记为 NBII。

负二项Ⅰ型分布属于指数分布族，但负二项Ⅱ型分布并不属于指数分布族，所以基于负二项Ⅱ型分布的回归模型不属于广义线性模型，不能使用第 2 章介绍的迭代加权最小二乘法估计模型参数，而只能使用极大似然法。

由式（4.36）可知，负二项Ⅱ型回归模型的对数似然函数可以表示为：

$$\ell=\sum_{i=1}^{n}[\ln\Gamma(\mu_i/\sigma+y_i)-\ln\Gamma(1+y_i)-\ln\Gamma(\mu_i/\sigma)+y_i\ln\sigma-(y_i+\mu_i/\sigma)\ln(1+\sigma)] \tag{4.37}$$

图 4—3 比较了负二项Ⅰ型分布和负二项Ⅱ型分布的概率函数。第一行的三幅图为负二项Ⅰ型分布的概率函数，第二行的三幅图为负二项Ⅱ型分布的概率函数，它们的均值参数相等，均为 $\mu=3$，但参数 σ 的取值不同，分别为 0.1，0.3 和 0.5。可以看出，随着参数 σ 的增大，分布的右尾变长，且负二项Ⅰ型分布的右尾比负二项Ⅱ型分布的右尾更长。

绘制图 4—3 的程序代码如下。

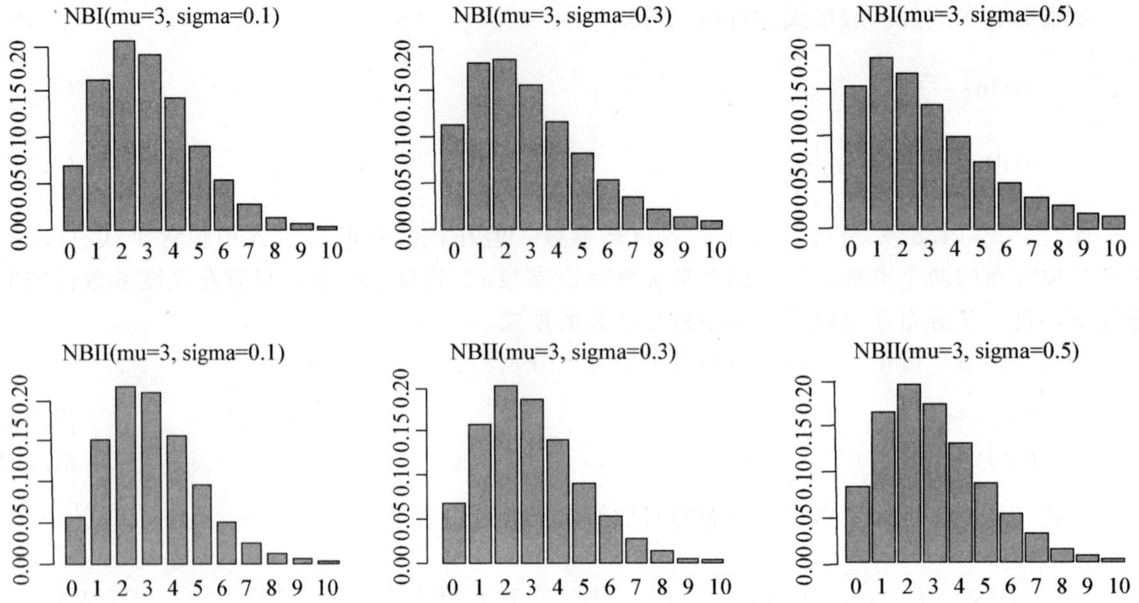

图 4—3　负二项分布的概率函数

```
library(gamlss)
par(mfrow = c(2, 3))
x = 0:10
for (s in c(0.1, 0.3, 0.5)) {
barplot(dNBI(x, mu = 3, sigma = s), ylim = c(0, 0.2), names.arg = x, main = paste("NBI
(", "mu = 3,  sigma = ", s, ")", sep = " "))}
for (s in c(0.1, 0.3, 0.5)) {
barplot(dNBII(x, mu = 3, sigma = s), names.arg = x, main = paste("NBII(", "mu = 3,  sig-
ma = ", s, ")", sep = " "))}
```

4.2.3　迭代加权最小二乘估计

下面主要讨论负二项Ⅰ型回归模型（简称为负二项回归模型）。在实际数据分析中，负二项回归模型很少使用正则连接函数，较常使用对数连接函数，即 $g(\mu)=\ln\mu$，故有

$$g'(\mu)=1/\mu$$

由式（4.33）可知，负二项分布的方差函数为 $\upsilon(\mu)=\mu+\sigma\mu^2$，且 $\phi=1$，将它们代入式（2.46）可得

$$\boldsymbol{W}=\mathrm{diag}\left[\frac{w_i}{\phi\upsilon(\mu_i)[g'(\mu_i)]^2}\right]_{n\times n}=\mathrm{diag}\left[\frac{\mu}{1+\sigma\mu}\right]_{n\times n} \tag{4.38}$$

$$\boldsymbol{z}=[\eta_i+(y_i-\mu_i)g'(\mu_i)]_{n\times 1}=[\eta_i+(y_i-\mu_i)/\mu_i]_{n\times 1} \tag{4.39}$$

由此可得对数连接函数下估计负二项回归参数的迭代加权最小二乘算法如表 4—2 所示。对于式（4.28）所示的负二项分布，只有在尺度参数 σ 已知的情况下，才可以表示为指数分布族的形式，因此，在应用迭代加权最小二乘法估计负二项回归模型的参数时，必须给定 σ

的参数值。在尺度参数未知的情况下，就应该使用极大似然法对回归参数和尺度参数同时进行估计。

表 4—2　　估计负二项回归参数的迭代加权最小二乘算法

1. 设定初始值：

$$D=0$$
$$\mu=\{y+\text{mean}(y)\}/2$$
$$\eta=\ln(\mu)$$

2. 当 abs(ΔD)>1e−8 时，执行下述循环过程，否则停止循环：

{

$$W=\mu/(1+\sigma\mu)$$
$$z=[\eta+(y-\mu)/\mu]$$
$$\boldsymbol{\beta}=(\boldsymbol{X}^{\mathrm{T}}\boldsymbol{W}\boldsymbol{X})^{-1}\boldsymbol{X}^{\mathrm{T}}\boldsymbol{W}\boldsymbol{z}$$
$$\boldsymbol{\eta}=\boldsymbol{X}\boldsymbol{\beta}$$
$$\mu=\exp(\eta)$$
$$D^{*}=D$$
$$D=\begin{cases}2\sum[y\ln(y/\mu)-(y+1/\sigma)\ln\{(1+\sigma y)/(1+\sigma\mu)\}], & \text{若 } y\geqslant 1\\ 2\sum\{\ln[1/(1+\sigma\mu)]\}/\sigma, & \text{若 } y=0\end{cases}$$
$$\Delta D=D^{*}-D$$

}

3. 计算卡方统计量

$$\chi^2=\sum[(y-\mu)^2/(\mu+\sigma\mu^2)]$$

4.2.4　模型参数的解释

在负二项回归模型中，如果使用式（4.27）所示的正则连接函数，模型的参数将不易解释，因为均值 μ 与回归参数之间的非线性关系难以找到与其相匹配的实际含义。此外，负二项回归通常需要与泊松回归进行比较，只有运用相同的连接函数，比较才具有实际意义。因此，在实际应用中，负二项回归模型通常选用对数连接函数。

不妨假设模型中包含 x_1 和 x_2 两个解释变量和截距项 β_0，在使用对数连接函数的情况下，负二项回归模型对因变量 y_i 的预测值可以表示为：

$$\hat{y}_i=\exp(\beta_0+\beta_1x_{1i}+\beta_2x_{2i})$$

现在来看 x_1 的系数 β_1 的含义。在其他解释变量保持不变的情况下，当 x_1 增加一个单位时，如果仿照线性回归模型，直接考虑负二项回归模型的预测值之差，则有

$$\Delta\hat{y}_i=\exp[\beta_0+\beta_1(x_{1i}+1)+\beta_2x_{2i}]-\exp[\beta_0+\beta_1x_{1i}+\beta_2x_{2i}] \tag{4.40}$$

注意到 $\Delta\hat{y}_i$ 不是一个常数，且依赖于其他解释变量，这使得 $\Delta\hat{y}_i$ 不易解释。

为此，与泊松回归模型类似，可以定义事件发生率之比。在对数连接函数下，事件发生率之比就是在 x_1+1 状态下事件发生的频率与在 x_1 状态下事件发生频率之比，即

$$x_1\text{ 的事件发生率之比}=\frac{\exp[\beta_0+\beta_1(x_{1i}+1)+\beta_2x_{2i}]}{\exp[\beta_0+\beta_1x_{1i}+\beta_2x_{2i}]}=\exp(\beta_1) \tag{4.41}$$

由此可见，解释变量 x_1 的事件发生率之比是一个常数，等于参数 β_1 的指数变换。

4.2.5 模拟分析

本节应用 4.1.6 节模拟的数据建立负二项回归模型。可以分别应用表 4—2 中的迭代算法、glm.nb 函数和 gamlss 函数对负二项回归模型的参数进行估计，参数估计结果完全相同。有关 R 程序代码如下。

```
#应用表 4—2 中的算法:
D = 0
sigma = 2
mu = (y + mean(y))/2
eta = log(mu)
X = model.matrix(~x1 + x2 + x3 + x4)   #设计矩阵
repeat {
    W = diag(mu/(1 + sigma * mu))
    z = eta + (y - mu)/mu
    beta = solve(t(X) %*%W %*%X) %*%t(X) %*%W %*%z
    eta = c(X %*%beta)
    mu = exp(eta)
    Dstar = D
    Di = ifelse(y == 0, 2 * (log(1/(1 + sigma * mu))/sigma), 2 * (g * log(y/mu) - (y + 1/
sigma) * log((1 + sigma * y)/(1 + sigma * mu))))
    D = sum(Di)
    Ddiff = Dstar - D
    if (max(abs(Ddiff)) <1e - 08)
        break
}
#应用 glm.nb 函数:
mod3 = glm.nb(y~x1 + x2 + x3 + x4, data = dt, link = log)
summary(mod3)

#应用 gamlss 函数:
mod4 = gamlss(y~x1 + x2 + x3 + x4, data = dt, family = NBI, mu.link = log)
summary(mod4)
plot(mod4)
```

运行 summary(mod4) 可以输出应用 gamlss 函数建立的负二项回归模型的参数估计结果如下：

```
## -----------------------------------------------------------
## Mu link function:  log
## Mu Coefficients:
```

```
##                    Estimate   Std. Error   t value      Pr(>|t|)
## (Intercept)       -2.04443      0.33814    -6.046    2.93e-09 ***
## x1                 0.52333      0.07611     6.876    1.87e-11 ***
## x2                -0.87333      0.30957    -2.821     0.00498 **
## x31                0.58068      0.22890     2.537     0.01149 *
## x41               -0.34109      0.23509    -1.451     0.14745
## --------------------------------------------------------------
## Sigma link function:  log
## Sigma Coefficients:
##                    Estimate   Std. Error   t value      Pr(>|t|)
## (Intercept)         0.6665       0.2540     2.624      0.00896 **
## --------------------------------------------------------------
```

负二项回归模型的分位残差图如图 4—4 所示。与图 4—2 比较可见，负二项回归模型的拟合效果优于泊松回归模型。

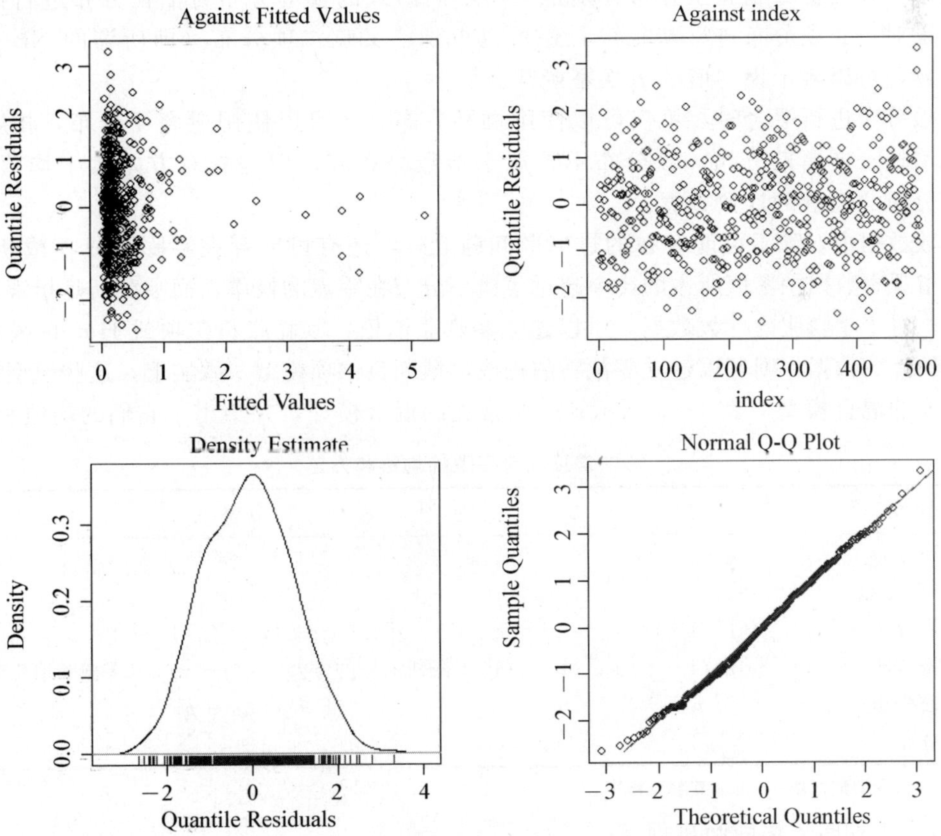

图 4—4　负二项回归模型的分位残差图

对于本例的数据，也可以建立负二项Ⅱ型回归模型，并与负二项Ⅰ型回归模型进行比较，相应的程序代码和输出结果如下：

```
#负二项Ⅱ型回归模型
mod5 = gamlss(y~x1 + x2 + x3 + x4, data = dt, family = NBII, mu.link = log)
AIC(mod4, mod5)
##          df      AIC
## mod4      6   631.77
## mod5      6   637.73
```

输出结果表明，负二项Ⅱ型回归模型 mod5 的 AIC 大于负二项Ⅰ型回归模型 mod4 的 AIC，表明负二项Ⅰ型回归模型可以更好地拟合该组数据。

4.3 模型扩展

泊松回归模型要求因变量的方差等于其均值，不适合分析过离散的数据。负二项分布的方差大于均值，可以处理过离散的计数数据。

负二项分布可以看作泊松分布与伽马分布的混合分布，即假设泊松分布的参数是一个随机变量，且服从伽马分布，得到的混合分布就是负二项分布（Klugman，2012）。可以证明，负二项Ⅰ型分布和负二项Ⅱ型分布分别是使用不同形式的伽马分布对泊松分布进行混合而得到的。如果对负二项分布进一步推广，还可以得到广义负二项分布（即所谓的 NB-p 分布），该分布的方差可以表示为均值的 p 次幂函数。

对泊松分布进行混合时，不仅可以使用伽马分布，还可以使用逆高斯分布，相应的混合分布称作泊松—逆高斯分布。该分布不再属于指数分布族，但是具有方差大于均值的性质，可以用于分析过离散的计数数据。

在计数数据中，除了可能存在的过离散问题之外，还有可能存在零膨胀或零截断等特征。零膨胀是指观察数据中零值所占的比率超过了概率分布在零点的概率，而零截断是指观察数据中没有零值。对于零膨胀的计数数据，可以建立零膨胀泊松、零膨胀负二项或 Hurdle 模型。而对于零截断的计数数据，则可以建立零截断泊松或零截断负二项模型。事实上，这些模型都可以看作某种形式的混合模型。表 4—3 列示了一些常见的混合模型，并给出了它们的均值和方差。

表 4—3　几个常见混合模型的均值和方差

混合分布	均值	方差
广义负二项分布	μ	$\mu+\sigma\mu^p$
泊松-逆高斯分布	μ	$\mu+\sigma\mu^2$
零截断泊松分布	$\mu/(1-e^{-\mu})$	$\mu[1-(\mu+1)e^{-\mu}]/(1-e^{-\mu})^2$
零调整泊松分布	$(1-v)\mu/(1-e^{-\mu})$	$(1-v)\times$零截断泊松的方差$+v(1-v)\times$(零截断泊松的均值)^2
零膨胀泊松分布	$(1-p)\mu$	$(1-p)(\mu+p\mu^2)$
有限混合分布	$\sum\pi_i\mu_i$	$\sum\pi_i[\mu_i+\mu_i^2]-\left[\sum\pi_i\mu_i\right]^2$

说明：v 表示零调整概率；p 表示零膨胀概率。

4.3.1 广义负二项回归模型

与负二项分布类似，广义负二项分布（generalized negative binomial distribution，GNB）也是泊松分布与伽马分布的混合分布。广义负二项分布的概率函数可以表示为：

$$f(y;\mu,\sigma,p)=\frac{\Gamma(\sigma^{-1}\mu^{2-p}+y)}{\Gamma(y+1)\Gamma(\sigma^{-1}\mu^{2-p})}\left(\frac{\sigma^{-1}\mu^{2-p}}{\mu+\sigma^{-1}\mu^{2-p}}\right)^{\sigma^{-1}\mu^{2-p}}\left(\frac{\mu}{\mu+\sigma^{-1}\mu^{2-p}}\right)^{y} \tag{4.42}$$

广义负二项分布的均值为 μ，方差为 $\mu+\sigma\mu^p$，方差是均值的 p 次幂函数，且大于均值。当 $p=2$ 时，广义负二项分布就退化为负二项Ⅰ型分布；当 $p=1$ 时，广义负二项分布就退化为负二项Ⅱ型分布。

广义负二项分布不仅包含负二项分布的两个参数——均值参数和过离散参数，而且在方差中引入了另外一个参数 p，这使其在解决过离散问题时具有更大的灵活性，从而改善对过离散数据的拟合效果。譬如，如果均值 $\mu>1$，则 p 的取值越大，模型的过离散程度越高；反之，如果 $\mu<1$，则 p 的取值越大，模型的过离散程度越小。

广义负二项分布的概率函数随着参数 p 的变化过程如图 4—5 所示。图中均值为 3，所以随着 p 的增大，广义负二项分布的尾部越来越长，即右尾的概率越来越大。

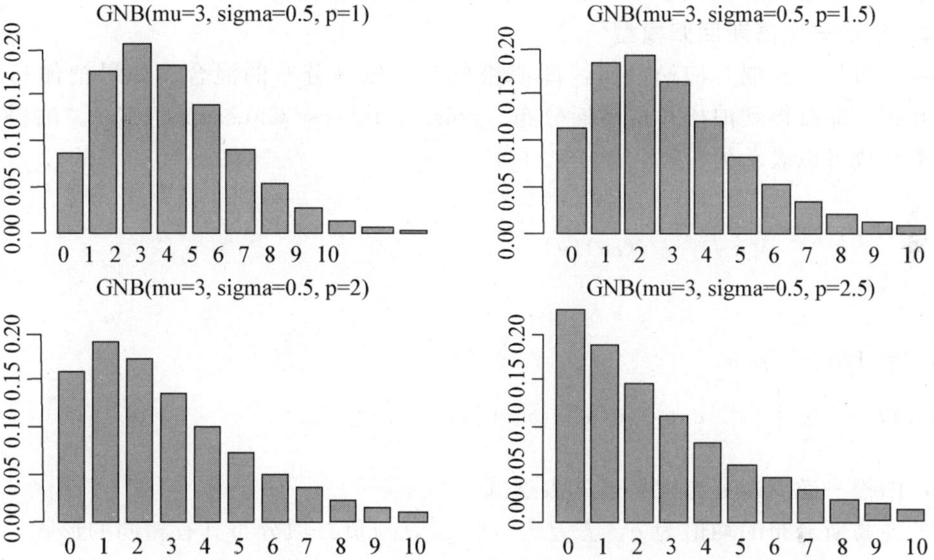

图 4—5　广义负二项分布的概率函数

绘制图 4—5 的程序代码如下。

```
#定义广义负二项分布的密度函数
dGNB = function(y, mu, sigma, p) {
    gamma(mu^(2 - p)/sigma + y)/gamma(y + 1)/gamma(mu^(2 - p)/sigma) * (mu^(2 - p)/sig-
ma/(mu + mu^(2 - p)/sigma))^(mu^(2 - p)/sigma) * (mu/(mu + mu^(2 - p)/sigma))^y
}

#绘图:令 mu = 3,sigma = 0.5
par(mfrow = c(2, 2))
y = 0:10
for (p in c(1, 1.5, 2, 2.5)) {
    barplot(dGNB(y, mu = 3, sigma = 0.5, p = p), ylim = c(0, 0.2), names.arg = y, main =
paste("GNB(", "mu = 3,  sigma = 0.5, p = ", p, ")", sep = " "))
}
```

广义负二项回归模型的一般形式可以表示如下：

$$y_i \sim \mathrm{GNB}(\mu_i, \sigma, p)$$
$$g(\mu_i) = \eta_i = \boldsymbol{x}_i^{\mathrm{T}}\boldsymbol{\beta}$$

式中，g 表示连接函数；$\eta_i = \boldsymbol{x}_i^{\mathrm{T}}\boldsymbol{\beta}$ 为线性预测项，且假设参数 σ 和 p 对所有的观察个体是相同的。

该模型也可以推广到更加一般的形式，即令不同的观察个体具有不同的参数 σ 和参数 p，且将它们表示为解释变量的函数。

广义负二项回归模型不属于指数分布族假设下的广义线性模型，所以估计模型参数不能使用第 2 章介绍的迭代加权最小二乘法，通常使用极大似然法。

4.3.2 泊松—逆高斯回归模型

负二项分布是一种混合泊松分布，即泊松分布与伽马分布的混合。如果把伽马分布替换为逆高斯分布，即可得到泊松—逆高斯分布（poisson-inverse Gaussian，PIG）。泊松—逆高斯分布的概率函数可以表示为：

$$f(y;\mu,\sigma) = \left(\frac{2\alpha}{\pi}\right)^{1/2} \frac{\mu^y \mathrm{e}^{1/\sigma} K_{y-1/2}(\alpha)}{(\alpha\sigma)^y y!} \tag{4.43}$$

式中

$$\alpha^2 = 1/\sigma^2 + 2\mu/\sigma$$
$$K_\lambda(t) = \frac{1}{2}\int_0^\infty x^{\lambda-1} \exp\left[\frac{1}{2}t(x + x^{-1})\right]\mathrm{d}x$$

可见，泊松—逆高斯分布没有显式表达式。

泊松—逆高斯分布的均值为 μ，方差为 $\mu + \sigma\mu^2$，与负二项分布具有相同的形式。

在给定均值和方差的条件下，逆高斯分布比伽马分布的右尾更长，所以泊松—逆高斯分布的尾部也比负二项分布的尾部更长，如图 4—6 所示。在该图中，两个分布的均值设定为 2，方差设定为 6。

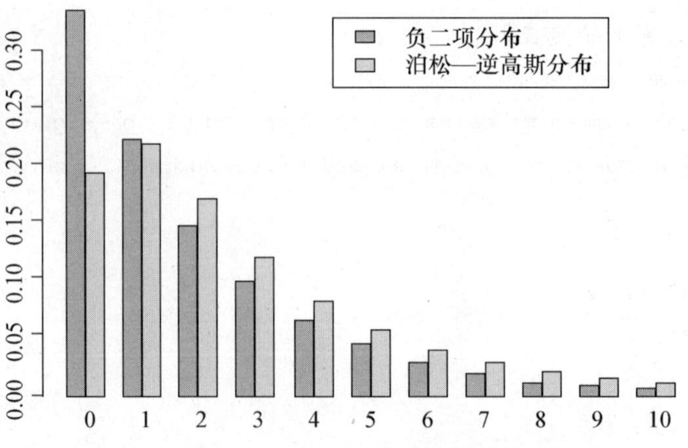

图 4—6 泊松—逆高斯分布与负二项分布的比较

绘制图 4—6 的程序代码如下：

```
X = 0:10
mu = 2
sigma = 1
nb = dNBI(x, mu = mu, sigma = sigma)
pig = dPIG(x, mu = 3, sigma = sigma)
barplot(rbind(nb, pig), names.arg = x, beside = TRUE, legend.text = c('负二项分布', '泊松—逆高斯分布'))
```

泊松—逆高斯回归模型的一般形式可以表示为：

$$y_i \sim \mathrm{PIG}(\mu_i, \sigma)$$
$$g(\mu_i) = \eta_i = \boldsymbol{x}_i^{\mathrm{T}}\boldsymbol{\beta}$$

式中，g 表示连接函数；$\eta_i = \boldsymbol{x}_i^{\mathrm{T}}\boldsymbol{\beta}$ 为线性预测项，且假设参数 σ 对所有的观察个体是相同的。

如果令不同的观察个体具有不同的参数 σ，且将它们表示为解释变量的函数，则可以得到更一般形式的泊松—逆高斯回归模型。

泊松—逆高斯回归模型不属于指数分布族假设下的广义线性模型，所以估计模型参数不能使用第 2 章介绍的迭代加权最小二乘法，通常使用极大似然法，可以应用 gamlss 程序包中的 gamlss 函数估计模型参数。

下面仍然应用 4.1.6 节中的模拟数据建立泊松—逆高斯回归模型，并与负二项回归模型的结果进行比较，有关程序代码如下。

```
#泊松—逆高斯回归模型
mod6 = gamlss(y~x1 + x2 + x3 + x4, data = dt, family = PIG, mu.link = log)

#与负二项回归模型进行比较
AIC(mod4, mod6)
##          df      AIC
## mod4      6   631.77
## mod6      6   633.26
```

在 gamlss 程序包中，用 PIG 表示泊松—逆高斯分布。输出结果表明，虽然负二项回归模型的 AIC 相对较小，但与泊松—逆高斯回归模型的差距不是很大。

4.3.3　零截断回归模型

计数因变量的一种常见形式是没有零值。譬如，在健康险中，住院天数就是这种类型的数据，其取值为：1，2，3，4，…。这种数据称作零截断数据。如果因变量是零截断的计数数据，则相应的回归模型称作零截断回归模型。比较常用的两种零截断回归模型是零截断泊松回归模型和零截断负二项回归模型，当然也可以在其他分布假设下建立零截断回归模型。零截断回归模型不属于指数分布族假设下的广义线性模型，通常使用极大似然法估计模型参数。

首先以零截断泊松回归模型为例。均值为 μ 的泊松分布的概率函数为：

$$f(y;\mu)=e^{-\mu}\mu^{y}/y! \tag{4.44}$$

泊松分布取零值的概率为 $e^{-\mu}$，不等于零值的概率为 $1-e^{-\mu}$，所以零截断泊松分布的概率函数可以表示为：

$$f(y;\mu|y>0)=\frac{e^{-\mu}\mu^{y}}{(1-e^{-\mu})y!} \tag{4.45}$$

相应地，零截断泊松分布的对数似然函数可以表示为：

$$\ell(\mu;y\mid y>0)=y\ln\mu-\mu-\ln\Gamma(y+1)-\ln(1-e^{-\mu}) \tag{4.46}$$

把均值表示为解释变量的函数，如令 $\mu_i=\exp(\boldsymbol{x}_i^{\mathrm{T}}\boldsymbol{\beta})$，则零截断泊松回归模型的对数似然函数可以表示为：

$$\ell(\mu;y\mid y>0)=\sum(y(\boldsymbol{x}_i^{\mathrm{T}}\boldsymbol{\beta})-\exp(\boldsymbol{x}_i^{\mathrm{T}}\boldsymbol{\beta})-\ln\Gamma(y+1)-\ln\{1-\exp[-\exp(\boldsymbol{x}_i^{\mathrm{T}}\boldsymbol{\beta})]\}) \tag{4.47}$$

在上式极大化的条件下，即可求得零截断泊松回归模型的参数估计值。

与零截断泊松回归模型类似，也可以建立零截断负二项回归模型。

负二项分布的概率函数为：

$$f(y;\mu,\sigma)=\frac{\Gamma(y+1/\sigma)}{\Gamma(y+1)\Gamma(1/\sigma)}\left(\frac{1}{1+\sigma\mu}\right)^{1/\sigma}\left(\frac{\sigma\mu}{1+\sigma\mu}\right)^{y} \tag{4.48}$$

上述负二项分布取零值的概率为 $(1+\sigma\mu)^{-1/\sigma}$，所以零截断负二项分布的概率函数为：

$$\begin{aligned}f(y;\mu|y>0)&=\frac{f_{NB}(y;\mu)}{1-f_{NB}(0;\mu)}\\&=\frac{\Gamma(y+1/\sigma)}{\Gamma(y+1)\Gamma(1/\sigma)}\left(\frac{1}{1+\sigma\mu}\right)^{1/\sigma}\left(\frac{\sigma\mu}{1+\sigma\mu}\right)^{y}\frac{1}{1-(1+\sigma\mu)^{-1/\sigma}}\end{aligned} \tag{4.49}$$

相应地，零截断负二项分布的对数似然函数为：

$$\ell(\mu;y|y>0)=\ell_{NB}-\ln[1-(1+\sigma\mu)^{-1/\sigma}] \tag{4.50}$$

把每个观察对象的均值表示为解释变量的函数，如令 $\mu_i=\exp(\boldsymbol{x}_i^{\mathrm{T}}\boldsymbol{\beta})$，则零截断负二项回归模型的对数似然函数可以表示为：

$$\ell(\mu;y\mid y>0)=\sum\{\ell_{NB}-\ln[1-(1+\sigma\exp(\boldsymbol{x}_i^{\mathrm{T}}\boldsymbol{\beta})^{-1/\sigma}]\} \tag{4.51}$$

式中，ℓ_{NB} 表示负二项分布的对数似然函数，如式（4.34）所示。

在式（4.51）极大化的条件下，即可求得零截断负二项回归模型的参数估计值。

在 R 中，建立零截断模型可以应用 countreg 程序包中的 zerotrunc 函数。在 4.1.6 节的模拟数据中删除因变量等于零的观察值，就得到了零截断的模拟数据。基于模拟的零截断数据建立零截断泊松回归模型和零截断负二项回归模型的程序代码如下。

```
#生成零截断数据
dt1 = subset(dt, y >0)

#生成零截断泊松分布
library(gamlss.tr)
```

```
gen.trun(par = c(0), family = PO, type = "left")

#建立零截断泊松回归模型
mod7 = gamlss(y~x1 + x2 + x3 + x4, data = dt1, family = POtr, mu.link = log)

#生成零截断负二项分布
gen.trun(par = c(0), family = NBI, type = "left")

#建立零截断负二项回归模型
mod8 = gamlss(y~x1 + x2 + x3 + x4, data = dt1, family = NBItr, mu.link = log,  n.cyc =
100)

#比较零截断泊松回归与零截断负二项回归的 AIC
AIC(mod7, mod8)
##          df        AIC
## mod8     6    204.1556
## mod7     5    211.7296
```

在建立零截断负二项回归模型时，n. cyc＝100 把迭代次数增加到 100 次，是为了确保算法收敛。

从 AIC 统计量来看，零截断负二项回归模型 mod8 的拟合效果优于零截断泊松回归模型。图 4—7（左）是零截断泊松回归模型的蠕虫图，图 4—7（右）是零截断负二项回归模型的蠕虫图。从蠕虫图也可得出上述结论。

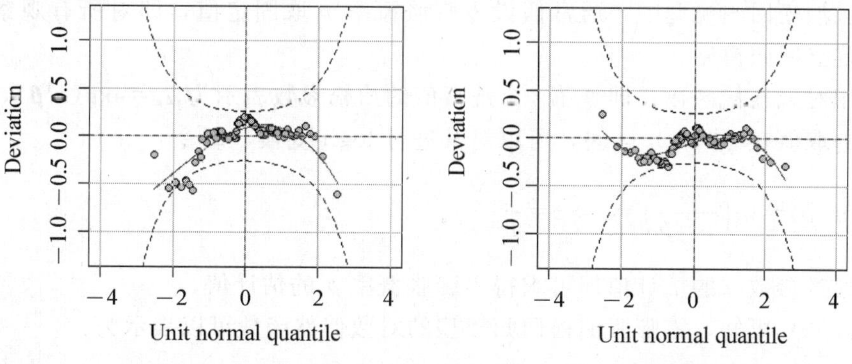

图 4—7　零截断泊松回归与零截断负二项回归的蠕虫图

4.3.4　零膨胀回归模型

当计数因变量的观察值存在零膨胀特征时，应该在模型中考虑零膨胀的影响。当假设因变量服从零膨胀分布时，相应的回归模型就是零膨胀回归模型。常用的零膨胀回归模型包括零膨胀泊松回归和零膨胀负二项回归。

零膨胀分布也是一种混合分布。假设 K 是一个随机变量，譬如服从泊松分布或负二项分布，Y 服从与其对应的零膨胀分布，则 Y 的概率函数 $f_Y(y)$ 可以表示为：

$$f_Y(y)=\begin{cases}p+(1-p)f_K(0), & y=0\\(1-p)f_K(y), & y=1,2,3,\cdots\end{cases}\tag{4.52}$$

式中，$p(0\leqslant p\leqslant 1)$ 称作零膨胀参数；$f_K(y)$ 表示随机变量 K 的概率函数。

1. 零膨胀泊松回归

当 K 服从泊松分布时，式（4.52）就表示零膨胀泊松分布（zero inflated poisson distribution，ZIP）；当 K 服从负二项分布时，式（4.52）就表示零膨胀负二项分布（zero inflated negative binomial distribution，ZINB）。

均值为 μ 的泊松分布的概率函数为：

$$f_K(y;\mu)=\frac{e^{-\mu}\mu^y}{y!},\quad y=0,1,2,3,\cdots$$

所以，零膨胀泊松分布的概率函数可以表示为：

$$f_Y(y;\mu,p)=\begin{cases}p+(1-p)e^{-\mu}, & y=0\\(1-p)\dfrac{e^{-\mu}\mu^y}{y!}, & y=1,2,3,\cdots\end{cases}\tag{4.53}$$

零膨胀泊松分布的均值和方差分别为：

$$E(Y)=(1-p)\mu$$
$$\mathrm{Var}(Y)=E(Y)[1+\mu-E(Y)]$$

因为泊松分布的均值必然大于其对应的零膨胀泊松分布的均值，即 $\mu-E(Y)>0$，所以零膨胀泊松分布的方差大于其均值，具有过离散特征。

零膨胀泊松回归模型有两个参数，一个是泊松分布的均值参数 μ；另一个是零膨胀参数 p。

在零膨胀泊松回归模型中，通常假设零膨胀概率 p 取固定值，即对所有观察值相同，仅对泊松参数建立回归模型。

如果使用对数连接函数，即令第 i 个观察值的泊松参数表示为 $\mu_i=\exp(\boldsymbol{x}_i^{\mathrm{T}}\boldsymbol{\beta})$，且为了保证零膨胀概率的取值在（0，1）区间，可以对其进行 logit 变换，即令

$$\mathrm{logit}(p)=\ln\left(\frac{p}{1-p}\right)=a\Rightarrow p=\frac{1}{1+e^{-a}}\tag{4.54}$$

显然，通过参数 a 的估计值即可求得零膨胀概率 p 的估计值。

由式（4.53）可知，零膨胀泊松回归模型的对数似然函数可以表示为：

$$\ell_{\mathrm{ZIP}}=\ell_{\mathrm{ZIP}}(y_i=0)+\ell_{\mathrm{ZIP}}(y_i>0)\tag{4.55}$$

式中

$$\ell_{\mathrm{ZIP}}(y_i=0)=\sum_{y_i=0}\ln[p+(1-p)\cdot\exp(-\mu_i)]$$
$$\ell_{\mathrm{ZIP}}(y_i>0)=\sum_{y_i>0}\{\ln(1-p)-\mu_i+y_i\ln(\mu_i)-\ln[\Gamma(y_i+1)]\}$$
$$p=\frac{1}{1+e^{-a}}$$

$\mu_i = \exp(\boldsymbol{x}_i^{\mathrm{T}}\boldsymbol{\beta})$

在极大化对数似然函数式（4.55）的条件下，即可求得零膨胀泊松回归模型的参数估计值。

2. 零膨胀负二项回归

如果假设式（4.52）中的随机变量 K 服从负二项分布，则 Y 服从零膨胀负二项分布。

参数为（μ，σ）的负二项分布的概率函数可以表示为：

$$f_K(y;\mu,\sigma)=\binom{y+\sigma^{-1}-1}{y}\left(\frac{1}{1+\sigma\mu}\right)^{1/\sigma}\left(\frac{\sigma\mu}{1+\sigma\mu}\right)^{y} \tag{4.56}$$

负二项分布在零点的概率为 $(1+\sigma\mu)^{-1/\sigma}$，所以，零膨胀负二项分布的概率函数为：

$$f_Y(y;\mu,\sigma,p)=\begin{cases}p+(1-p)(1+\sigma\mu)^{-1/\sigma}, & y=0\\(1-p)f_K(y;\mu,\sigma), & y=1,2,3,\cdots\end{cases} \tag{4.57}$$

零膨胀负二项分布的均值和方差分别为：

$$E(Y)=(1-p)\mu$$
$$\mathrm{Var}(Y)=E(Y)[1+\mu(1+\sigma)-E(Y)]$$

负二项分布的均值必然大于其对应的零膨胀负二项分布的均值，所以由上式可知，零膨胀负二项分布的方差大于其均值，具有过离散特征。

假设负二项分布的参数 σ 和零膨胀参数 p 都是固定值，对所有观察个体是相同的，且仅对负二项分布的均值参数建立回归模型，使用对数连接函数，则零膨胀负二项回归模型的对数似然函数为：

$$\ell_{\mathrm{ZINB}}=\ell_{\mathrm{ZINB}}(y_i=0)+\ell_{\mathrm{ZINB}}(y_i>0) \tag{4.58}$$

式中

$$\ell_{\mathrm{ZINB}}(y_i=0)=\sum_{y_i=0}\ln[p+(1-p)(1+\sigma\mu_i)^{-1/\sigma}]$$

$$\ell_{\mathrm{ZINB}}(y_i>0)=\sum_{y_i>0}\left\{\begin{array}{l}\ln(1-p)+y_i\ln(\sigma\mu_i)-(y_i+\sigma^{-1})\ln(1+\sigma\mu_i)\\+\ln[\Gamma(y_i+\sigma^{-1})]-\ln[\Gamma(y_i+1)]-\ln[\Gamma(\sigma^{-1})]\end{array}\right\}$$

$$p=\frac{1}{1+\mathrm{e}^{-a}}$$

$$\mu_i=\exp(\boldsymbol{x}_i^{\mathrm{T}}\boldsymbol{\beta})$$

在极大化对数似然函数式（4.58）的条件下，即可求得零膨胀负二项回归模型的参数估计值。

为了说明零膨胀回归模型的应用，本节模拟 2 000 个损失次数的观察数据。假设损失次数受 A 和 B 两个分类变量的影响。A 有 2 个水平，记为 $A1$ 和 $A2$，其中，$A1$ 是基准水平。B 有 3 个水平，记为 $B1$，$B2$ 和 $B3$，其中，$B1$ 是基准水平。基准水平的参数用 β_0 表示，水平 $A2$，$B2$ 和 $B3$ 的参数分别用 β_1，β_2 和 β_3 表示。在模拟数据时，假设这些参数的取值分别为：$\beta_0=0.2$，$\beta_1=-0.2$，$\beta_2=-0.3$，$\beta_3=0.4$。模拟数据的代码如下：

```
#模拟零膨胀的损失次数数据
n = 2000  #样本量
A = gl(2, 3, length = n)
B = gl(3, 3, length = n)

#计算零膨胀负二项分布的均值mu,真实的参数为c(0.2,-0.2,-0.3, 0.4)
mu = exp(model.matrix(~A + B) %*%as.matrix(c(0.2,-0.2,-0.3, 0.4)))

#模拟零膨胀负二项分布的损失次数数据y
set.seed(100)
y = rZINBI(n, mu, sigma = 0.2, nu = 0.3)
dat = data.frame(A, B, y)
```

图 4—8 是泊松分布、负二项分布、零膨胀泊松分布和零膨胀负二项分布对模拟损失次数的拟合值，它们的 AIC 值分别为 5 561，5 224，5 246 和 5 215，零膨胀负二项分布的 AIC 值最小，其次是负二项分布。从图形上直观地看，也是零膨胀负二项分布的拟合效果较好。

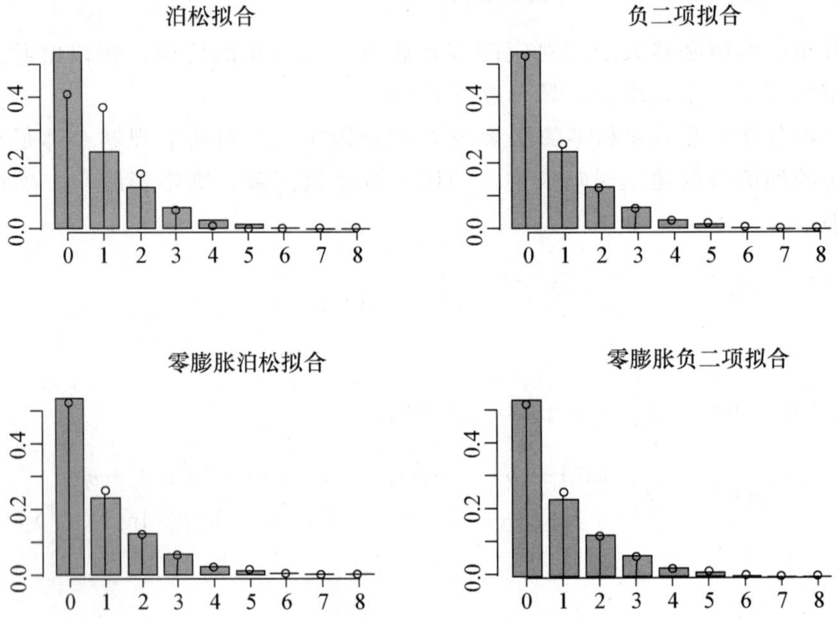

图 4—8　零膨胀损失次数的拟合

绘制图 4—8 的程序代码如下。

```
par(mfrow = c(2,2))
histDist(y,family = PO,main = '泊松拟合')
histDist(y,family = NBI,main = '负二项拟合')
histDist(y,family = ZIP,main = '零膨胀泊松拟合')
histDist(y,family = ZINBI,main = '零膨胀负二项拟合')
```

建立零膨胀泊松回归模型的程序代码如下。

```
#零膨胀泊松回归
zip = gamlss(y~A + B, data = dat, family = ZIP)
```

应用 summary(zip) 可以输出模型 zip 的参数估计值如下。

```
## ------------------------------------------------------------------
## Mu link function:  log
## Mu Coefficients:
##                  Estimate    Std. Error    t value    Pr(>|t|)
## (Intercept)       0.34066     0.05672       6.006     2.25e-09 ***
## A2               -0.13135     0.05419      -2.424     0.01544 *
## B2               -0.28601     0.07421      -3.854     0.00012 ***
## B3                0.33427     0.06271       5.330     1.09e-07 ***
## ------------------------------------------------------------------
## Sigma link function:  logit
## Sigma Coefficients:
##                  Estimate    Std. Error    t value    Pr(>|t|)
## (Intercept)      -0.57088     0.07748      -7.368     2.52e-13 ***
## ------------------------------------------------------------------
```

在零膨胀泊松回归模型的参数估值中，Mu 表示泊松分布的参数 λ，Sigma 表示零膨胀概率 p。在泊松的均值回归中使用了对数连接函数，4 个回归系数的估计值与模拟数据时所设定的参数值不算很接近。可以验证，如果继续增加模拟数据的样本量，回归系数的估计值将会越来越靠近模拟数据时设定的参数取值。

本例使用 R 软件中的 gamlss 程序包建立零膨胀泊松回归模型，其中，零膨胀概率用 Sigma 表示，使用 logit 连接函数，由 Sigma 的回归系数估计值可以求得零膨胀概率为：$p=1/[1+\exp(0.571)]=0.361$。

在模拟数据时使用了零膨胀负二项分布，零膨胀概率被设定为 0.3，这与零膨胀泊松回归模型估计的零膨胀概率还算比较接近。

建立零膨胀负二项回归模型的程序代码如下。

```
#零膨胀负二项回归
zinb = gamlss(y~A + B, data = dat, family = ZINBI)
```

应用 summary(zinb) 可以输出模型 zinb 的参数估计值如下。

```
## ------------------------------------------------------------------
## Mu link function:  log
## Mu Coefficients:
```

```
##                  Estimate   Std. Error   t value   Pr(>|t|)
## (Intercept)       0.19077      0.07879     2.421   0.015557 *
## A2               -0.13264      0.06014    -2.206   0.027515 *
## B2               -0.30239      0.07908    -3.824   0.000136 ***
## B3                0.34179      0.07020     4.869   1.21e-06 ***
## -----------------------------------------------------------------
## Sigma link function:  log
## Sigma Coefficients:
##                  Estimate   Std. Error   t value   Pr(>|t|)
## (Intercept)       -1.2621       0.3236      -3.9   9.93e-05 ***
## -----------------------------------------------------------------
## Nu link function:  logit
## Nu Coefficients:
##                  Estimate   Std. Error   t value   Pr(>|t|)
## (Intercept)       -1.0707       0.2188    -4.894   1.07e-06 ***
## -----------------------------------------------------------------
```

在零膨胀负二项回归模型的参数估计值中，Mu 表示负二项分布的均值参数 μ，Sigma 表示参数 σ，Nu 表示零膨胀参数 p。在负二项均值的回归中使用了对数连接函数，有关回归系数的估计值与模拟数据所设定的参数值比较接近。零膨胀概率使用了 logit 连接函数，故由 Nu 的回归系数估计值可以求得零膨胀概率为 $p=1/(1+\exp(1.07))=0.255$。

零膨胀负二项回归的 AIC 值为 5 143.1，小于零膨胀泊松回归的 AIC 值 5 163.4，表明零膨胀负二项回归对该组模拟数据的拟合效果相对较好。

4.3.5 零调整回归模型

当计数因变量在零点的概率大于泊松分布或负二项分布在零点的概率时，可以建立零膨胀泊松回归模型或零膨胀负二项回归模型，也可以建立相应的零调整回归模型。而当实际观察到的索赔次数在零点的概率小于泊松分布或负二项分布在零点的概率时，就只能建立零调整回归模型。

假设 K 是一个随机变量，譬如服从泊松分布或负二项分布，Y 服从与其对应的零调整分布，则 Y 的概率函数 $f_Y(y)$ 可以表示为：

$$f_Y(y)=\begin{cases} v, & y=0 \\ \dfrac{1-v}{1-f_K(0)}f_K(y), & y=1,2,3,\cdots \end{cases} \tag{4.59}$$

式中，$v(0\leqslant v\leqslant 1)$ 表示零点的概率；$f_K(y)(y=0,1,2,3,\cdots)$ 表示 K 的概率函数。

在式 (4.59) 中，如果 K 服从泊松分布，则 Y 服从零调整泊松分布（zero adjusted poisson distribution，ZAP）；如果 K 服从负二项分布，则 Y 服从零调整负二项分布（zero adjusted negative binomial distribution，ZANB）。

譬如，零调整泊松分布的概率函数为：

$$f_Y(y;\mu,v)=\begin{cases} v, & y=0 \\ \dfrac{1-v}{1-\mathrm{e}^{-\mu}}\dfrac{\mathrm{e}^{-\mu}\mu^y}{y!}, & y=1,2,3,\cdots \end{cases}$$

零调整负二项分布的概率函数为：

$$f_Y(y;\mu,\sigma,v)=\begin{cases} v, & y=0 \\ \dfrac{1-v}{1-(1+\sigma\mu)^{-1/\sigma}}\dbinom{y+\sigma^{-1}-1}{y}\left(\dfrac{1}{1+\sigma\mu}\right)^{1/\sigma}\left(\dfrac{\sigma\mu}{1+\sigma\mu}\right)^y, & y=1,2,3,\cdots \end{cases}$$

相应地，零调整泊松回归模型的对数似然函数可以表示为：

$$\ell_{\mathrm{ZAP}}=\sum_{y_i=0}\ln v+\sum_{y_i>0}\{\ln(1-v)-\ln(1-\mathrm{e}^{\mu_i})-\mu_i+y_i\ln\mu_i-\ln[\Gamma(y_i+1)]\} \tag{4.60}$$

式中，$\mu_i=\exp(\boldsymbol{x}_i^{\mathrm{T}}\boldsymbol{\beta})$。

同样可以写出零调整负二项回归模型的对数似然函数，因其表达式较长，此处略去。

在极大化对数似然函数的条件下，即可求得零调整回归模型的参数估计值。

下面仍然使用上一节模拟的零膨胀索赔次数数据建立零调整泊松回归模型和零调整负二项回归模型，建立零调整泊松回归模型的有关程序代码如下。

```
#零调整泊松回归
zap = gamlss(y~A + B, data = dat, family = ZAP)
```

应用 summary(zap) 可以输出模型 zap 的参数估计值如下。

```
## ----------------------------------------------------------------
## Mu link function:  log
## Mu Coefficients:
##                  Estimate    Std.Error    t value       Pr(>|t|)
## (Intercept)       0.32804     0.06500      5.047      4.90e-07 ***
## A2               -0.15544     0.06403     -2.428        0.0153 *
## B2               -0.17646     0.09432     -1.871        0.0615.
## B3                0.35045     0.07328      4.782      1.86e-06 ***
## ----------------------------------------------------------------
## Sigma link function:  logit
## Sigma Coefficients:
##                  Estimate    Std.Error    t value       Pr(>|t|)
## (Intercept)       0.13018     0.04482      2.905       0.00371 **
## ----------------------------------------------------------------
```

在零调整泊松回归模型中，Mu 表示泊松分布的均值，Sigma 表示零调整概率，相当于式 (4.59) 中的 v。零调整概率的回归系数估计值为 0.130 2，根据 logit 连接函数可以求得零调整概率的估计值为 $p=1/[1+\exp(-0.130\,2)]=0.532\,5$。

建立零调整负二项回归模型的程序代码如下。

```
#零调整负二项回归
zanb = gamlss(y~A + B, data = dat, family = ZANBI)
```

应用 summary(zanb) 可以输出模型 zanb 的参数估计值如下。

```
## ----------------------------------------------------------------
## Mu link function:  log
## Mu Coefficients:
##                   Estimate    Std. Error    t value        Pr(>|t|)
## (Intercept)        0.17400      0.09086      1.915         0.0556.
## A2                -0.17339      0.07740     -2.240         0.0252 *
## B2                -0.18567      0.10978     -1.691         0.0909.
## B3                 0.38171      0.08881      4.298      1.81e-05 ***
## ----------------------------------------------------------------
## Sigma link function:  log
## Sigma Coefficients:
##                   Estimate    Std. Error    t value        Pr(>|t|)
## (Intercept)       -1.2991       0.3311      -3.924         9e-05 ***
## ----------------------------------------------------------------
## Nu link function:  logit
## Nu Coefficients:
##                   Estimate    Std. Error    t value        Pr(>|t|)
## (Intercept)        0.13018      0.04482      2.905        0.00371 **
## ----------------------------------------------------------------
```

在零调整负二项回归模型中，Mu 表示负二项分布的均值，Sigma 表示负二项分布的参数 σ，Nu 表示零调整概率，相当于式（4.59）中的 v。零调整负二项回归模型中关于零调整概率的估计值与零调整泊松回归模型相同。

下面代码可以比较不同模型的 AIC。

```
#比较不同模型的AIC
AIC(zip,zinb,zap,zanb)
##          df      AIC
## zinb      6     5143.1
## zip       5     5163.4
## zanb      6     5178.7
## zap       5     5197.9
```

可以看出，对于本例的模拟数据而言，零调整负二项回归模型的 AIC 值小于零调整泊松回归模型，零膨胀负二项回归模型的 AIC 值小于零膨胀泊松回归模型。从总体上看，零膨胀负二项回归模型的 AIC 值最小，因而可以认为该模型对上述模拟数据的拟合效果最佳。

应用函数 plot(zinb) 可以输出最优模型(zinb)的分位残差图，结果如图 4—9 所示。

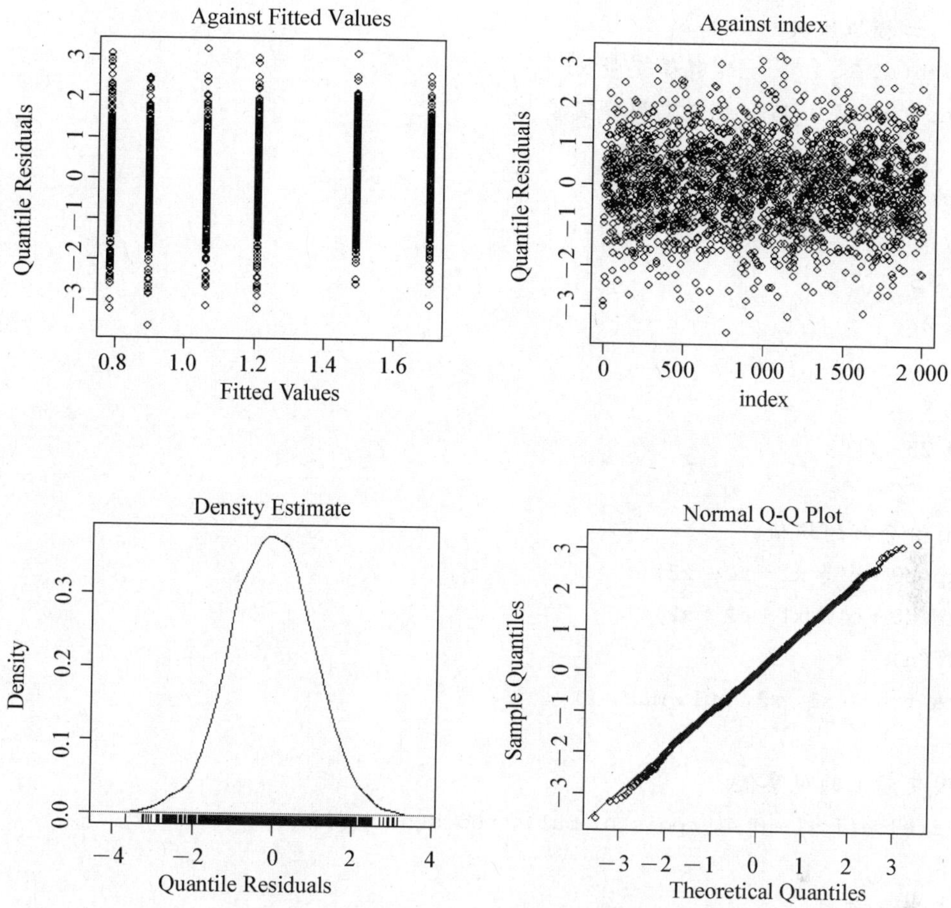

图 4—9 零膨胀负二项回归模型的分位残差图

分位残差图表明，零膨胀负二项回归模型(zinb)可以较好地拟合前面的模拟数据。

4.3.6 有限混合回归模型

当观察数据来自多个计数分布时，可以建立有限混合模型(finite mixture models)。

假设计数因变量来自 n 个不同的分布，第 i 个分布的占比为 π_i，且 $\pi_1+\pi_2+\cdots+\pi_n=1$，则有限混合分布的概率函数可以表示为：

$$f(x)=\sum_{i=1}^{n}\pi_i f_i(x) \tag{4.61}$$

式中，$f_i(x)$ 是第 i 个分布的概率函数，可以取泊松分布、负二项分布等。

有限混合回归模型就是指因变量服从有限混合分布的回归模型。下面通过模拟数据来介绍有限混合回归模型的应用过程。

假设因变量来自两个不同的泊松分布，它们的均值分别为 μ_1 和 μ_2，各自的权重分别为 $\pi_1=0.4$ 和 $\pi_2=0.6$。两个解释变量为 x_1，x_2，其中 x_1 是连续型解释变量，x_2 是二分类解释变量。

模拟数据的程序代码如下。

```
set.seed(111)
n = 5000   #模拟次数
x1 = rgamma(n, 2, 1)     #解释变量 x1
x2 = rbinom(n, 1, 0.4)   #分类解释变量 x2

# 参数的真实值
b0 = 2
b1 = -0.15
b2 = -0.2
c0 = -1
c1 = -0.2
c2 = -0.25

#两个泊松分布的均值
mu1 = exp(b0 + b1 * x1 + b2 * x2)
mu2 = exp(c0 + c1 * x1 + c2 * x2)
I = runif(n)
dt = data.frame(x1, x2, mu1, mu2, I)

#模拟因变量 y 的观察值
dt $ y = ifelse(I <= 0.4, rpois(n, mu1), rpois(n, mu2))

#因变量的分布图
barplot(table(dt $ y))
```

模拟观察值的分布如图 4—10 所示。该图有两个明显不同的峰值，表明观察值来自不同的泊松分布。

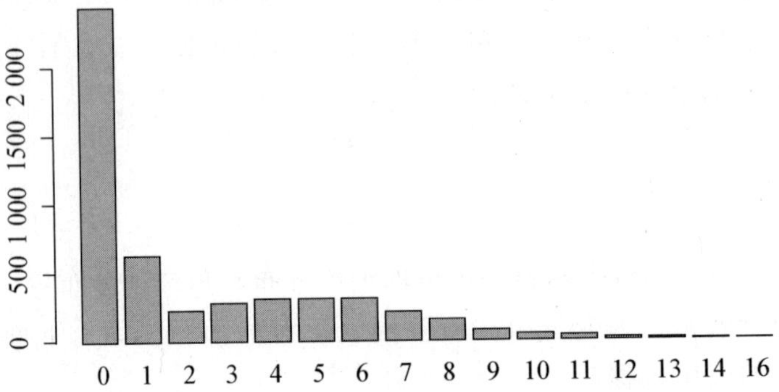

图 4—10 两个泊松分布生成的混合分布图

估计有限混合泊松回归模型的参数时，可以使用 gamlss.mx 程序包中的 gamlssMX 函数，程序代码如下。

```
library(gamlss)
library(gamlss.mx)
mod = gamlssMX(y~x1 + x2, data = dt, family = "PO", K = 2)
mod
```

上述程序代码的输出结果如表 4—4 所示，其中第一个泊松回归模型中 3 个参数的估计值分别为 1.979 4，－0.165 9 和－3.557 2，模拟数据的真实参数值为 2，－0.15 和－0.2。第二个泊松回归模型中 3 个参数的估计值分别为－1.144 3，－0.192 4 和 2.940 9，模拟数据的真实参数值为－1，－0.2 和－0.25。在模拟数据时，假设两个泊松模型的占比分别为 0.4 和 0.6，基于模拟数据估计出的比例为 0.486 1 和 0.513 9。该表同时给出了模型的自由度为 7，残差的自由度为 4 993，以及偏差（Deviance）、AIC 和 SBC（即 BIC）统计量的值。

表 4—4　有限混合泊松回归模型的参数估计结果

```
Mixing Family:  c("PO", "PO")

Fitting method:EM algorithm

Call:  gamlssMX(formula=y~x1+x2, family="PO", K=2, data=dt)

Mu Coefficients for model: 1
(Intercept)            x1            x2
    1.9794        -0.1659       -3.5572
Mu Coefficients for model: 2
(Intercept)            x1            x2
   -1.1443        -0.1924        2.9409

Estimated probabilities: 0.4860881 0.5139119

Degrees of Freedom for the fit: 7 Residual Deg. of Freedom   4993
Global Deviance:   18032.8
            AIC:   18046.8
            SBC:   18092.4
```

练习题

4.1 数据集 dat① 是一组汽车保单的索赔数据，其中 exposures 为车年数；claims 为索赔次数；severity 为索赔强度，即平均每个车年的赔款金额。五个解释变量分别为保单类型（coveragetype）、汽车产地（vehiclemake）、汽车用途和驾驶人性别（use-gender），车龄（vehicleyear）以及行驶区域（location）。请回答下述问题：

（1）绘制条形图揭示每个解释变量的不同水平对索赔频率的影响。索赔频率是指索赔次数与车年数之比。

（2）分别用泊松分布、负二项分布、零膨胀泊松分布和零膨胀负二项分布拟合索赔次数的观察值，比较它们的拟合效果。

（3）以索赔次数为因变量建立线性回归模型、泊松回归模型、负二项回归模型、泊松—

① 数据下载地址：http://blog.sina.com.cn/mengshw。

逆高斯回归模型、零膨胀泊松回归模型和零膨胀负二项回归模型。

(4) 检验上述回归模型中每个解释变量的显著性。

(5) 分别计算上述回归模型的偏差残差和分位残差，绘制残差的直方图和 Q-Q 图，并解释用哪种分布假设下的回归模型对本例的索赔次数建模更加合理。

(6) 计算最优回归模型的预测值，并与实际观察值进行比较。

4.2 数据集 dat2 是一组汽车第三者责任保险的索赔次数数据，参见参考文献 [1]，有 413 169 条记录，其中包括下述变量：保单编号（PolicyID）、索赔次数（ClaimNb）、车年数（Exposure）、发动机的功率（Power）、车龄（CarAge）、驾驶人年龄（DriverAge）、汽车品牌（Brand）、耗油类型（Gas）、行驶区域（Region）和区域的人口密度（Density）。请基于该组数据建立索赔频率的最优预测模型。

4.3 数据集 dat5 是一组汽车保单的商品数据，参见文献 [10]，其中 veh _ value 表示汽车的价值；exposure 表示车年数；clm 表示是否发生索赔，取值为 0 和 1；numclaims 表示索赔次数；claimcst 表示总索赔金额；veh _ body 表示汽车类型；veh _ age 表示车龄；gender 表示驾驶人性别；area 表示行驶区域；agecat 表示驾驶人年龄类别。请建立索赔频率的预测模型（索赔频率是指索赔次数与车年数之比，在本例中，索赔频率的观察值为 numclaims 与 exposure 之比）。

第 5 章　二分类因变量

二分类变量在现实生活中非常普遍，如保险事故是否发生、性别是否为男性、借款人是否违约等都可以用二分类变量进行描述。

二分类变量的观察值有两种表现形式。

一种是对每次事件的观察结果记录一次，如表 5—1 中的 y 所示。$y=1$ 表示发生索赔，$y=0$ 表示不发生索赔。该表中的变量 y 只取 0 和 1 两个值，所以该表中表示每个保单是否发生索赔的变量 y 服从贝努利分布。

另一种是把多次观察的结果汇总记录一次，如表 5—2 所示，该表是对表 5—1 的汇总。汽车类型有两个水平，驾驶人性别也有两个水平，这就把所有保单划分为四种类别，从而可以统计出每个类别包含的保单数和发生索赔的保单数，该表中发生索赔的保单数 y 可以看作 k 个独立同分布的贝努利随机变量之和，所以每个类别中发生索赔的保单数 y 服从二项分布。贝努利分布是二项分布的一个特例。

二分类变量的观察值既可能服从贝努利分布，也可能服从二项分布。贝努利分布和二项分布都属于指数分布族。本章主要讨论在因变量服从贝努利分布和二项分布的情况下，如何建立相应的广义线性模型。

表 5—1　　二分类变量的观察值（个体）

保单号	是否发生索赔	y 的取值	汽车类型	驾驶人性别
001	是	1	A	男
002	是	1	A	男
003	是	1	A	女
004	否	0	A	女
005	是	1	B	男
006	否	0	B	男
007	是	1	B	男
008	否	0	B	女

表 5—2　　二分类变量的观察值（汇总）

类别	保单数（k）	索赔次数（y）	汽车类型	驾驶人性别
1	2	2	A	男
2	2	1	A	女
3	3	2	B	男
4	1	0	B	女

5.1　贝努利分布假设下的 logistic 回归

5.1.1　贝努利分布

二分类变量是取值为 1 或 0 的变量，可以用贝努利分布进行描述，概率函数具有下述形式：

$$f(y;\pi)=\pi^{y}(1-\pi)^{1-y}=\begin{cases}\pi, & 若\ y=1\\ 1-\pi, & 若\ y=0\end{cases} \tag{5.1}$$

式中，$y=1$ 表示随机事件发生；$y=0$ 表示随机事件没有发生；π 表示随机事件发生的概率。

贝努利分布的概率函数也可以表示为下述指数分布族的形式：

$$f(y;\pi)=\exp\left\{y\ln\left(\frac{\pi}{1-\pi}\right)+\ln(1-\pi)\right\} \tag{5.2}$$

将上式与指数分布族的一般形式进行比较，容易看出：

$$\theta=\ln\left(\frac{\pi}{1-\pi}\right) \tag{5.3}$$

$$b(\theta)=-\ln(1-\pi) \tag{5.4}$$

贝努利分布的均值和方差可以通过计算函数 $b(\theta)$ 关于 θ 的一阶导数和二阶导数求得

$$\mu=b'(\theta)=\frac{\partial b}{\partial\pi}\frac{\partial\pi}{\partial\theta}=\frac{1}{1-\pi}\pi(1-\pi)=\pi \tag{5.5}$$

$$\begin{aligned}
\upsilon=b''(\theta)&=\frac{\partial^2 b}{\partial\pi^2}\left(\frac{\partial\pi}{\partial\theta}\right)^2+\frac{\partial b}{\partial\pi}\frac{\partial^2\pi}{\partial\theta^2}\\
&=\frac{1}{(1-\pi)^2}(1-\pi)^2\pi^2+\frac{1}{1-\pi}(1-\pi)\pi(1-2\pi)\\
&=\pi^2+\pi(1-2\pi)\\
&=\pi(1-\pi)
\end{aligned} \tag{5.6}$$

上式表明，贝努利分布的均值为 π，方差为 $\pi(1-\pi)$。

5.1.2 贝努利分布假设下的 logistic 回归

在广义线性模型中，我们将均值经过连接函数 g 变换以后表示为解释变量的函数，即

$$g(\mu_i)=\boldsymbol{x}_i^{\mathrm{T}}\boldsymbol{\beta}$$

贝努利分布的均值就是事件发生的概率，所以，在贝努利分布假设下，广义线性模型的一般形式为：

$$g(\pi_i)=\boldsymbol{x}_i^{\mathrm{T}}\boldsymbol{\beta}\Leftrightarrow\pi_i=g^{-1}(\boldsymbol{x}_i^{\mathrm{T}}\boldsymbol{\beta}) \tag{5.7}$$

因为事件发生的概率只能在 [0，1] 区间取值，而任何一个随机变量的分布函数的取值都在 [0，1] 区间，所以在式（5.7）所示的广义线性模型中，连接函数的一般形式就是分布函数的反函数。如果用 F 表示任意随机变量的分布函数，则式（5.7）可以表示为：

$$F^{-1}(\pi_i)=\boldsymbol{x}_i^{\mathrm{T}}\boldsymbol{\beta}\Leftrightarrow\pi_i=F(\boldsymbol{x}_i^{\mathrm{T}}\boldsymbol{\beta}) \tag{5.8}$$

在实际应用中，最常选用的分布函数是标准 logistic 分布函数。在式（5.8）中，如果使用标准 logistic 分布的分布函数，则相应的广义线性模型就称作 logistic 回归模型。

标准 logistic 分布的分布函数为：

$$F(x)=\frac{\exp(x)}{1+\exp(x)} \tag{5.9}$$

标准 logistic 分布函数的反函数就是 logistic 回归模型的连接函数，即

$$g(x)=\ln\left(\frac{x}{1-x}\right) \tag{5.10}$$

上式的函数变换通常称作 logit 变换，即 logistic 回归模型的连接函数就是 logit 变换。

在广义线性模型中，正则连接函数是使得 $\theta=\eta$ 成立的连接函数。从式（5.3）容易看出，贝努利分布假设下的正则连接函数就是 logit 变换。

把标准 logistic 分布函数代入式（5.8），即得 logistic 回归模型的表达式为：

$$\ln\left(\frac{\pi_i}{1-\pi_i}\right)=\boldsymbol{x}_i^{\mathrm{T}}\boldsymbol{\beta}\Leftrightarrow\pi_i=\frac{\exp(\boldsymbol{x}_i^{\mathrm{T}}\boldsymbol{\beta})}{1+\exp(\boldsymbol{x}_i^{\mathrm{T}}\boldsymbol{\beta})} \tag{5.11}$$

在当前模型下，第 i 个观察值的对数似然函数可以表示为：

$$\ell(\pi_i;\ y_i)=y_i\ln\left(\frac{\pi_i}{1-\pi_i}\right)+\ln(1-\pi_i)=\begin{cases}\ln\pi_i, & 若\ y_i=1\\ \ln(1-\pi_i), & 若\ y_i=0\end{cases} \tag{5.12}$$

在饱和模型中，第 i 个观察值的对数似然函数为零，即

$$\ell(y_i;\ y_i)=\begin{cases}\ln y_i=0, & 若\ y_i=1\\ \ln(1-y_i)=0, & 若\ y_i=0\end{cases} \tag{5.13}$$

所以，在贝努利分布假设下的 logistic 回归模型中，第 i 个观察值的偏差为：

$$D_i=\begin{cases}-2\ln\pi_i, & 若\ y_i=1\\ -2\ln(1-\pi_i), & 若\ y_i=0\end{cases} \tag{5.14}$$

整个模型的偏差就是上述偏差之和，即 $D=\sum_{i=1}^{n}D_i$。

5.1.3 迭代加权最小二乘估计

在广义线性模型中，估计回归参数的迭代加权最小二乘公式为：

$$\boldsymbol{X}^{\mathrm{T}}\boldsymbol{W}^{(m-1)}\boldsymbol{X}\boldsymbol{\beta}^{(m)}=\boldsymbol{X}^{\mathrm{T}}\boldsymbol{W}^{(m-1)}\boldsymbol{z}^{(m-1)} \tag{5.15}$$

式中

$$\boldsymbol{W}=\mathrm{diag}\left[\frac{w_i}{\phi\upsilon(\mu_i)[g'(\mu_i)]^2}\right]_{n\times n} \tag{5.16}$$

$$\boldsymbol{z}=[\eta_i+(y_i-\mu_i)g'(\mu_i)]_{n\times 1} \tag{5.17}$$

在贝努利分布假设下的 logistic 回归模型中，有

$$\phi=1$$
$$\upsilon=\pi(1-\pi)$$
$$g'(\pi)=1/[\pi(1-\pi)]$$

故权数矩阵和工作因变量可以简化为：

$$\boldsymbol{W}=\mathrm{diag}[\pi_i(1-\pi_i)]_{n\times n}$$
$$\boldsymbol{z}=[\eta_i+(y_i-\pi_i)/(\pi_i(1-\pi_i))]_{n\times 1}$$

应用前述结果，在贝努利分布假设下的 logistic 回归模型中，回归参数可以应用表 5—3 所示的迭代加权最小二乘法进行估计。

表 5—3　　贝努利分布假设下估计 logistic 回归模型参数的迭代加权最小二乘算法

1. 设定初始值：

$$D=0$$
$$\pi=(y+0.5)/2$$
$$\eta=\ln[\pi/(1-\pi)]$$

2. 当残差偏差变化的绝对值 abs(ΔD)>1e−8 时，执行下述循环过程，否则停止循环：

{

$$W=\pi(1-\pi)$$
$$z=\eta+(y-\pi)/[\pi(1-\pi)]$$
$$\boldsymbol{\beta}=(\boldsymbol{X}^{\mathrm{T}}\boldsymbol{W}\boldsymbol{X})^{-1}\boldsymbol{X}^{\mathrm{T}}\boldsymbol{W}\boldsymbol{z}$$
$$\boldsymbol{\eta}=\boldsymbol{X}\boldsymbol{\beta}$$
$$\pi=1/[1+\exp(-\eta)]$$
$$D^{*}=D$$
$$D_i=\begin{cases}-2\ln\pi_i, & 若\ y_i=1\\ -2\ln(1-\pi_i), & 若\ y_i=0\end{cases}$$
$$D=\sum D_i$$
$$\Delta D=D^{*}-D$$

}

3. 计算皮尔逊卡方统计量：

$$\chi^2=\sum(y-\pi)^2/[\pi(1-\pi)]$$

5.1.4　模拟数据分析

首先模拟服从贝努利分布的二分类数据，程序代码如下：

```
set.seed(123)
n = 500  #模拟次数
x1 = rgamma(n, 2, 1)      #解释变量 x1,服从伽马分布
x2 = rgamma(n, 2, 3)      #解释变量 x2,服从伽马分布
x3 = rbinom(n, 1, 0.4)    #分类解释变量 x3,服从二项分布
x4 = rbinom(n, 1, 0.7)    #分类解释变量 x4,服从二项分布

#参数的真实值
b0 = 1.5
b1 = -0.25
b2 = -0.5
b3 = 0.15
b4 = -1.4

#线性预测项
eta = b0 + b1 * x1 + b2 * x2 + b3 * x3 + b4 * x4

#事件发生的概率,logit 连接函数
p = 1/(1 + exp(-eta))
```

```
#因变量的模拟值,服从贝努利分布
y = rbinom(n, size = 1, prob = p)

#模拟的数据集:y = 1 表示事件发生,y = 0 表示没有发生
dt = data.frame(y, x1, x2, x3, x4)
```

应用表 5—3 所示的迭代加权最小二乘算法估计 logistic 回归模型参数的程序代码如下。

```
D = 0
p = (y + 0.5)/2
eta = log(p/(1 - p))
X = model.matrix(~x1 + x2 + x3 + x4)   #设计矩阵
repeat {
    W = diag(p * (1 - p))
    z = eta + (y - p)/(p * (1 - p))
    #参数估计值 beta
    beta = solve(t(X) %*% W %*% X) %*% t(X) %*% W %*% z
    eta = c(X %*% beta)
    p = 1/(1 + exp( - eta))
    Dstar = D
    Di = ifelse(y == 1, - 2 * log(p), - 2 * log(1 - p))
    D = sum(Di)
    Ddiff = Dstar - D
    if (max(abs(Ddiff)) < 1e - 08)
        break
}
#计算卡方统计量
chi2 = sum((y - p)^2/(p * (1 - p)))
```

应用 glm 函数估计 logistic 回归参数的程序代码如下。

```
mod1 = glm(y~x1 + x2 + x3 + x4, data = dt, family = binomial(link = logit))
```

应用 gamlss 函数估计 logistic 回归参数的程序代码如下。

```
library(gamlss)
mod2 = gamlss(y~x1 + x2 + x3 + x4, data = dt, family = BI, mu.link = logit)
```

上述三种方法求得的参数估计结果是相同的。下面用 summary(mod2) 函数输出模型 mod2 的参数估计结果。

```
## ------------------------------------------------------------
## Mu link function:  logit
```

```
## Mu Coefficients:
##                 Estimate   Std. Error   t value    Pr(>|t|)
## (Intercept)      1.45913     0.28633     5.0961    4.943e-07
## x1              -0.14274     0.07666    -1.8620    6.319e-02
## x2              -0.58061     0.22883    -2.5373    1.148e-02
## x3               0.02872     0.19525     0.1471    8.831e-01
## x4              -1.49163     0.20899    -7.1374    3.407e-12
##
## --------------------------------------------------------------
```

可见，尽管本例的模拟数据是基于 logistic 回归模型生成的，但 logistic 回归模型的参数估计结果（1.46，－0.14，－0.58，0.02，－1.49）与真实参数（1.5，－0.25，－0.5，0.15，－1.4）仍然存在较大差距，且 x3 的参数不显著，p 值为 0.88，其中的主要原因是本例的模拟数据较少（只模拟了 500 个观察值）。容易验证，如果将模拟数据的观察值个数增加至 5 000 个，则 logistic 回归模型的参数估计值为（1.38，－0.25，－0.47，0.30，－1.41），比较接近模拟数据的真实值，且所有参数都是显著的。如果将模拟数据的观察值个数增加至 50 000 个，则 logistic 回归模型的参数估计值为（1.49，－0.25，－0.53，0.14，－1.39），非常接近真实值，且所有参数都是高度显著的。

由于本例的模拟数据较少，参数估计值的误差较大，但从模型 mod2 的分位残差图图 5—1

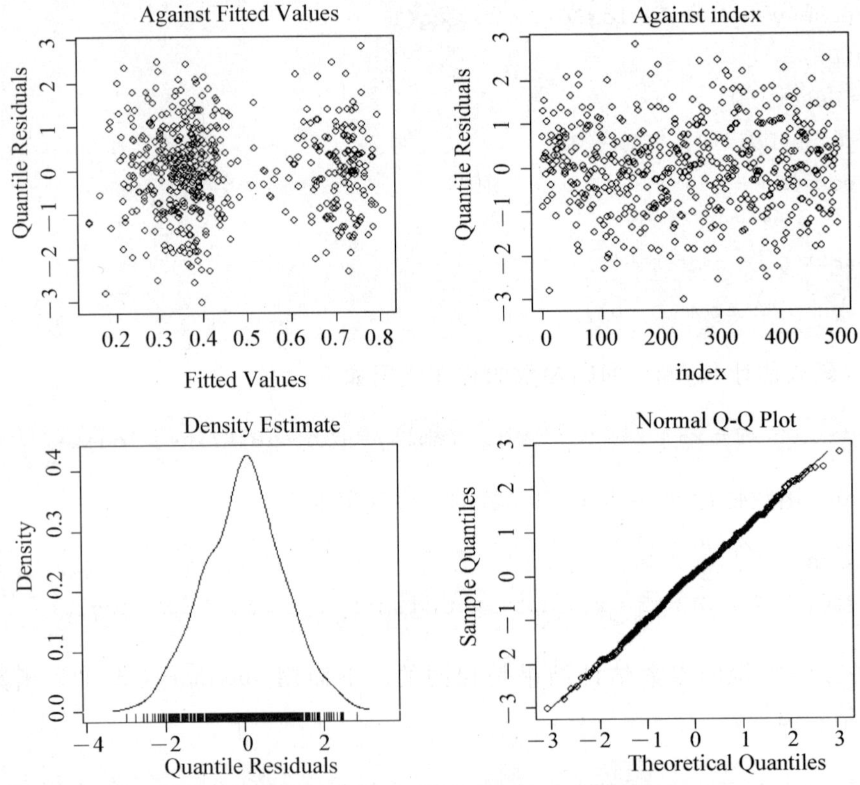

图 5—1　logistic 回归模型的分位残差图

来看，logistic 回归模型的随机分位残差近似服从标准正态分布，表明本例所用的分布假设是合理的。这与本例中模拟数据的生成机理完全吻合。绘制分位残差图的程序代码如下。

```
# 输出模型 mod2 的分位残差图
plot(mod2)
```

5.1.5　不同观察时期的处理

在前面的 logistic 回归模型中，假设每个案例的观察期限或风险暴露相同，譬如均为 1 年。在实际数据中，不同案例的观察期限可能是不同的。在这种情况下，每个案例在观察期间发生事件的概率与观察期限成正比，期限越长，发生事件的概率越大。如果用 π 表示观察期限为 1 年的案例在观察期间发生事件的概率，则对于观察期限为 t（$0\leqslant t\leqslant 1$）的案例，在观察期间发生事件的概率应该为 $\dot{\pi}=t\pi$，将其代入式（5.11），并省略下标，可得观察期限为 $t(0\leqslant t\leqslant 1)$ 的案例在观察期间发生事件的概率为：

$$\dot{\pi}=t\cdot\frac{\exp(\boldsymbol{x}^{\mathrm{T}}\boldsymbol{\beta})}{1+\exp(\boldsymbol{x}^{\mathrm{T}}\boldsymbol{\beta})} \tag{5.18}$$

上式经变形有 $\ln\dfrac{\dot{\pi}/t}{1-\dot{\pi}/t}=\boldsymbol{x}^{\mathrm{T}}\boldsymbol{\beta}$，所以连接函数为：

$$g(\dot{\pi})=\ln\frac{\dot{\pi}/t}{1-\dot{\pi}/t} \tag{5.19}$$

可见，对于观察期限为 t 的案例，其连接函数不再是通常意义上的 logit 连接函数。

一般的统计软件只提供标准连接函数。对于特殊的连接函数，用户必须自行定义。

如果使用 R 软件的 glm 函数建模，上述连接函数可以如下定义（命名为 mlogit）：

```
mlogit = function(t = 1) {
    # 连接函数
    linkfun = function(mu) log((mu/t)/(1 - mu/t))
    # 连接函数的逆函数
    linkinv = function(eta) t/(1 + exp( - eta))
    # 连接函数的逆函数关于 eta 的一阶导数
    mu.eta = function(eta) t * exp( - eta)/(1 + exp( - eta))^2
    valideta = function(eta) TRUE
    link = "mlogit"
    structure(list(linkfun = linkfun, linkinv = linkinv, mu.eta = mu.eta, validet a =
validet a, name = link), class = "link - glm")
}
```

下面应用自定义的连接函数建立 logistic 回归模型。首先模拟一组包含观察期限的数据集，其中有 5 000 次观察，观察期限 t 服从（0.8，2）区间上的均匀分布。两个解释变量分别为 type 和 age，其中 type 是分类变量，服从参数为（1，0.6）的二项分布；age 是连续型变量，服从均值为 2 的泊松分布。在线性预测项中，三个参数的真实值分别为 $\beta_0=-1.5$，$\beta_1=0.8$，$\beta_2=-0.5$。

```
#模拟数据
set.seed(111)
n = 5000    # 模拟次数

#观察期限
t = runif(n, 0.8, 2)

#解释变量:type 和 age
type = rbinom(n, 1, 0.6)
age = rpois(n, 2)

#参数的真实值
b0 = -1.5
b1 = 0.8
b2 = -0.5

#线性预测项
eta = b0 + b1 * type + b2 * age

#事件发生概率 prob
p = t * exp(eta)/(1 + exp(eta))

#因变量 accident
accident = rbinom(n, size = 1, prob = p)

#数据集 dat
dat = data.frame(accident, type, age, t)

#使用 logit 连接函数(不考虑观察期限的影响)
mod1 = glm(accident~type + age, family = binomial(link = logit), data = dat)

#使用自定义的 mlogit 连接函数(考虑观察期限的影响)
mod2 = glm(accident~type + age, family = binomial(link = mlogit(t = dat$t)), data =
dat)

#不考虑观察期限的模型 mod1 的参数估计值
summary(mod1)$coef
##                 Estimate    Std.Error    z value     Pr(>|z|)
## (Intercept)     -1.0688     0.08103      -13.19      1.001e-39
```

```
## type            0.9401     0.08172     11.50     1.255e-30
## age            -0.5395     0.03199    -16.87     7.909e-64

#考虑观察期限的模型 mod2 的参数估计值
summary(mod2)$coef
##                Estimate   Std.Error   z value    Pr(>|z|)
## (Intercept)   -1.5150     0.07448    -20.34     5.567e-92
## type           0.8589     0.07491     11.47     1.956e-30
## age           -0.4952     0.02843    -17.42     5.782e-68

#绘图比较两种模型的概率预测值
plot(fitted(mod2), fitted(mod1))
abline(0, 1)  #结果如图 5—2 所示
```

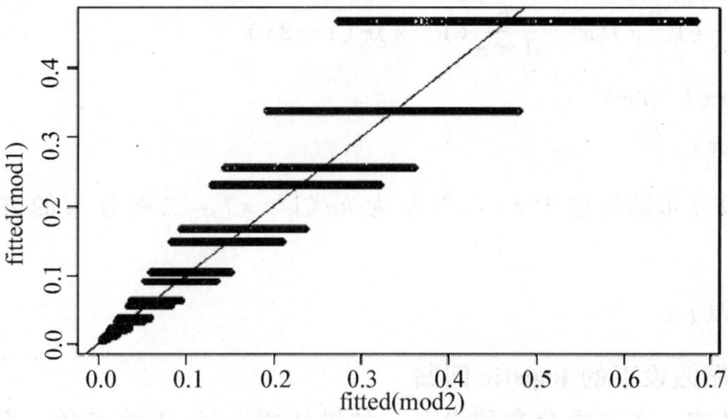

图 5—2　两种 logistic 回归模型的预测值比较

模型 mod2 考虑了观察期限，所以其参数估计值与模拟数据使用的真实参数值更加接近。在图 5—2 中，横轴是模型 mod2 的概率预测值，纵轴是模型 mod1 的概率预测值，该图表明，是否考虑观察期限对模型的预测值具有显著影响，模型 mod1 对事件发生概率的预测值在总体上偏小。

5.2　二项分布假设下的 logistic 回归

5.2.1　二项分布

k 个独立同分布的贝努利随机变量之和服从二项分布，概率函数可以表示为：

$$f(y;k,\pi)=\binom{k}{y}\pi^{y}(1-\pi)^{k-y} \tag{5.20}$$

式中，k 表示试验或观察的次数，在观察数据中是已知的；y 表示事件发生的次数；π 表示在一次试验中事件发生的概率。

二项分布属于指数分布族，所以可以表示为指数分布族的一般形式，式（5.20）变形可得

$$f(y;k,\pi)=\exp\left\{y\ln\pi+k\ln(1-\pi)-y\ln(1-\pi)+\ln\binom{k}{y}\right\}$$
$$=\exp\left\{y\ln\left(\frac{\pi}{1-\pi}\right)+k\ln(1-\pi)+\ln\binom{k}{y}\right\} \quad (5.21)$$

与指数分布族的一般形式进行对比可以看出：

$$\theta=\ln\left(\frac{\pi}{1-\pi}\right) \quad (5.22)$$

$$b(\theta)=-k\ln(1-\pi) \quad (5.23)$$

二项分布的均值和方差可以通过计算函数 $b(\theta)$ 关于 θ 的一阶导数和二阶导数求得

$$\mu=b'(\theta)=\frac{\partial b}{\partial\pi}\frac{\partial\pi}{\partial\theta}=\frac{k}{1-\pi}\pi(1-\pi)=k\pi \quad (5.24)$$

$$\begin{aligned}\upsilon=b''(\theta)&=\frac{\partial^2 b}{\partial\pi^2}\left(\frac{\partial\pi}{\partial\theta}\right)^2+\frac{\partial b}{\partial\pi}\frac{\partial^2\pi}{\partial\theta^2}\\&=\frac{k}{(1-\pi)^2}(1-\pi)^2\pi^2+\frac{k}{1-\pi}(1-\pi)\pi(1-2\pi)\\&=k\pi^2+k\pi(1-2\pi)\\&=k\pi(1-\pi)\end{aligned} \quad (5.25)$$

上式表明，二项分布的均值为 $k\pi$，方差为 $k\pi(1-\pi)$。二项分布的方差也可以用均值表示为：

$$\upsilon=\mu(1-\mu/k) \quad (5.26)$$

5.2.2 二项分布假设下的 logistic 回归

由式（5.24）可知，在二项分布假设下，如果使用 logit 连接函数，即令事件发生的概率表示为：

$$\pi_i=\frac{\exp(\boldsymbol{x}_i^{\mathrm{T}}\boldsymbol{\beta})}{1+\exp(\boldsymbol{x}_i^{\mathrm{T}}\boldsymbol{\beta})} \quad (5.27)$$

则二项分布假设下 logistic 回归模型对均值的预测值可以表示为：

$$\mu_i=k_i\pi_i=k_i\frac{\exp(\boldsymbol{x}_i^{\mathrm{T}}\boldsymbol{\beta})}{1+\exp(\boldsymbol{x}_i^{\mathrm{T}}\boldsymbol{\beta})} \quad (5.28)$$

上式表明，二项分布假设下 logistic 回归模型的连接函数可以表示为：

$$g(\mu)=\ln\left(\frac{\mu}{k-\mu}\right) \quad (5.29)$$

由式（5.22）和式（5.24）可以看出，上式的连接函数也是二项分布假设下 logistic 回归模型的正则连接函数，即满足条件 $\theta=\eta$。

由式（5.21）可知，在二项分布假设下，当前模型的对数似然函数可以表示为：

$$\ell(\boldsymbol{\pi};\boldsymbol{y})=\sum_{i=1}^{n}\left\{y_i\ln\left(\frac{\pi_i}{1-\pi_i}\right)+k_i\ln(1-\pi_i)+\ln\binom{k_i}{y_i}\right\} \quad (5.30)$$

相应地，饱和模型的对数似然函数为：

$$\ell(\mathbf{y};\ \mathbf{y}) = \sum_{i=1}^{n}\left\{y_i\ln\left(\frac{y_i/k_i}{1-y_i/k_i}\right)+k_i\ln\left(1-\frac{y_i}{k_i}\right)+\ln\binom{k_i}{y_i}\right\} \tag{5.31}$$

由此可以求得二项分布假设下 logistic 回归模型的偏差为：

$$\begin{aligned} D &= 2\{\ell(\mathbf{y};\ \mathbf{y})-\ell(\boldsymbol{\pi};\ \mathbf{y})\} \\ &= 2\sum_{i=}^{n}\left\{y_i\ln\left(\frac{y_i}{k_i-y_i}\frac{1-\pi_i}{\pi_i}\right)+k_i\ln\left(\frac{k_i-y_i}{k_i}\frac{1}{1-\pi_i}\right)\right\} \\ &= 2\sum_{i=}^{n}\left\{y_i\ln\left(\frac{y_i}{\mu_i}\right)+(k_i-y_i)\ln\left(\frac{k_i-y_i}{k_i-\mu_i}\right)\right\} \end{aligned} \tag{5.32}$$

式中，$\mu_i=k_i\pi_i$，表示二项分布的均值。

在二项分布中，如果 $k_i=1$，二项分布就退化为 5.1 节的贝努利分布，所以下面假设 $k_i>1$。此时，二项分布的偏差具有下述几种特殊形式：

(1) 如果 $y_i=0$，则在当前模型中，第 i 个观察值的对数似然函数可以表示为：

$$\ell(\pi_i;\ y_i)=k_i\ln(1-\pi_i)$$

在饱和模型中，第 i 个观察值的对数似然函数为：

$$\ell(y_i;\ y_i)=k_i\ln(1-y_i/k_i)=0$$

所以，偏差为：

$$D_i=-2k_i\ln(1-\pi_i)=-2k_i\ln\left(\frac{k_i-\mu_i}{k_i}\right)$$

(2) 如果 $y_i=k_i$，则在当前模型中，第 i 个观察值的对数似然函数可以表示为：

$$\ell(\pi_i;\ y_i)=k_i\ln\pi_i$$

在饱和模型中，第 i 个观察值的对数似然函数为：

$$\ell(y_i;\ y_i)=k_i\ln(y_i/k_i)=0$$

所以，偏差为：

$$D_i=-2k_i\ln\pi_i=-2k_i\ln\left(\frac{\mu_i}{k_i}\right)$$

(3) 如果 $0<y_i<k_i$，第 i 个观察值的偏差为：

$$\begin{aligned} D_i &=2y_i\ln\left(\frac{y_i}{k_i-y_i}\frac{1-\pi_i}{\pi_i}\right)+2k_i\ln\left(\frac{k_i-y_i}{k_i}\frac{1}{1-\pi_i}\right) \\ &=2y_i\ln\left(\frac{y_i}{\mu_i}\right)+2(k_i-y_i)\ln\left(\frac{k_i-y_i}{k_i-\mu_i}\right) \end{aligned}$$

广义线性模型的偏差是每个观察值的偏差之和，即 $D=\sum_{i=1}^{n}D_i$。

5.2.3　迭代加权最小二乘估计

在广义线性模型中，估计回归参数的迭代加权最小二乘公式为：

$$\boldsymbol{X}^{\mathrm{T}}\boldsymbol{W}^{(m-1)}\boldsymbol{X}\boldsymbol{\beta}^{(m)}=\boldsymbol{X}^{\mathrm{T}}\boldsymbol{W}^{(m-1)}\boldsymbol{z}^{(m-1)} \tag{5.33}$$

式中

$$\boldsymbol{W}=\mathrm{diag}\left[\frac{w_i}{\phi\upsilon(\mu_i)[g'(\mu_i)]^2}\right]_{n\times n} \tag{5.34}$$

$$\boldsymbol{z}=[\eta_i+(y_i-\mu_i)g'(\mu_i)]_{n\times 1} \tag{5.35}$$

在二项分布假设下的 logistic 回归模型中，有

$$\phi=1$$

$$\upsilon=\mu(k-\mu)/k$$

$$g'(\mu)=\frac{k}{\mu(k-\mu)}$$

故权数矩阵和工作因变量可以简化为：

$$\boldsymbol{W}=\mathrm{diag}\,[\mu_i(k_i-\mu_i)/k_i]_{n\times n}$$

$$\boldsymbol{z}=[\eta_i+k_i(y_i-\mu_i)/(k_i-\mu_i)/\mu_i]_{n\times 1}$$

应用前述结果，在二项分布假设下的 logistic 回归模型中，回归参数可以应用表 5—4 所示的迭代加权最小二乘法进行估计。

表 5—4　　二项分布假设下估计 logistic 回归模型参数的迭代加权最小二乘算法

1. 设定初始值：

$$D=0$$

$$\mu=k(y/k+0.5)/2$$

$$\eta=\ln[\mu/(k-\mu)]$$

2. 当残差偏差变化的绝对值 abs(ΔD)$>$1e$-$8 时，执行下述循环过程，否则停止循环：

{

$$W=\mu(k-\mu)/k$$

$$z=\eta+k(y-\mu)/(k-\mu)/\mu$$

$$\boldsymbol{\beta}=(\boldsymbol{X}^{\mathrm{T}}\boldsymbol{W}\boldsymbol{X})^{-1}\boldsymbol{X}^{\mathrm{T}}\boldsymbol{W}\boldsymbol{z}$$

$$\boldsymbol{\eta}=\boldsymbol{X}\boldsymbol{\beta}$$

$$\mu=k/[1+\exp(-\eta)]$$

$$D^*=D$$

$$D_i=\begin{cases}-2k_i\ln\left(\dfrac{k_i-\mu_i}{k_i}\right), & \text{若 } y_i=0\\[2mm] -2k_i\ln\left(\dfrac{\mu_i}{k_i}\right), & \text{若 } y_i=k_i\\[2mm] 2y_i\ln\left(\dfrac{y_i}{\mu_i}\right)+2(k_i-y_i)\ln\left(\dfrac{k_i-y_i}{k_i-\mu_i}\right), & \text{若 } 0<y_i<k_i\end{cases}$$

$$D=\sum D_i$$

$$\Delta D=D^*-D$$

}

3. 计算皮尔逊卡方统计量：

$$\chi^2=\sum(y-\mu)^2/[\mu(1-\mu/k)]$$

5.2.4　模拟数据分析

首先模拟服从二项分布的二分类数据，程序代码如下。

```
set.seed(123)
n = 500  #模拟次数
x1 = rgamma(n, 2, 1)      #解释变量 x1
x2 = rgamma(n, 2, 3)      #解释变量 x2
x3 = rbinom(n, 1, 0.4)    #分类解释变量 x3
x4 = rbinom(n, 1, 0.7)    #分类解释变量 x4

#参数的真实值
b0 = 1.5
b1 = -0.25
b2 = -0.5
b3 = 0.15
b4 = -1.4

#线性预测项
eta = b0 + b1 * x1 + b2 * x2 + b3 * x3 + b4 * x4

#试验次数,二项分布的分母,从 1 到 10 之间随机抽取
k = sample(1:10, n, replace = TRUE)

#事件发生的概率,logit 连接函数
p = 1/(1 + exp(-eta))

#因变量的模拟值
y = rbinom(n, size = k, prob = p)

#模拟的数据集:k 是试验次数,y 是事件发生次数
dt = data.frame(y, k, x1, x2, x3, x4)
```

基于上述模拟数据，应用迭代加权最小二乘法估计 logistic 回归模型参数的程序代码如下。

```
##应用迭代加权最小二乘算法
D = 0
mu = k * (y/k + 0.5)/2
eta = log(mu/(k - mu))
X = model.matrix(~x1 + x2 + x3 + x4)   #设计矩阵
repeat {
    W = diag(mu * (k - mu)/k)
    z = eta + k * (y - mu)/(k - mu)/mu
```

```
    #计算参数估计值 beta
    beta = solve(t(X) %*% W %*% X) %*% t(X) %*% W %*% z
    eta = c(X %*% beta)
    mu = k/(1 + exp( - eta))
    Dstar = D
    Di = ifelse(y == 0, - 2 * k * log((k - mu)/k),
        ifelse(y == k, - 2 * k * log(mu/k),
        2 * y * log(y/mu) + 2 * (k - y) * log((k - y)/(k - mu))))
    D = sum(Di)
    Ddiff = Dstar - D
    if (max(abs(Ddiff)) < 1e - 08)
        break
}

#计算卡方统计量
chi2 = sum((y - mu)^2/(mu * (1 - mu/k)))

#输出参数估计值
beta
##                  [,1]
## (Intercept)    1.4947
## x1            - 0.2194
## x2            - 0.5468
## x3             0.2003
## x4            - 1.4156

#输出卡方统计量的值
chi2
## [1] 473.776
```

在 R 中通常应用 glm 函数估计 logistic 回归模型的参数。在因变量服从二项分布的情况下，模型中需要指定因变量的两个取值，一个是事件发生的次数（如发生索赔的保单数）；另一个是事件未发生的次数（如未发生索赔的保单数）。譬如，在下面的 mod1 中，用 cbind(y, k－y) 指定因变量的两个取值，其中 y 表示事件发生的次数，k－y 表示事件未发生的次数，它们的和等于 k，表示试验的次数。在 mod2 中，因变量用 y/k 表示，等于事件发生概率的观察值，并用 weight＝k 指定试验次数。

```
mod1 = glm(cbind(y, k - y)~x1 + x2 + x3 + x4, data = dt, family = binomial(link = logit))
mod2 = glm(y/k~x1 + x2 + x3 + x4, data = dt, weight = k, family = binomial(link = logit))
```

模型 mod1 和 mod2 可以输出完全相同的结果。

也可以应用 gamlss 函数估计 logistic 回归模型的参数，在下面的程序代码中，用 cbind（y，k－y）指定因变量的两个取值，其中 y 表示事件发生的次数，k－y 表示事件未发生的次数；BI 表示二项分布；mu. link＝logit 表示在对均值建立回归模型时使用对数连接函数。

```
library(gamlss)
mod3 = gamlss(cbind(y, k - y)~x1 + x2 + x3 + x4, data = dt, family = BI, mu.link = logit)
```

前面的三个模型 mod1，mod2 和 mod3 可以输出相同的参数估计值。下面仅给出 mod3 的输出结果。在本例中，模拟数据的真实参数为（1.5，－0.25，－0.5，0.15，－1.4），而 logistic 回归模型的参数估计值为（1.49，－0.22，－0.54，0.2，－1.42），两者非常接近，且从 p 值来看，所有参数都是显著的。注意，本例虽然仅仅模拟了 500 次，但每次模拟都要进行 k 次试验。如果把每一次试验看作一次观察，本例的观察次数将等于对所有的 k 求和。这也就解释了为什么在 5.1.4 节模拟 500 次的样本量不算大，从而 logistic 回归模型的参数估计值与真实值差距较大，但本例中模拟 500 次的样本量已经足够大，从而 logistic 回归模型的参数估计值与真实值非常接近。

应用 summary(mod3) 输出模型 mod3 的参数估计值如下。

```
## -------------------------------------------------------------
## Mu link function:  logit
## Mu Coefficients:
##                  Estimate   Std. Error    t value      Pr(>|t|)
## (Intercept)        1.4947     0.12367     12.086     1.197e-29
## x1               - 0.2194     0.03344    - 6.559     1.364e-10
## x2               - 0.5468     0.09841    - 5.557     4.492e-08
## x3                 0.2003     0.08430      2.376     1.789e-02
## x4               - 1.4156     0.09051   - 15.639     4.291e-45
## -------------------------------------------------------------
```

应用 plot(mod3)可以输出模型 mod3 的随机分位残差图，结果如图 5—3 所示，比较接近标准正态分布，说明本例使用的分布假设是合理的。

logistic 回归模型输出的拟合值是事件发生的概率，将其乘以试验次数才是事件发生次数的拟合值。在前面的模型中，fitted(mod3)输出事件发生的概率，将其乘以试验次数 k 就是事件发生次数 y 的拟合值，如图 5—4 所示。绘图的程序代码如下：

```
plot(y, k * fitted(mod3), xlab = '观察值', ylab = '模型的拟合值')
abline(0, 1)
```

图 5—4 表明，因变量的观察值是大于或等于零的整数，而模型的拟合值是大于零的实数。当观察值为零时，模型的拟合值都大于零；当观察值为非零整数时，模型的拟合值在观察值附近上下波动。

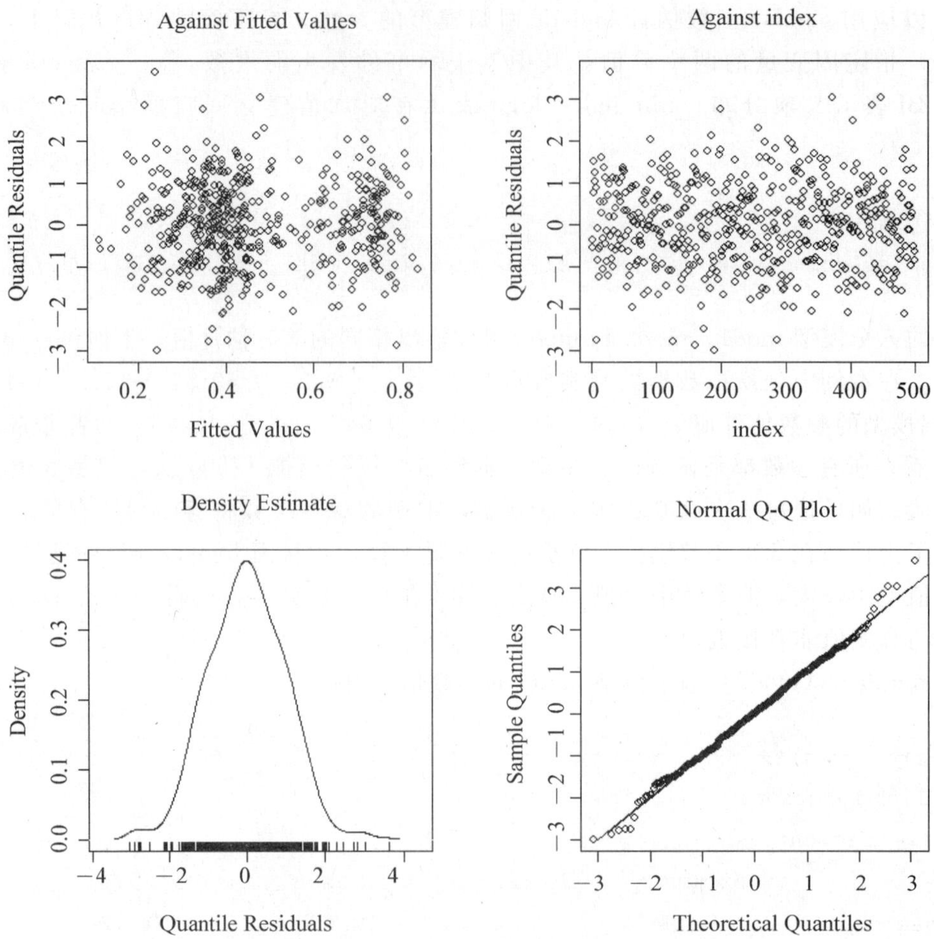

图 5—3　logistic 回归模型的分位残差图

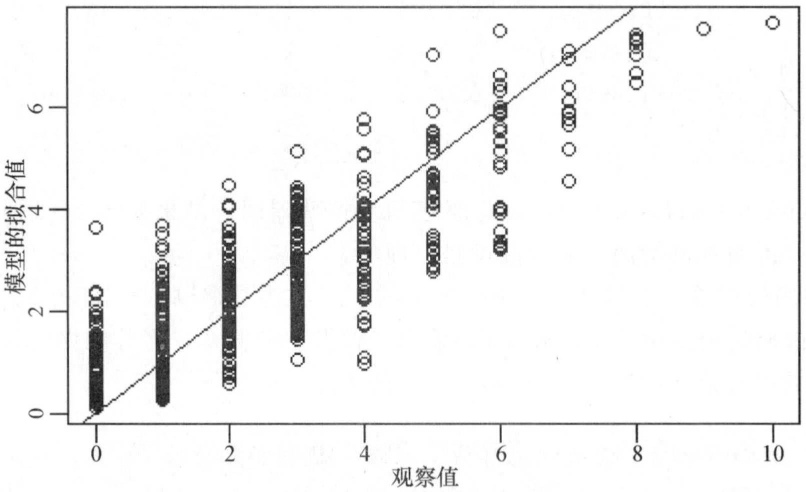

图 5—4　logistic 回归模型中拟合值与观察值的比较

5.3　比例型数据的 logistic 回归

在某些情况下，观察数据中可能只记录了事件发生的比例，并没有记录试验的总次数。

在这种情况下，建立 logistic 回归模型的因变量是事件发生的比例 $p=y/k$，其中，y 是事件发生的次数，k 是试验的总次数。

仍然以 5.1.4 节的模拟数据 dt 为例，并在数据集 dt 中令 $p=y/k$。以 p 为因变量建模的有关程序代码和参数估计结果如下所示。

```
#以事件发生的比例为因变量建模
mod1 = glm(p~x1 + x2 + x3 + x4, data = dt, family = binomial(link = logit))

#输出参数估计值
options(digits = 4)
summary(mod1) $ coef
##                Estimate   Std. Error   z value    Pr(>|z|)
## (Intercept)     1.5111    0.28810      5.245    1.560e-07
## x1             -0.2441    0.07911     -3.086    2.031e-03
## x2             -0.5178    0.22653     -2.286    2.226e-02
## x3              0.2390    0.19448      1.229    2.190e-01
## x4             -1.4027    0.20950     -6.696    2.145e-11

#以事件发生的次数为因变量建模
mod2 = glm(cbind(y, k - y) ~ x1 + x2 + x3 + x4, data = dt, family = binomial(link =
logit))

#输出参数估计值
summary(mod2) $ coef
##                Estimate   Std. Error   z value    Pr(>|z|)
## (Intercept)     1.4947    0.12367     12.086    1.252e-33
## x1             -0.2194    0.03344     -6.559    5.407e-11
## x2             -0.5468    0.09841     -5.557    2.745e-08
## x3              0.2003    0.08430      2.376    1.751e-02
## x4             -1.4156    0.09051    -15.639    3.927e-55
```

在 mod1 中，假设数据集中没有记录事件发生的次数和试验的总次数，建模的因变量是事件发生的比例 p。在 mod2 中，假设数据是完整的，所以基于事件发生的次数 y 和试验的总次数 k 建模。

可以看出，虽然两个模型的参数估计值比较接近，但标准误差异较大，模型 mod1 使用的数据不完整，所以参数估计的标准误远远大于模型 mod2。

5.4 logistic 回归系数的解释

在 logistic 回归模型中，回归系数通常借助发生比和发生比率进行解释。

发生比（odds）等于事件发生的频数与未发生的频数之比，或事件发生的概率（p）与事

件未发生的概率（$1-p$）之比，即

$$\text{odds}=\frac{\text{事件发生的频数}}{\text{事件未发生的频数}}=\frac{p}{1-p} \tag{5.36}$$

对于第 k 个事件，上式还可表示为：

$$\text{odds}=\frac{p_k}{1-p_k} \tag{5.37}$$

式中，p_k 表示第 k 个事件发生的概率。

发生比的数值大小具有下述含义：

$$\text{odds}\begin{cases}>1, & \text{表示事件更可能发生}\\ =1, & \text{表示事件发生和不发生的可能性相等}\\ <1, & \text{表示事件更不可能发生}\end{cases}$$

在比较两个事件的发生比时，不是通过相减而是通过相除的方式进行比较，从而得到发生比率（odds ratio）：

$$\text{odds ratio}=\frac{\text{odds}_1}{\text{odds}_2}$$

譬如，应用表 5—5 中的数据可以求得男生考入大学的发生比为：

$$\text{odds}_{\text{男}}=n_{11}/n_{12}=200/400=0.5$$

女生考入大学的发生比为：

$$\text{odds}_{\text{女}}=n_{21}/n_{22}=80/400=0.2$$

男生与女生考入大学的发生比率为：

$$\text{odds ratio}_{\text{性别}}=\text{odds}_{\text{男}}/\text{odds}_{\text{女}}=2.5 \tag{5.38}$$

该发生比率表明，男生考入大学的发生比大约是女生考入大学的发生比的 2.5 倍。

表 5—5　　分性别的大学入学情况

性别	是否入学	
	是	否
男	$n_{11}=200$	$n_{12}=400$
女	$n_{21}=80$	$n_{22}=400$

在 logistic 回归模型中，回归系数的影响可以通过发生比率进行解释。不妨假设有下述的 logistic 回归模型：

$$\ln\left(\frac{\pi}{1-\pi}\right)=\beta_0+\beta_1x_1+\beta_2x_2 \tag{5.39}$$

上述模型的发生比可以表示为：

$$\text{odds}_0=e^{\beta_0+\beta_1x_1+\beta_2x_2} \tag{5.40}$$

如果固定 x_2 不变，则当 x_1 增加 1 个单位时，发生比将变为：

$$\text{odds}_1 = e^{\beta_0 + \beta_1 (x_1 + 1) + \beta_2 x_2} \tag{5.41}$$

用式（5.41）除以式（5.40），即得解释变量 x_1 每增加一个单位的发生比率为：

$$\text{odds ratio} = \frac{\text{odds}_1}{\text{odds}_0} = e^{\beta_1} \tag{5.42}$$

上式表明，回归系数的指数变换 e^{β_1} 表示解释变量每增加一个单位的发生比率。发生比率大于 1，表示解释变量增加时，事件发生的可能性会上升。

在实际问题中，解释变量的测量尺度往往不同，所以在考察解释变量对因变量的影响时不宜直接比较它们的系数大小，为此，可以计算标准化回归系数。标准化回归系数表示解释变量每发生一个标准差的变化所导致的因变量以其标准差为单位测量的变化。在 logistic 回归模型中，标准化回归系数 β^* 可以表示为：

$$\beta^* = \frac{\beta \cdot s}{\sqrt{\pi^2/3}} \tag{5.43}$$

式中，β 是未标准化的回归系数；s 为相应解释变量的标准差；分母 $\sqrt{\pi^2/3}$ 是标准 logistic 分布的标准差。标准化回归系数越大，说明该解释变量对因变量的影响或贡献越大。

5.5　logistic 回归模型的拟合优度

对 logistic 回归模型的拟合优度进行评价的主要方法包括偏差、分类表和 Hosmer-Lemeshow 拟合优度统计量。

5.5.1　偏差

在 logistic 回归模型中，用偏差评价模型的拟合优度是不可靠的，原因如下：

（1）偏差与因变量的取值没有直接关系，仅仅受拟合值的影响。logistic 回归模型的偏差经过变形以后可以表示为：

$$\Delta = -2\sum_{i=1}^{n}\left\{\hat{\pi}_i \ln \frac{\hat{\pi}_i}{1-\hat{\pi}_i} + \ln(1-\hat{\pi}_i)\right\} \tag{5.44}$$

式中，$\hat{\pi}_i$ 表示 logistic 回归模型对事件发生概率的拟合值。

上式表明，偏差仅受拟合值 $\hat{\pi}_i$ 的影响，与因变量的观察值没有直接关系，所以不能很好地度量拟合值与观察值之间的接近程度。

（2）偏差的大小与因变量的数据格式有关，如果因变量是 0 和 1 取值的二分类变量，偏差会较大；数据经过汇总以后，因变量将服从二项分布，此时，logistic 回归模型的参数估计值虽然不会发生变化，但模型的偏差会减小。

在 logistic 回归模型中，卡方统计量近似服从 χ^2_{n-p}，但近似效果不好，所以也不是评价模型拟合优度的一个可靠指标。

5.5.2　分类表

在 logistic 回归模型的拟合优度评价中，经常使用的一种方法是分类表。logistic 回归模型的输出结果为事件发生的概率，而因变量的观察值为“1”或“0”，分别表示事件是否发生，“1”表示事件发生，“0”表示事件没有发生。根据 logistic 回归模型输出的概率值也可以将观察对象划分为两大类，譬如，如果预测的概率值大于 0.10，则将其划分为“1”或“是”，表示事件发生；如果预测的概率值小于 0.1，则将其划分为“0”或“否”，表示事件未发生。这里选定的概率值 0.1 称作临界点（cutpoint），可以根据需要调整其大小。

观察结果可以表示为“是”和“否”，模型的分类结果也可以表示为“是”和“否”，这就把所有观察对象划分为四个类别，如表 5—6 所示，该表就是所谓的分类表。

表 5—6 **分类表**

		模型的分类结果		
		是	否	合计
观察结果	是	30	70	100
	否	500	4 500	5 000
	合计	530	4 570	5 100

根据分类表可以计算下述两个指标：

（1）分类为“是”的正确率。该指标也称作敏感度（sensitivity）或真阳性率（true positive rate）。计算公式如下：

$$\text{分类为“是”的正确率}=\frac{\text{观察且分类为“是”的次数}}{\text{观察为“是”的次数}}$$

对于表 5—6 中的数据，该指标的计算结果为：

$$\text{分类为“是”的正确率}=\frac{30}{100}=30\%$$

（2）分类为“否”的正确率。该指标也称作指定度（specificity），计算公式如下：

$$\text{分类为“否”的正确率}=\frac{\text{观察且分类为“否”的次数}}{\text{观察为“否”的次数}}$$

对于表 5—6 中的数据，该指标的计算结果为：

$$\text{分类为“否”的正确率}=\frac{4\ 500}{5\ 000}=90\%$$

由此可见，通过分类表表 5—6 可以较好地识别事件没有发生的情况，识别的正确率可以达到 90%，但对于事件发生的情况，识别的正确率仅为 30%。

根据不同的分界点，可以得到不同的分类表，从而可以计算出不同的正确率指标。如果用纵轴表示分类为“是”的正确率（sensitivity），横轴表示分类为“否”的正确率（specificity），并把基于不同分界点计算的结果标示在坐标图中，就得到了所谓的 ROC 曲线（receiver operating characteristic），如图 5—5 所示。

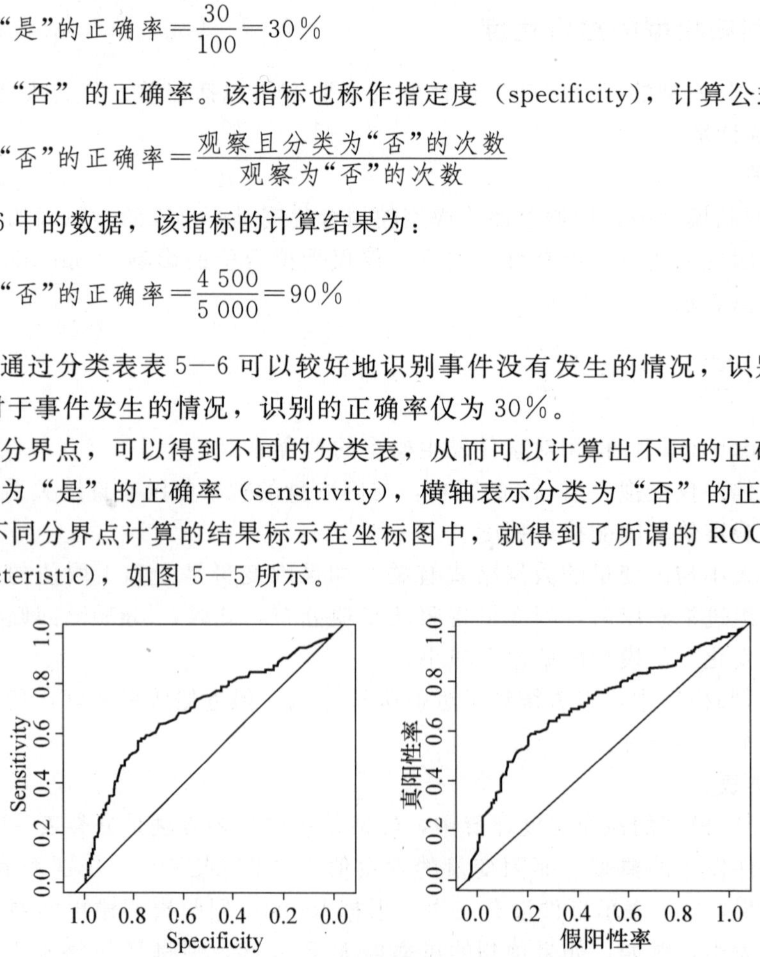

图 5—5 logistic 回归模型的 ROC 曲线

最理想的情况是，分类为“是”的正确率和分类为“否”的正确率都等于 1，此时，ROC 曲线将通过坐标图的左上角。

ROC 曲线下方的面积称作 AUC（area under ROC curve），其可以用来评价 logistic 回归模型的拟合优度，面积越大，拟合优度越好。当分类为“是”的正确率和分类为“否”的正确率都等于 1 时，该曲线下方的面积等于 1，模型的拟合效果最好。如果 ROC 曲线正好经过坐标图的对角线，ROC 曲线下方的面积等于 0.5，表明 logistic 回归模型没有任何预测价值，模型的分类结果与随机抽样的结果无异。图 5—5 中 ROC 曲线下方的面积 AUC=0.696 9。

应用 5.1.4 节中的模拟数据以及 logistic 回归模型 mod1 的输出结果，调用 pROC 程序包中的 roc 函数绘制 ROC 曲线和计算 AUC 的程序代码如下，其中 roc 函数中的三个自变量分别表示二分类因变量的观察值 y、模型 mod1 的预测概率 fitted（mod1）、输出 ROC 曲线。

```
library(pROC)
roc(response = y, predictor = fitted(mod1), plot = TRUE)
## Call:
## roc.default(response = y, predictor = fitted(mod1), plot = TRUE)
##
## Data:fitted(mod1) in 271 controls (y 0) < 229 cases (y 1).
## Area under the curve:0.6969
```

在许多文献中，ROC 曲线的纵轴称作真阳性率（true positive rate），即观察值为“是”，预测值也为“是”的概率；横轴称作假阳性率（false positive rate），即观察值为“否”而预测值为“是”的概率。真阳性率等于敏感度，假阳性率等于 1 减去指定度。

以 5.1.4 节中的模拟数据为例，logistic 回归模型 mod1 的 ROC 曲线可以应用下述程序代码绘制，结果如图 5—5 所示。

```
#模型 mod1 预测的概率值
S = fitted(mod1)

#真阳性率:观察值为“是”,分类也为“是”的概率
TP = function(s) sum((S > s) * (y == 1))/sum(y == 1)

#假阳性率:观察值为“否”,分类为“是”的概率
FP = function(s) sum((S > s) * (y == 0))/sum(y == 0)

#选择概率的临界点
u = seq(0, 1, length = 1000)

#绘图
plot(Vectorize(FP)(u), Vectorize(TP)(u),type = 's',xlab = '假阳性率', ylab = '真阳性
率')
abline(0, 1)
```

5.5.3 Hosmer-Lemeshow 统计量

评价 logistic 回归模型的拟合优度还可以使用 Hosmer-Lemeshow 拟合优度统计量（简记为 HL）。该方法首先根据模型预测的概率值将观测案例按升序排列，然后将其分为 10 个组，每组的观察案例数大致相等。第一组包括那些预测概率最小的观测案例，而最后一组包括那些预测概率最大的观测案例。如果很多观测案例具有相同的预测概率，可以将它们放在一个组，这会使各个组的规模不完全相同。

Hosmer-Lemeshow 拟合优度统计量类似于皮尔逊卡方统计量，可以从观测频数和预测频数构成的 $2\times G$ 交互表中求得，计算公式如下（Hosmer，2013）：

$$\mathrm{HL}=\sum_{i=0}^{1}\sum_{g=1}^{G}\frac{(O_{ig}-E_{ig})^2}{E_{ig}} \tag{5.45}$$

式中，G 表示分组个数；O_{0g} 表示 g 组中观测到“0”的次数；O_{1g} 表示 g 组中观测到“1”的次数；E_{0g} 表示 g 组中发生“0”的预测次数；E_{1g} 表示 g 组中发生“1”的预测次数。

将式（5.45）与自由度为 $G-2$ 的卡方分布进行比较，如果卡方检验不显著，则表示模型对数据拟合较好。

计算 Hosmer-Lemeshow 统计量的函数 HL 可以定义如下：

```
HL = function(y, yhat, G = 10) {
    cutyhat = cut(yhat, breaks = quantile(yhat, probs = seq(0, 1, 1/G)), include.lowest = TRUE)
    O = xtabs(cbind(1 - y, y) ~ cutyhat)
    E = xtabs(cbind(1 - yhat, yhat) ~ cutyhat)
    HL = sum((O - E)^2/E)
    p.value = 1 - pchisq(HL, G - 2)
    c(HL, p.value)
}
```

应用 5.1.4 节中的模拟数据以及 logistic 回归模型 mod1 的输出结果，HL 统计量的计算结果如下：

```
HL(y = dt$y, yhat = fitted(mod1))
##          HL    p.value
##     10.5534     0.2283
```

模型 mod1 的 HL 统计量为 10.553 4，相应的 p 值为 0.228 3，远远大于零，表明模型的拟合效果较好。

5.6 其他连接函数

如果因变量 y_i 是取值为 0 或 1 的二分类变量，取 0 的概率为 π_i，则广义线性模型的一般形式可以表示为：

$$\begin{aligned} &y_i\sim \mathrm{Bernouli}(\pi_i)\\ &F^{-1}(\pi_i)=\boldsymbol{x}_i^{\mathrm{T}}\boldsymbol{\beta}\end{aligned} \tag{5.46}$$

式中，Bernouli 表示贝努利分布；F 表示任意一个随机变量的分布函数；F^{-1}表示连接函数。

在式（5.46）中，如果 F 是标准 logistic 分布函数，F^{-1}就是 logit 连接函数。在实际应用中，还可以使用其他连接函数，如表 5—7 所示。其中，F^{-1}表示连接函数，而 F 表示与连接函数对应的分布函数，也称作响应函数（response function）。

表 5—7　　常用的连接函数

名称	连接函数 $g(\mu)=F^{-1}(\mu)$	响应函数 $F(\eta)$
logit 连接	$\eta=g(\mu)=\ln[\mu/(1-\mu)]$	$\mu=\exp(\eta)/[1+\exp(\eta)]$
概率连接（Probit）	$\eta=g(\mu)=\Phi^{-1}(\mu)$	$\mu=\Phi(\eta)$
补充重对数连接（complementary log-log）	$\eta=g(\mu)=\ln[-\ln(1-\mu)]$	$\mu=1-\exp[-\exp(\eta)]$

图 5—6 比较了表 5—7 中不同的响应函数，绘图的程序代码如下。

```
x = seq( - 3, 3, 0.01)
f1 = 1/(1 + exp( - x))          #logit 连接
f2 = pnorm(x)                   #概率连接
f3 = 1 - exp( - exp(x))         #补充重对数连接
plot(x, f1, type = "l", lty = 1, ylab = "F(x)")
lines(x, f2, lty = 2, col = 2)
lines(x, f3, lty = 3, col = 3)
legend( - 3, 0.9, c('logit 连接', '概率连接', '补充重对数连接'), lty = 1:3, col = 1:3,
box.col = 'white')
```

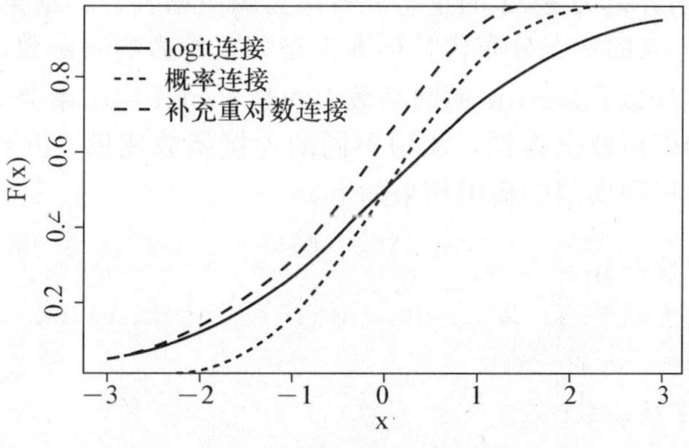

图 5—6　响应函数的比较

从图 5—6 可以看出，logit 连接和 Probit 连接的响应函数都是对称的，它们的区别在于，当 $x\to-\infty$ 或 $x\to\infty$时，Probit 连接的响应函数趋于 0 或 1 的速度快于 logit 连接的响应函数。补充重对数连接的响应函数是非对称的，其趋于 1 的速度快于趋于 0 的速度。

logit 连接和 Probit 连接之间的差异看似较大，但它们对模型预测值的影响并不像响应函数之间的差异那么明显。这是因为图 5—6 没有考虑这两个响应函数的方差是不同的。

在 Probit 连接中，响应函数为标准正态分布函数，均值为 0，方差为 1；在 logit 连接中，响应函数为标准 logistic 分布函数，其均值为 0，方差为 $\pi^2/3$。为了保证不同响应函数之间的可比性，可以把它们的均值都调整为 0，方差都调整为 $\pi^2/3$。

在使用 Probit 连接函数的广义线性模型中，如果把响应函数调整为均值为 0，方差为 σ^2 的正态分布，则有

$$\pi_i = F(\boldsymbol{x}_i^{\mathrm{T}}\boldsymbol{\beta}) = \Phi(\boldsymbol{x}_i^{\mathrm{T}}\boldsymbol{\beta}/\sigma) = \Phi(\boldsymbol{x}_i^{\mathrm{T}}\tilde{\boldsymbol{\beta}})$$

式中，F 表示均值为 0，方差为 σ^2 的正态分布函数；而 Φ 表示标准正态分布函数，且 $\tilde{\boldsymbol{\beta}} = \boldsymbol{\beta}/\sigma$。

由此可见，无论响应函数是 F 还是 Φ，它们对概率的预测值 π_i 是相同的，只是各自的回归系数相差 σ 倍。换言之，如果把响应函数从标准正态分布调整为方差等于 σ^2 的正态分布，回归系数将扩大为原来的 σ 倍。

如果令 $\sigma^2 = \pi^2/3 \approx 3.29$，则响应函数就服从均值为 0、方差为 $\pi^2/3$ 的正态分布，此时，它与 logistic 响应函数非常接近，如图 5—7 所示。

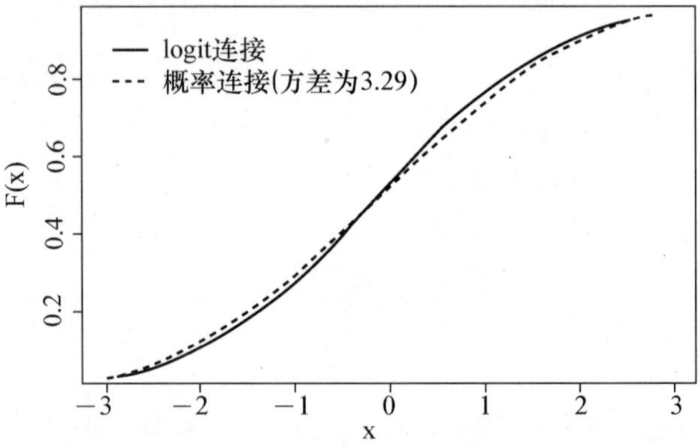

图 5—7 响应函数的比较

图 5—7 表明，使用方差为 $\pi^2/3$ 的正态分布作为响应函数，其结果近似于使用 logistic 响应函数。而用方差为 $\pi^2/3$ 的正态分布代替标准正态分布作为响应函数，回归系数将扩大为原来的 $\pi/\sqrt{3} \approx 1.814$ 倍，所以，logistic 回归系数大约是 Probit 回归系数的 1.814 倍。

下面以 5.1.4 节的模拟数据为例，使用不同的连接函数建模，并比较它们的参数估计值和预测值。有关程序代码和模型的输出结果如下。

```
#mod1:使用 logit 连接函数
mod1 = glm(y~x1 + x2 + x3 + x4, data = dt, family = binomial(link = logit))

#mod2:使用 Probit 连接函数
mod2 = glm(y~x1 + x2 + x3 + x4, data = dt, family = binomial(link = probit))

#mod3:使用补充重对数连接函数 cloglog
mod3 = glm(y~x1 + x2 + x3 + x4, data = dt, family = binomial(link = cloglog))

#比较不同模型的参数估计值
cbind(mod1 = coef(mod1), mod2 = coef(mod2), mod3 = coef(mod3))
##                     mod1        mod2         mod3
## (Intercept)      1.45913     0.88768     0.622473
```

```
## x1              -0.14274    -0.08428    -0.100866
## x2              -0.58061    -0.35001    -0.421135
## x3               0.02872     0.01659     0.003705
## x4              -1.49163    -0.91966    -1.040843

#绘图比较模型的预测值(按 mod1 的预测值从小到大排列)
id = order(fitted(mod1))
pred1 = fitted(mod1)[id]
pred2 = fitted(mod2)[id]
pred3 = fitted(mod3)[id]
matplot(cbind(pred1, pred2, pred3), type = "l", lty = 1:3, col = 1:3, ylab = "")
legend(50, 0.9, c("mod1", "mod2", "mod3"), lty = 1:3, col = 1:3, box.col = "white")
#结果如图 5—8 所示
```

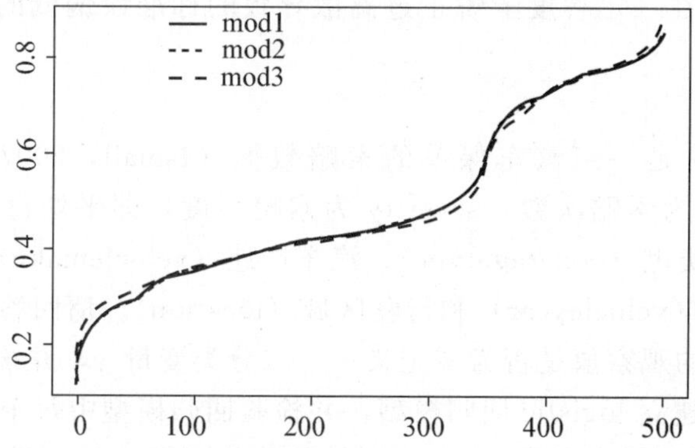

图 5—8　不同连接函数下回归模型的预测值比较

上述结果表明，三个模型的连接函数不同，所以模型的参数估计值差异较大，但三个模型的预测值还是比较接近的。此外，如果比较 logistic 回归模型和 Probit 回归模型的参数估计值，则可以发现它们的比值非常接近，分别为 1.644，1.694，1.659，1.731 和 1.622，与前面求得的理论比值 1.814 也比较接近。由于 logistic 回归模型的参数更容易解释，所以在实际数据分析中的应用较为普遍。

5.7　过离散问题

过离散是指因变量观察值的方差超过了名义上的方差，如在二项分布假设下，名义方差是 $\pi(1-\pi)$，而实际测量方差大于 $\pi(1-\pi)$，这种现象就叫过离散。譬如，对于取值为 0 和 1 的二分类因变量，第 i 个类别的方差可以用 $\bar{y}_i(1-\bar{y}_i)/n_i$ 进行估计，其中，n_i 是该类别的观察值个数，$\bar{y}_i$ 是样本均值。如果基于经验数据计算的方差 $\bar{y}_i(1-\bar{y}_i)/n_i$ 超过了基于二项回归计算的方差 $\hat{\pi}_i(1-\hat{\pi}_i)/n_i$，其中，$\hat{\pi}_i=g^{-1}(\boldsymbol{x}_i^{\mathrm{T}}\boldsymbol{\beta})$ 是二项回归模型对事件发生概率的预测值，则称这种现象为过离散。

过离散会导致回归系数的标准误偏低，进而使得 Wald 统计量的值偏高，而 p 值偏低。这会使得原本不显著的回归系数在假设检验时变得显著。但是，过离散不会影响回归系数的估计值和发生比率。

过离散产生的原因较多，如：

（1）某些类别中的观察案例数太少。

（2）某些重要的解释变量没有纳入模型。

（3）某些必要的交互项没有纳入模型。

（4）真实函数为二次或高次项，但在建模过程中使用了线性函数。

（5）数据中存在异常值。

（6）没有对某些解释变量进行必要的对数或其他变换。

通常可以用 Pearson 卡方统计量除以自由度 $n-p$ 来度量过离散的程度，也可以使用偏差除以自由度 $n-p$ 来度量过离散的程度。如果该比值大于 1，则说明存在过离散；如果该比值小于 1，则说明存在欠离散，欠离散的情况较少发生。Pearson 卡方统计量与自由度之比称作 Pearson 离散度。

当数据中存在过离散问题时，通常可以进行事后校正，如把原来的标准误乘以 Pearson 离散度的平方根，从而在一定程度上矫正过离散导致的标准误偏低的问题（Hardin，2012）。

练习题

5.1 数据集 dat1① 是一组汽车保单的索赔数据（Ismail，2007，2009），其中，exposures 为车年数；claims 为索赔次数；severity 为索赔强度，即平均每个车年的赔款金额。五个解释变量分别为保单类型（coveragetype）、汽车产地（vehiclemake）、汽车用途和驾驶人性别（use-gender）、车龄（vehicleyear）和行驶区域（location）。请回答下述问题：

（1）根据索赔次数的观察值是否为零定义一个二分类变量 y，并统计 y 的分布规律。

（2）以 y 为因变量建立 logistic 回归模型，并检验回归模型中每个解释变量的显著性。

（3）计算 logistic 回归模型的 Deviance 残差和分位残差，绘制残差的直方图和 Q-Q 图，分析分布假设的合理性。

（4）计算 logistic 回归模型的预测值，并与实际观察值进行比较。

（5）在前面的 logistic 回归模型中，把连接函数替换为 Probit 和 cloglog 连接函数，重新估计模型的参数，并说明哪种连接函数下的模型更好。

（6）在不同连接函数下，通过散点图比较它们的预测值和观察值。

5.2 数据集 dat2 是一组汽车第三者责任保险的索赔次数数据（Charpentier，2015），有 413 169 条记录，其中包括下述变量：保单编号（PolicyID）、索赔次数（ClaimNb）、车年数（Exposure）、发动机的功率（Power）、车龄（CarAge）、驾驶人年龄（DriverAge）、汽车品牌（Brand）、耗油类型（Gas）、行驶区域（Region）和区域的人口密度（Density）。请基于该组数据建立索赔发生概率的最优预测模型。

5.3 数据集 dat5 是一组汽车保单的索赔数据（de Jong，2008），其中 veh _ value 表示汽车的价值；exposure 表示车年数；clm 表示是否发生索赔，取值为 0 和 1；numclaims 表示索赔次数；claimcst 表示总索赔金额；veh _ body 表示汽车类型；veh _ age 表示车龄；gender 表示驾驶人性别；area 表示行驶区域；agecat 表示驾驶人年龄类别。请以 clm 为因变量，建立

---

① 数据下载地址：http://blog.sina.com.cn/mengshw。

索赔发生概率的预测模型。

5.4　数据集 dat6 是一组消费者信用数据（Charpentier，2015），共有 1 000 条记录，21 个变量，其中 class 是取值为 1 和 0 的二分类变量，1 代表违约，0 代表没有违约。请以 class 为因变量建立违约预测模型。

第 6 章　多分类因变量

多分类因变量（multinomial response variable）是指分类数大于或等于 3 的分类因变量。多分类因变量既可以是定序变量（ordinal variable），也可以是定类变量（nominal variable）。如学生的健康状况是一个定序变量，包括优秀、良好、合格和不合格 4 个有顺序关系的类别；而学生的民族是一个定类变量，包括汉族、回族和其他民族 3 个没有顺序关系的类别。当因变量的各个类别之间不存在定序关系时，可以采用多项 logistic 回归模型；而当因变量的各个类别之间有定序关系时，应该采用定序 logistic 回归模型。多分类因变量的 logistic 回归模型主要用于预测各个类别的发生概率。

6.1　多项 logistic 回归模型

多项 logistic 回归模型主要用于预测各种不同结果的发生概率。譬如，统计学院共有 3 个本科专业，分别是统计学、应用统计学和经济统计学，该学院的本科生必须选择其中一个作为主修专业进行学习，为此我们想预测每个学生选择不同专业的概率会有多大。在这个问题中，因变量的观察值就是学生的专业选择结果，解释变量包括学生的性别、兴趣、成绩、家庭经济状况和父母亲的职业等。基于这种数据建立的 logistic 回归模型就可以预测每个学生选择某个专业的概率。

多项 logistic 回归模型的一个重要假设是无关类别的独立性（independence of irrelevent alternatives，IIA），换言之，两个类别之间的发生比不会受另一个无关类别的影响。譬如，一个学生选择应用统计学专业的相对概率与选择经济统计学专业的相对概率之比不会因为增加或减少另一个可选专业而变化。在此假设下，共有 K 个类别的因变量，可以用 $K-1$ 个相互独立的二分类因变量来代替，即将其中一个类别作为基准，其他 $K-1$ 个类别分别与其进行比较。

6.1.1　模型设定

为了简化表述，下面不妨假设无次序因变量共有 K 个类别，并把第 K 个类别作为基准类别。

多项 logistic 回归模型可以表示为 $K-1$ 个二项 logistic 回归模型的形式：

$$
\begin{aligned}
&\ln\left[\frac{\Pr(y_i=1)}{\Pr(y_i=K)}\right]=\boldsymbol{x}_i^{\mathrm{T}}\boldsymbol{\beta}_1\\
&\ln\left[\frac{\Pr(y_i=2)}{\Pr(y_i=K)}\right]=\boldsymbol{x}_i^{\mathrm{T}}\boldsymbol{\beta}_2\\
&\qquad\vdots\\
&\ln\left[\frac{\Pr(y_i=K-1)}{\Pr(y_i=K)}\right]=\boldsymbol{x}_i^{\mathrm{T}}\boldsymbol{\beta}_{K-1}
\end{aligned}
\tag{6.1}
$$

式中，$\boldsymbol{x}_i=[1,x_{i1},x_{i2},\cdots,x_{iJ}]^{\mathrm{T}}$ 表示第 i 个观察案例的解释变量；$\boldsymbol{\beta}_k=[\beta_{k0},\beta_{k1},\beta_{k2},\cdots,\beta_{kJ}]^{\mathrm{T}}$ 表示关于第 k 个类别的 logistic 回归模型的参数。该模型有 J 个解释变量，对应 $J+1$ 个参数，其中第一个参数是截距项。

从式（6.1）可以看出，多项 logistic 回归模型的系数 β_{kj} 可以解释为：在控制其他解释变量的条件下，解释变量 x_{ij} 的单位变化对类别 k 与基准类别发生比的影响为 $\exp(\beta_{kj})$。

对式（6.1）进行指数变换，可以把各个类别的概率用基准类别的概率进行表示，即

$$\begin{cases}\Pr(y_i=1)=\Pr(y_i=K)\mathrm{e}^{\boldsymbol{x}_i^{\mathrm{T}}\boldsymbol{\beta}_1}\\ \Pr(y_i=2)=\Pr(y_i=K)\mathrm{e}^{\boldsymbol{x}_i^{\mathrm{T}}\boldsymbol{\beta}_2}\\ \quad\vdots\\ \Pr(y_i=K-1)=\Pr(y_i=K)\mathrm{e}^{\boldsymbol{x}_i^{\mathrm{T}}\boldsymbol{\beta}_{K-1}}\end{cases} \tag{6.2}$$

所有类别的概率之和应该等于 1，所以由式（6.2）可以求得基准类别的概率为：

$$\begin{aligned}&\Pr(y_i=1)+\Pr(y_i=2)+\cdots+\Pr(y_i=K)=1\\ &\Rightarrow\Pr(y_i=K)\Big(1+\sum_{k=1}^{K-1}\mathrm{e}^{\boldsymbol{x}_i^{\mathrm{T}}\boldsymbol{\beta}_k}\Big)=1\\ &\Rightarrow\Pr(y_i=K)=\frac{1}{1+\sum_{k=1}^{K-1}\mathrm{e}^{\boldsymbol{x}_i^{\mathrm{T}}\boldsymbol{\beta}_k}}\end{aligned} \tag{6.3}$$

把式中基准类别的概率代入式（6.2），可以求得每个类别的概率如下：

$$\begin{cases}\Pr(y_i=1)=\dfrac{\mathrm{e}^{\boldsymbol{x}_i^{\mathrm{T}}\boldsymbol{\beta}_1}}{1+\sum_{k=1}^{K-1}\mathrm{e}^{\boldsymbol{x}_i^{\mathrm{T}}\boldsymbol{\beta}_k}}\\ \Pr(y_i=2)=\dfrac{\mathrm{e}^{\boldsymbol{x}_i^{\mathrm{T}}\boldsymbol{\beta}_2}}{1+\sum_{k=1}^{K-1}\mathrm{e}^{\boldsymbol{x}_i^{\mathrm{T}}\boldsymbol{\beta}_k}}\\ \quad\vdots\\ \Pr(y_i=K-1)=\dfrac{\mathrm{e}^{\boldsymbol{x}_i^{\mathrm{T}}\boldsymbol{\beta}_{K-1}}}{1+\sum_{k=1}^{K-1}\mathrm{e}^{\boldsymbol{x}_i^{\mathrm{T}}\boldsymbol{\beta}_k}}\\ \Pr(y_i=K)=\dfrac{1}{1+\sum_{k=1}^{K-1}\mathrm{e}^{\boldsymbol{x}_i^{\mathrm{T}}\boldsymbol{\beta}_k}}\end{cases} \tag{6.4}$$

可见，在多项 logistic 回归模型中，需要建立 $K-1$ 个二项 logistic 回归模型。在每个二项 logistic 回归模型中，都是用每个类别的概率与基准类别的概率进行对比。每个二项 logistic 回归模型都有 $J+1$ 个参数，所以多项 logistic 回归模型的参数个数为（$K-1$）$(J+1)$。

由式（6.4）可以把多项 logistic 回归模型的似然函数表示为：

$$L=\prod_{i=1}^{n}\prod_{k=1}^{K}\Pr(y_i=k)^{I(y_i=k)} \tag{6.5}$$

在上式极大化的条件下就可以求得多项 logistic 回归模型的参数估计值。

与二分类因变量的 logistic 回归模型不同，对多项 logistic 回归模型的统计检验比较困难。为了判别数据中是否存在异常值和强影响点，可以建立多个二项 logistic 回归模型，并用二项 logistic 回归模型的有关统计检验方法来识别数据中的异常值和强影响点。

多项 logistic 回归模型的待估参数较多，所以建立多项 logistic 回归模型所需的样本量远

远大于建立二项 logistic 回归模型所需的样本量。

当某些类别的观察案例太少时，多项 logistic 回归模型的预测结果会很不稳定，甚至有可能无法求得模型的参数估计值。

6.1.2 模拟数据分析

假设因变量为学生所修读的专业（major），有三个类别，分别为 major1，major2 和 major3。假设学生在选择专业时受两个解释变量的影响，分别为性别（gender）和平均学分绩点（GPA），其中，性别为分类解释变量，有“男”和“女”两个水平，分别记为 male 和 female；平均学分绩点为连续型解释变量。

模拟数据的有关程序代码如下。

```
set.seed(123)

#模拟次数
n = 10000

#平均学分绩点 GPA,假设在(1,4)区间均匀分布
GPA = runif(n,1,4)

#性别,假设男性占 40%
gender = rbinom(n,1,0.4)
gender = factor(gender)
levels(gender) = c("male","female")

#参数的真实值
a0 = 1.5;a1 = -0.3;a2 = 0.3
b0 = 1;b1 = -0.25;b2 = -0.5

#解释变量的线性组合
eta1 = a0 + a1 * GPA + a2 * gender
eta2 = b0 + b1 * GPA + b2 * gender

#各个类别的概率,把 major1 设定为基准类别
p1 = 1/(1 + exp(eta1) + exp(eta2))
p2 = exp(eta1)/(1 + exp(eta1) + exp(eta2))
p3 = exp(eta2)/(1 + exp(eta1) + exp(eta2))

#因变量 major 的模拟值,共有 3 个类别
major = rep(0,n)
for(i in 1:n){
```

```
    major[i] = sample(c("major1","major2","major3"),size = 1,prob = c(p1[i],p2[i],
p3[i]))
}

#模拟的数据集
dt = data.frame(major,GPA,gender)

#显示部分模拟数据
head(dt)
##     major   GPA gender
## 1  major1 1.863   male
## 2  major2 3.365   male
## 3  major2 2.227 female
## 4  major2 3.649   male
## 5  major1 3.821   male
## 6  major2 1.137   male
## 列示模拟数据的分布表
lapply(dt[,c("major","gender")],table)
## $major
## major1  major2  major3
##   2200    5156    2644
##
## $gender
##   male  female
##   6068    3932
```

应用 R 软件建立多项 logistic 回归模型可以调用 nnet 程序包中的 multinom 函数，程序代码如下：

```
#建立多项 logistic 回归模型
library(nnet)
mod = multinom(major~GPA + gender,data = dt)

#输出 mod 的参数估计值
summary(mod)
##Call:
##multinom(formula = major~GPA + gender,data = dt)
##
##Coefficients:
```

```
##     (Intercept)          GPA     genderfemale
##major2     1.521      -0.3044           0.2584
##major3     1.112      -0.3031          -0.4573
##
##Std.Errors:
##          (Intercept)      GPA     genderfemale
## major2       0.0851   0.0301           0.0522
## major3       0.0948   0.0341           0.0616
##
## Residual Deviance:20209
## AIC:20221
```

在模拟 major2 时使用的三个系数分别为 a0＝1.5，a1＝－0.3 和 a2＝0.3，模型的输出结果为 1.521，－0.304 4 和 0.258 4。模拟 major3 时使用的三个系数分别为 b0＝1，b1＝－0.25 和 b2＝－0.5，模型输出的结果为 1.112，－0.303 1 和－0.457 3。这表明该模型可以很好地拟合前面的模拟数据。估计多项 logistic 回归模型的参数需要很大的样本量。本例有 6 个参数，模拟了 10 000 个观察值，所以模型的拟合效果较好。读者可以验证，减少模拟次数对参数估计值的精度会有很大影响。

该模型输出的 AIC 统计量可以用于不同模型的比较。

上述模型的输出结果中仅给出了参数估计值的标准误（Std. Errors），没有给出相应的 p 值，p 值可以通过下面代码计算。

```
#计算显著性检验的 p 值
z = summary(mod) $ coefficients/summary(mod) $ standard.errors
p = (1 - pnorm(abs(z), 0,1)) * 2
p
##              (Intercept)  GPA    genderfemale
## major2                 0    0       7.557e-07
## major3                 0    0       1.164e-13
```

所有参数的 p 值都接近于零，表明它们在统计上都是显著的。

下面的程序代码可以输出模型的部分拟合值，是每个学生选择各个专业的概率。

```
#拟合值
head(fitted(mod))
##        major1     major2     major3
## 1      0.1878     0.4876     0.3246
## 2      0.2674     0.4395     0.2932
## 3      0.2004     0.6032     0.1964
## 4      0.2846     0.4291     0.2863
```

```
## 5      0.2954     0.4226     0.2820
## 6      0.1564     0.5066     0.3370
```

应用上述多项 logistic 回归模型，可以在固定平均学分绩点（GPA）的情况下，分析性别对专业选择的影响。有关程序代码如下：

```
#构造所需的数据集 dt1
dt1 = data.frame(GPA = mean(dt$GPA), gender = c("male", "female"))
dt1
##      GPA gender
## 1 2.493   male
## 2 2.493 female

#基于数据集 dt1 输出模型的预测值
predict(mod, dt1, "prob")
##      major1   major2   major3
## 1   0.2187   0.4689   0.3124
## 2   0.2137   0.5931   0.1932
```

上述结果表明，在固定 GPA 的条件下，男生选择 major1 的概率与女生很接近，但选择 major2 的概率低于女生，选择 major3 的概率高于女生。

应用上述多项 logistic 回归模型，还可以在固定学生性别的情况下，分析 GPA 对专业选择的影响。有关程序代码如下：

```
#构造所需的数据集 dt2
dt2 = data.frame(GPA = rep(seq(1, 4, 0.1), 2), gender = rep(c("male", "female"),
each = 31))

#计算模型的预测值
pred = predict(mod, dt2, "prob")
pred = cbind(dt2, pred)

#把模型的预测值转化为绘图所需的格式
library(reshape2)
pred = melt(pred, id = c("GPA", "gender"), variable.name = "major", value.name =
"prob")

#显示部分预测值
head(pred)
##    GPA gender  major   prob
## 1 1.0   male major1 0.1510
```

```
## 2   1.1   male   major1   0.1550
## 3   1.2   male   major1   0.1590
## 4   1.3   male   major1   0.1631
## 5   1.4   male   major1   0.1673
## 6   1.5   male   major1   0.1715

#调用程序包 ggplot2 绘图分析 GPA 对专业选择的影响
library(ggplot2)
ggplot(pred, aes(x = GPA, y = prob, colour = major)) + geom_line(aes(linetype =
major)) + facet_grid(~gender)  #结果如图 6—1 所示
```

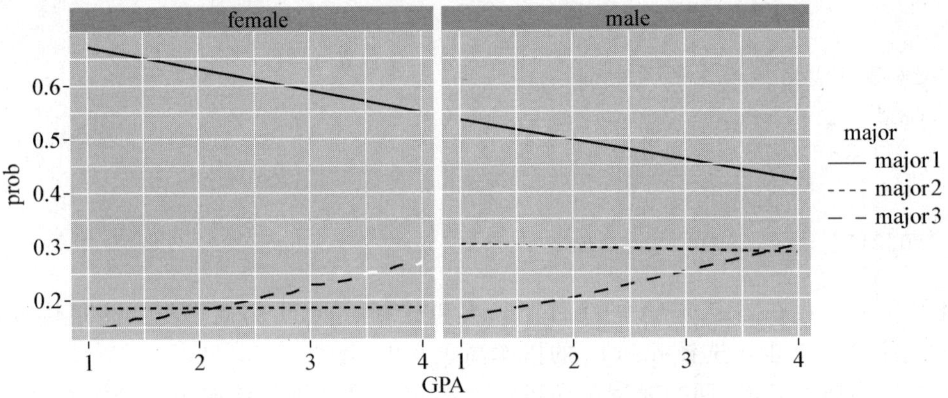

图 6—1　GPA 对学生专业选择的影响

图 6—1 表明，无论男女，随着平均学分绩点（GPA）的上升，选择 major3 的概率会上升，选择 major1 的概率会下降，而选择 major2 的概率几乎不受平均学分绩点的影响。

6.2　定序 logistic 回归模型

如果多分类因变量是定序变量，则可以建立定序 logistic 回归模型（ordinal logistic regression）。定序 logistic 回归模型是二分类 logistic 回归模型的扩展。定序 logistic 回归模型中需要估计的参数个数小于多项 logistic 回归模型。定序 logistic 回归模型也称作累积 logistic 回归模型。

如果多分类因变量是定序变量，虽然也可以建立 6.1 节介绍的多项 logistic 回归模型，但会损失数据中所包含的定序信息，所以并不建议采用这种做法。

6.2.1　模型设定

在定序 logistic 回归模型中，因变量的类别是有顺序关系的，可以用自然数来描述这种定序关系。譬如，学习成绩包括优秀、良好、及格和不及格，可以分别用自然数 1，2，3，4 来表示这四个类别。相应地，学习成绩（记为 y）达到优秀水平的概率可以表示为 $\Pr(y \leqslant 1)$，学习成绩达到良好及以上水平的概率可以表示为 $\Pr(y \leqslant 2)$，学习成绩达到及格及以上水平的概率为 $\Pr(y \leqslant 3)$。由此也可以求得学习成绩属于任意一个类别的概率，譬如学习成绩恰好等于及格水平的概率为 $\Pr(y \leqslant 3)-\Pr(y \leqslant 2)$。

假设因变量 y 的观测值有 K 个类别，相应的取值按顺序记为 $y=1$，$y=2$，…，$y=K$，则定序 logistic 回归模型的一般形式可以表示为：

$$\ln\left[\frac{\Pr(y_i\leqslant k)}{1-\Pr(y_i\leqslant k)}\right]=\alpha_k-\sum_{j=1}^{J}\beta_j x_{ij},\ k=1,2,\cdots,K-1 \tag{6.6}$$

若用 $P_k=\Pr(y_i\leqslant k)$ 表示累积概率，则式（6.6）可以展开为如下形式：

$$\begin{cases}\ln\left(\dfrac{P_1}{P_2+P_3+\cdots+P_K}\right)=\alpha_1-\sum\limits_{j=1}^{J}\beta_j x_{ij}\\ \ln\left(\dfrac{P_1+P_2}{P_3+P_4+\cdots+P_K}\right)=\alpha_2-\sum\limits_{j=1}^{J}\beta_j x_{ij}\\ \vdots\\ \ln\left(\dfrac{P_1+P_2+\cdots+P_{K-1}}{P_K}\right)=\alpha_{K-1}-\sum\limits_{j=1}^{J}\beta_j x_{ij}\end{cases} \tag{6.7}$$

定序 logistic 回归模型包含 $K-1$ 个二项 logistic 回归模型，每个 logistic 回归模型的截距项 α_k 各不相同，但解释变量 x_{ij} 的回归系数 β_j 在所有的二项 logistic 回归模型中是完全相同的，这就是所谓的比例发生比假设（proportional odds assumption）。正是由于这种比例性假设，定序 logistic 回归模型也称为比例发生比模型（proportional odds model）。

定序 logistic 回归模型有 $K-1$ 个不同的截距项和 J 个斜率项，所以共包含 $K+J-1$ 个参数。

由式（6.6）可知，定序 logistic 回归模型的系数 β_j 可作如下解释：在固定其他解释变量的条件下，解释变量 x_{ij} 每增加一个单位，则发生比 $\dfrac{1-\Pr(y_i\leqslant k)}{\Pr(y_i\leqslant k)}=\dfrac{\Pr(y_i>k)}{\Pr(y_i\leqslant k)}$ 将变为原来的 $\exp(\beta_j)$ 倍。如果 $\exp(\beta_j)$ 小于 1，表示解释变量 x_{ij} 每增加一个单位，因变量属于 k 以上类别的概率会减小，而属于 k 及其以下类别的概率将增大；反之，如果 $\exp(\beta_j)$ 大于 1，表示解释变量 x_{ij} 每增加一个单位，因变量属于 k 以上类别的概率会增大，而属于 k 及其以下类别的概率将减小。

对式（6.6）变形，可以把累积概率表示为：

$$\Pr(y_i\leqslant k)=\frac{\exp\left(\alpha_k-\sum\limits_{j=1}^{J}\beta_j x_{ij}\right)}{1+\exp\left(\alpha_k-\sum\limits_{j=1}^{J}\beta_j x_{ij}\right)},\ k=1,2,\cdots,K-1 \tag{6.8}$$

一旦求得累积概率 $\Pr(y_i\leqslant k)$，则因变量的取值等于某个特定类别的概率可以如下计算：

$$\begin{cases}\Pr(y_i=1)=\Pr(y_i\leqslant 1)\\ \Pr(y_i=2)=\Pr(y_i\leqslant 2)-\Pr(y_i<1)\\ \vdots\\ \Pr(y_i=K)=1-\Pr(y_i\leqslant K-1)\end{cases} \tag{6.9}$$

式中，$\Pr(y_i=1)+\Pr(y_i=2)+\cdots+\Pr(y_i=K)=1$。

由式（6.9）容易写出求解未知参数的似然函数为：

$$L = \prod_{i=1}^{n} \prod_{k=1}^{K} \Pr(y_i = k)^{I(y_i = k)} \tag{6.10}$$

在上式极大化的条件下就可以求得定序 logistic 回归模型的参数估计值。

6.2.2 模拟数据分析

下面假设成绩等级（grade）为定序因变量，取值有三个水平，分别为 best，good 和 pass，分别表示成绩等级从高到低的定序。解释变量有两个，分别为学习时间（study）和智商（IQ）。学习时间（time）是连续型解释变量。智商（IQ）是分类解释变量，包括两个水平，分别记为 high 和 average。

在 R 中，建立定序 logistic 回归模型可以调用 MASS 程序包中的 polr 函数。

模拟数据的有关程序代码如下。

```
#模拟三分类的定序因变量
library(MASS)
set.seed(123)

#模拟次数
n = 10000

#模拟解释变量 time 的取值,假设服从伽马分布
time = rgamma(n, 2, 1)

#模拟解释变量 IQ 的取值,假设智商为 average 的学生占 40%
IQ = rbinom(n,1,0.4)
IQ = factor(IQ)
levels(IQ) = c("average","high")

#参数的真实值
a1 = -2; a2 = 0.5
b1 = -0.2; b2 = -0.1

#解释变量的线性组合
eta = b1 * time + b2 * IQ

#计算累积概率:cp1 表示学习成绩达到 best 的概率,cp2 表示学习成绩达到 good 及以上的概率
cp1 = exp(a1 - eta)/(1 + exp(a1 - eta))
cp2 = exp(a2 - eta)/(1 + exp(a2 - eta))

#计算概率:p1 表示学习成绩为 best 的概率,p2 为 good 的概率,p3 为 pass 的概率
p1 = cp1
p2 = cp2 - cp1
```

```
p3 = 1 - cp2

#生成因变量 grade 的模拟值,包括 3 个类别
grade = rep(0,n)
for(i in 1:n){
    grade[i] = sample(c("best","good","pass"),size = 1,prob = c(p1[i], p2[i], p3
[i]))
grade[i] = factor(grade[i])
}

#模拟的数据集 dt
dt = data.frame(grade, time, IQ)

#显示模拟数据集 dt 的前 6 行
head(dt)
##      grade      time        IQ
## 1     good    0.8921      high
## 2     good    3.3118   average
## 3     good    0.1444      high
## 4     good    1.6625      high
## 5     good    4.3359   average
## 6     good    2.1176      high
```

在建立定序 logistic 回归模型之前，有必要检查分类变量在各个水平上的观察值是否比较充足。有关程序代码如下。

```
#列示模拟数据集在各个类别的分布状况
lapply(dt[, c("grade", "IQ")], table)
##  $grade
##    best   good   pass
##    1745   5422   2833
##
##  $IQ
## average    high
##    6097    3903
```

下面的程序代码可以建立定序 logistic 回归模型并输出参数估计结果。

```
#建立定序 logistic 回归模型
mod = polr(grade ~ time + IQ, data = dt)
```

```
#输出参数估计值
summary(mod)
## Call:
## polr(formula = grade ~ time + IQ, data = dt)
## Coefficients:
##              Value Std. Error    t value
## time    -0.2007      0.0141    -14.23
## IQhigh -0.0676      0.0395      -1.71
##
## Intercepts:
##                  Value   Std. Error      t value
## best|good   -2.003         0.044      -45.920
## good|pass    0.522         0.038       13.842
##
## Residual Deviance:19670.20
## AIC:19678.20
```

在上面输出结果中，Coefficients 下面列示了斜率系数，而 Intercepts 下面列示了截距项。

本例的因变量 grade 是学习成绩，包含三个水平，从高到低依次为 best，good 和 pass，可以记为 $y=1, y=2, y=3$ 。由式（6.6）可知，它们对应下面两个模型：

$$\ln\left[\frac{\Pr(y_i \leqslant 1)}{1-\Pr(y_i \leqslant 1)}\right]=\alpha_1-\beta_1 \cdot \text{time}_i-\beta_2 \cdot \text{IQ}_i$$

$$\ln\left[\frac{\Pr(y_i \leqslant 2)}{1-\Pr(y_i \leqslant 2)}\right]=\alpha_2-\beta_1 \cdot \text{time}_i-\beta_2 \cdot \text{IQ}_i$$

上述模型也可以表示为累积概率的形式：

$$\Pr(y_i \leqslant 1)=\frac{\exp(\alpha_1-\beta_1 \cdot \text{time}_i-\beta_2 \cdot \text{IQ}_i)}{1+\exp(\alpha_1-\beta_1 \cdot \text{time}_i-\beta_2 \cdot \text{IQ}_i)}$$

$$\Pr(y_i \leqslant 2)=\frac{\exp(\alpha_2-\beta_1 \cdot \text{time}_i-\beta_2 \cdot \text{IQ}_i)}{1+\exp(\alpha_2-\beta_1 \cdot \text{time}_i-\beta_2 \cdot \text{IQ}_i)}$$

在模拟数据时使用的两个斜率系数分别为 b1 ＝ －0.2 和 b2＝－0.1，而模型输出的两个回归系数分别为 $\beta_1=-0.2007$ 和 $\beta_2=-0.0676$ 。第一个回归系数的 t 值为－14.23，绝对值较大，表明该参数是显著的；第二个回归系数的 t 值为－1.71，绝对值较小，表明该参数的显著性不强。从对参数估计值与模拟数据时使用的真实值的比较可以看出，第二个回归系数的估计值与真实值的偏差也比较大。

在截距项的输出结果中，best|good＝－2.003 表示 $\alpha_1=-2.003$ ，good|pass＝0.522 表示 $\alpha_2=0.522$ 。模拟数据使用的两个截距分别为 a1＝－2 和 a2＝0.5，估计值与真实值比较接近，它们的 t 值绝对值也比较大，表明这两个截距是显著的。

估计定序 logistic 回归模型的参数需要很大的样本量，本例模拟了 10 000 个观察值，所以模型的拟合效果较好。

下面的程序代码可以输出模型的拟合值。

```
# 输出部分拟合值
head(fitted(mod))
##          best    good    pass
## 1      0.1473  0.5360  0.3168
## 2      0.2078  0.5583  0.2339
## 3      0.1294  0.5205  0.3501
## 4      0.1678  0.5479  0.2843
## 5      0.2437  0.5573  0.1991
## 6      0.1809  0.5530  0.2661
```

为了对模型的回归系数进行解释，可以计算发生比率（odds ratio），有关程序代码如下。

```
# 计算发生比率
exp(coef(mod))
##    time      IQhigh
## 0.8182      0.9346
```

学习时间（time）的发生比率（0.818 2）小于 1，表明当学习时间增加 1 个单位时，发生比 $\frac{1-\Pr(y_i \leqslant k)}{\Pr(y_i \leqslant k)} = \frac{\Pr(y_i > k)}{\Pr(y_i \leqslant k)}$ 将变为原来的 0.818 2 倍。在本例中，$k = 1,2,3$ 分别表示成绩等级为 best，good 和 pass。以 $k = 1$ 为例，学习时间每增加 1 个单位，成绩等级的发生比 $\frac{\Pr(y_i > 1)}{\Pr(y_i \leqslant 1)} = \frac{\Pr(y_i = \text{good},\text{pass})}{\Pr(y_i = \text{best})}$ 将变为原来的 0.818 2 倍，这意味着成绩等级为 best 的概率将会增大。

智商（IQ）的发生比率（0.934 6）小于 1，表明智商水平从 average 上升到 high，$\frac{1-\Pr(y_i \leqslant k)}{\Pr(y_i \leqslant k)} = \frac{\Pr(y_i > k)}{\Pr(y_i \leqslant k)}$ 将变为原来的 0.934 6 倍。以 $k = 2$ 为例，智商水平从 average 上升到 high，成绩等级的发生比 $\frac{\Pr(y_i > 2)}{\Pr(y_i \leqslant 2)} = \frac{\Pr(y_i = \text{pass})}{\Pr(y_i = \text{best},\text{good})}$ 将变为原来的 0.934 6 倍，这意味着成绩等级为 best 和 good 的概率将会增大。

上述模型可以用于分析在学习时间固定的条件下，智商对学习成绩的影响，有关程序代码如下。

```
# 构造所需的数据集 dt1,时间固定在平均水平
dt1 = data.frame(IQ = c("average", "high"), time = mean(dt$time))
dt1
##             IQ     time
## 1      average    1.978
## 2         high    1.978
```

```
#基于数据集 dt1,输出预测的概率
predict(mod, dt1, "prob")
##        best     good     pass
## 1    0.1672   0.5477   0.2852
## 2    0.1768   0.5516   0.2716
```

上面第 1 行表示智商为 average 时，各个成绩等级所对应的概率；第 2 行表示智商为 high 时，各个成绩等级所对应的概率。可见，在固定学习时间的条件下（time＝1.978），智商高于平均水平的学生其成绩等级为 best 和 good 的概率较高，而成绩等级为 pass 的概率较低。

上述模型还可以用于分析在固定智商水平的条件下，学习时间对成绩等级的影响。下面通过图示展示分析结果，有关程序代码如下。

```
#构造所需的数据集 dt2
library(reshape2)
library(ggplot2)
dt2 = data.frame(IQ = rep(c("average", "high"), each = 15), time = rep(1:15, 2))

#基于数据集 dt2,计算预测的概率
pred = predict(mod, dt2, "prob")

#整理数据集 pred 并绘图
pred = cbind(dt2, pred)
pred = melt(pred, id = c("IQ", "time"), value.name = "prob", variable.name =
"grade")
ggplot(pred, aes(x = time, y = prob, colour = grade)) + geom_line(aes(linetype =
grade)) + facet_grid(~IQ)  #结果如图 6—2 所示
```

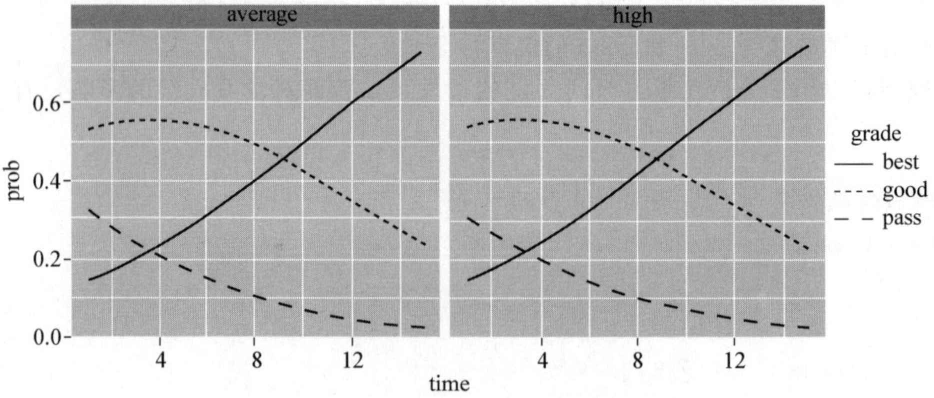

图 6—2 学习时间对成绩等级的影响

图 6—2 表明，随着学习时间的增加，成绩等级为 best 的概率上升，成绩等级为 good 的概率先上升后下降，而成绩等级为 pass 的概率会持续下降。

练习题

6.1　数据集 dat4① 记录了澳大利亚新南威尔士 2004 年 76 341 次交通事故的有关信息（de Jong，2008），其中包括驾驶人年龄类别（agecat）、汽车类型（roaduserclass）、驾驶人性别（sex）、交通事故的严重程度（degree），以及交通事故的次数（number）。数据集中的年龄（agecat）分为 7 个类别：

1＝17～20 岁

2＝21～25 岁

3＝26～29 岁

10＝30～39 岁（baselevel）

5＝40～49 岁

6＝50～59 岁

7＝60＋岁

汽车类型（roaduserclass）分为 4 个类别：

10＝car（baselevel）

2＝lighttruck

4＝bus/heavyrigidtruck/articulatedtruck

6＝motorcycle

性别（sex）分为两个类别：M，F

交通事故的严重程度（degree）分为 3 个类别：

1＝non-casualty

2＝injury

3＝fatal

请以交通事故的严重程度（degree）为因变量，建立多项和次序 logistic 回归模型。

6.2　数据集 dat2② 是一组汽车第三者责任保险的索赔次数数据（Charpentier，2015），有 413 169 条数据记录，其中包括下述变量：保单编号（PolicyID）、索赔次数（ClaimNb）、车年数（Exposure）、发动机的功率（Power）、车龄（CarAge）、驾驶人年龄（DriverAge）、汽车品牌（Brand）、耗油类型（Gas）、行驶区域（Region）和区域的人口密度（Density）。假设以索赔次数的观察值为多分类因变量，其中索赔次数等于零的保单作为第一类，索赔次数等于 2 的保单作为第二类，索赔次数大于 2 的保单作为第三类，请建立多项 logistic 回归模型，并预测每份保单发生 1 次索赔、2 次索赔和 2 次以上索赔的概率。

6.3　基于 6.2 题的数据集 dat2 建立定序 logistic 回归模型，并与多项 logistic 回归模型的结果进行比较。

①② 数据下载地址：http://blog.sina.com.cn/mengshw。

第 7 章　Tweedie 回归

广义线性模型假设因变量服从指数分布族，该分布族包含许多常用的分布类型，如二项分布、泊松分布、负二项分布、伽马分布、逆高斯分布和 Tweedie 分布等。

Tweedie 分布是泊松分布和伽马分布的复合分布，可以理解为损失次数服从泊松分布、每次的损失金额服从伽马分布假设下的累积损失分布。如果假设因变量服从 Tweedie 分布，则相应的回归模型称作 Tweedie 回归。

Tweedie 回归通常用于建立累积损失的预测模型。预测累积损失的另一种方法是建立零调整逆高斯回归模型，即在累积损失服从零调整逆高斯分布的假设下建立回归模型。零调整逆高斯分布可以看作贝努利分布与逆高斯分布的混合分布，其中贝努利分布用于描述损失是否发生，而逆高斯分布用于描述在损失发生情况下累积损失金额的分布。

本章主要介绍 Tweedie 回归模型和零调整逆高斯回归模型及其在累积损失预测中的应用。

7.1　Tweedie 分布

广义 Tweedie 分布是指数分布族中的一种分布类型，其特例包括常见的正态分布、泊松分布、伽马分布和逆高斯分布。广义 Tweedie 分布的一个共同特点是其方差 $\mathrm{Var}(y)$ 和均值 $\mu=E(y)$ 具有下述关系：

$$\mathrm{Var}(y) = \phi\mu^{p} \tag{7.1}$$

式中，ϕ 和 p 是大于零的常数。

幂参数 p 的取值决定 Tweedie 分布的具体类型，譬如：

(1) 当 $p=0$ 时，得到正态分布。

(2) 当 $p=1$ 时，得到泊松分布。

(3) 当 $1<p<2$ 时，就是泊松与伽马的复合分布。

(4) 当 $p=2$ 时，得到伽马分布。

(5) 当 $2<p<3$ 时，得到正稳定分布（positive stable distributions）。

(6) 当 $p=3$ 时，得到逆高斯分布。

(7) 当 $p>3$ 时，得到正稳定分布。

(8) 当 $p=\infty$ 时，得到极值稳定分布（extreme stable distributions）。

(9) 当 $0<p<1$ 时，Tweedie 分布不存在。

本章下面所谓的 Tweedie 分布，是指当 $1<p<2$ 时的泊松—伽马复合分布。

假设 N 表示损失次数，服从参数为 λ 的泊松分布；X_i 独立同分布，服从均值为 $\alpha\gamma$、方差为 $\alpha\gamma^2$ 的伽马分布，则累积损失 $S=\sum_{i=1}^{N} X_i$ 服从参数为（μ，p，ϕ）的 Tweedie 分布，其中：

$$\begin{cases}\mu=\lambda\alpha\gamma\\ p=(\alpha+2)/(\alpha+1)\\ \phi=\lambda^{1-p}(\alpha\gamma)^{2-p}/(2-p)\end{cases} \tag{7.2}$$

上式经变形，也可以由 Tweedie 分布的参数求得泊松分布的参数（λ）和伽马分布的参数

（α，γ）：

$$\begin{cases}\lambda=\dfrac{\mu^{2-p}}{\phi(2-p)}\\ \alpha=\dfrac{2-p}{p-1}\\ \gamma=\phi(p-1)\mu^{p-1}\end{cases} \tag{7.3}$$

在 R 中，计算 Tweedie 分布的概率和分位数以及生成随机数都可以应用 tweedie 程序包。

假设损失次数服从参数为 $\lambda=5$ 的泊松分布，每次的损失金额服从参数为（$\alpha=2$，$\gamma=50$）的伽马分布，均值为 100，方差为 5 000，则累积损失服从参数为 $\mu=500$，$p=1.333$，$\phi=18.9$ 的 Tweedie 分布。基于上述假设计算 Tweedie 分布的程序代码和输出结果如下。

```
library(tweedie)
#泊松分布的参数
lambda = 5

#伽马分布的参数
alpha = 2
gamma = 50

#计算 Tweedie 分布的参数
mu = lambda * alpha * gamma
power = (alpha + 2)/(alpha + 1)
phi = lambda^(1 - power) * (alpha * gamma)^(2 - power)/(2 - power)

cbind(mu, power, phi)
##          mu     power     phi
## [1,]    500     1.333     18.9

#计算 Tweedie 分布小于等于零的概率
ptweedie(0, power = power, mu = mu, phi = phi)
## [1] 0.006738

#计算 Tweedie 分布在零点的密度(概率)
dtweedie(0, power = power, mu = mu, phi = phi)
## [1] 0.006738

#绘制 Tweedie 分布的密度函数图
y = seq(0, 1000, 0.1)
fy = dtweedie(y = y, power = power, mu = mu, phi = phi)
plot(y, fy, type = "l", lwd = 2, col = 2)  #结果如图 7—1 所示
```

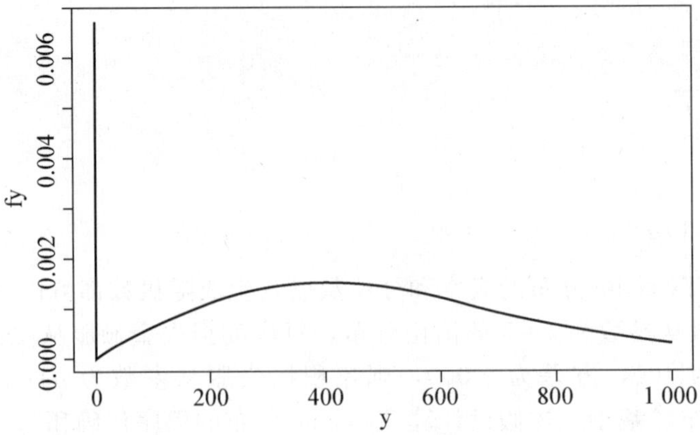

图 7—1 Tweedie 分布的密度函数

图 7—1 表明，Tweedie 分布是一个混合型分布，在零点有一个离散的概率，本例中为 0.006 738，在大于零的部分又服从连续型分布。

Tweedie 分布的随机数既可以使用 tweedie 程序包来生成，也可以通过泊松分布与伽马分布的复合过程来生成。使用前面已经求得的有关参数，模拟 Tweedie 随机数的程序代码如下。

```
#使用 rtweedie 函数生成 Tweedie 分布的随机数
set.seed(123)
n = 10000
tw1 = rtweedie(n, power = power, mu = mu, phi = phi)

# 计算随机数 tw1 等于 0 的概率
sum(tw1 == 0)/n
## [1] 0.0067

#应用泊松与伽马的复合过程生成 Tweedie 分布的随机数
num = rpois(n, lambda = lambda)
tw2 = NULL
for (i in 1:n) {
    tw2[i] = ifelse(num[i] == 0, 0, sum(rgamma(num[i], shape = alpha, scale = gam-
ma)))
}

#计算随机数 tw2 等于 0 的概率
sum(tw2 == 0)/n
## [1] 0.0061

#比较前面两个 Tweedie 随机数 tw1 和 tw2 的差异
plot(sort(tw1), sort(tw2))  #结果如图 7—2 所示
```

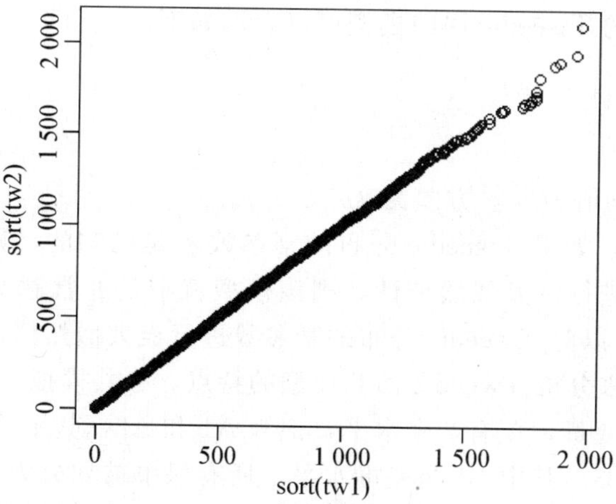

图 7—2　比较不同方法生成的 Tweedie 随机数

图 7—2 表明，前面两种方法生成的随机数非常接近。

7.2　Tweedie 回归

为了比较直观地解释 Tweedie 回归模型，下面以一份汽车保单在保险期间的累积损失为因变量进行说明。保单的累积损失是指保单在一个保险期间的所有损失之和，譬如，对于未发生损失的保单，当期的累积损失为零；对于发生两次损失的保单，累积损失为这两次损失之和。

用 N 表示保单在保险期间的损失次数，假设服从均值为 $w\lambda$ 的泊松分布，其中 w 表示该保单所承保的车年数（一辆汽车承保一年就是一个车年），λ 表示平均每个车年发生的损失次数，所以泊松分布的均值 $w\lambda$ 就是该保单在保险期间的期望损失次数。用 X_i 表示第 i 次损失的金额，用 Y 表示平均每个车年的损失，即

$$Y=\frac{1}{w}\sum_{i=1}^{N}X_i$$

令 $\mu-E(Y)$，则 N 和 Y 的联合密度函数可以表示为（Jørgensen，1994）：

$$f(n,\ y|\mu,\ p,\ \phi,\ w)=b(n,\ y,\ \phi/w,\ p)\exp\left[\frac{w}{\phi}t(y,\ \mu,\ p)\right] \tag{7.4}$$

式中

$$b(n,y,\phi/w,p)=\left[\frac{(w/\phi)^{\alpha+1}y^{\alpha}}{(p-1)^{\alpha}(2-p)}\right]^{n}\frac{1}{n!\ \Gamma(n\alpha)y} \tag{7.5}$$

$$\alpha=\frac{2-p}{p-1} \tag{7.6}$$

$$t(y,\ \mu,\ p)=y\frac{\mu^{1-p}}{1-p}-\frac{\mu^{2-p}}{2-p} \tag{7.7}$$

通过式（7.4）中的密度函数很容易求得相应的对数似然函数。注意，当 $n=0$，$y=0$ 时，相应的对数似然函数为：

$$\ln f(0,\ 0)=-w\lambda=-\frac{w}{\phi}\frac{\mu^{2-p}}{2-p}=\frac{w}{\phi}t(0,\ \mu,\ p) \tag{7.8}$$

使用对数连接函数的 Tweedie 回归模型可以表示如下：

$$\begin{aligned} &Y_i \sim \text{Tweedie}(\mu_i, p, \phi) \\ &\ln(\mu_i) = \boldsymbol{x}_i^{\mathrm{T}} \boldsymbol{\beta} \end{aligned} \tag{7.9}$$

式中，Tweedie 分布的均值为 μ_i，方差为 $\phi\mu_i^p$。

在 Tweedie 回归中，如果 Tweedie 分布的幂参数 p 是已知的，则该模型属于广义线性模型。如果对幂参数也要进行极大似然估计，则该模型就不是通常意义上的广义线性模型。下面使用的 cplm 程序包可以对 Tweedie 分布的幂参数进行极大似然估计。

下面通过模拟数据来分析 Tweedie 回归模型的特点。一共模拟 1 000 份保单的累积损失数据，A 和 B 是两个分类变量，A 有 2 个水平，记为 A1 和 A2，其中 A1 是基准水平。B 有 3 个水平，记为 B1，B2 和 B3，其中 B1 是基准水平。所有保单被划分为 6 个风险类别。

在模拟数据集中，用 ee 表示每份保单的车年数，用 num 表示每份保单的损失次数，用 sev 表示平均每次损失的金额，用 pure 表示平均每个车年的损失金额（也称作纯保费）。

模拟损失次数时设定的 4 个参数值为 0.2，−0.2，−0.3 和 0.4，模拟每次的损失金额时设定的 4 个参数值分别为 7，0.3，−0.4 和 0.6。这 4 个参数分别对应于基准水平、水平 A2、水平 B2 和水平 B3。

模拟数据的程序代码如下。

```
set.seed(123)
n = 5000  #样本量
A = gl(2, 3, length = n)
B = gl(3, 3, length = n)

#泊松回归参数的真实值
beta1 = c(0.2, -0.2, -0.3, 0.4)

#伽马回归参数的真实值
beta2 = c(7, 0.3, -0.4, 0.6)

#泊松分布的均值mu1
mu1 = exp(model.matrix(~ A + B) %*% as.matrix(beta1))

#伽马分布的均值mu2
mu2 = exp(model.matrix(~ A + B) %*% as.matrix(beta2))

#模拟车年数ee
ee = round(runif(n, min = 0.5, max = 1.5), 1)
```

mu1 表示平均每个车年的期望损失次数，对于只有 ee 个车年的保单，其期望损失次数为 mu1 * ee，所以模拟损失次数的程序代码如下。

```
num = rpois(n, mu1 * ee)
```

已知每次损失的金额服从伽马分布，均值为 mu2。如果假设伽马分布的形状参数（shape）为 2，即 $\alpha=2$，则伽马分布的尺度参数（scale）可以表示为 $\gamma=mu2/\alpha$，据此，模拟累积损失 cost 的程序代码如下。

```
#模拟累积损失 cost
cost = NULL
for (i in 1:n) {
    shape = 2
    scale = mu2[i]/shape
    cost[i] = ifelse(num[i] == 0, 0, sum(rgamma(num[i], shape = shape, scale =
scale)))
    cost[i] = round(cost[i])
}

#计算平均每次损失的金额 sev
sev = round(ifelse(num == 0, 0, cost/num))

#模拟的数据集 dt
dt = data.frame(A, B, ee, num, sev, cost)

#显示部分模拟数据
pander::pander(head(dt))  #结果如表 7—1 所示
```

表 7—1　　模拟数据示例

A	B	ee	num	sev	cost
1	1	0.8	0	0	0
1	1	1.3	5	1 162	5 809
1	1	0.9	2	1 110	2 219
2	2	1.4	1	497	497
2	2	1.4	0	0	0
2	2	0.5	0	0	0

基于前面的模拟数据集 dt 可以建立三个广义线性模型，即关于损失次数的泊松回归模型、关于每次损失金额的伽马回归模型和关于累积损失的 Tweedie 回归模型。

泊松回归模型和伽马回归模型可以使用 glm 函数建立，而 Tweedie 回归模型需要调用 cplm 程序包建立。

对损失次数建立泊松回归模型（po）的程序代码如下。

```
po = glm(num~A + B + offset(log(ee)), family = poisson(link = log), data = dt)
```

下述程序代码可以输出模型 po 的参数估计值，如表 7—2 所示。

```
pander::pander(summary(po) $ coef)
```

表 7—2　泊松回归模型的参数估计值

	Estimate	Std. Error	z value	Pr (>｜z｜)
(Intercept)	0.189 4	0.026 41	7.169	7.534e−13
A2	−0.225 4	0.026 3	−8.571	1.028e−17
B2	−0.314 2	0.036 22	−8.674	4.165e−18
B3	0.415 2	0.030 41	13.65	1.967e−42

在建立伽马回归模型时，应该从数据集 dt 中删除 sev=0 的模拟值。对平均每次损失金额建立伽马回归模型（ga）的程序代码如下。

```
ga = glm(sev ~ A + B, weights = num, family = Gamma(link = log), data = subset
(dt, sev>0))
```

下述程序代码可以输出模型 ga 的参数估计值，如表 7—3 所示。

```
pander::pander(summary(ga) $ coef)
```

表 7—3　伽马回归模型的参数估计值

	Estimate	Std. Error	t value	Pr (>｜t｜)
(Intercept)	6.965	0.018 43	377.8	0
A2	0.313 7	0.018 35	17.1	7.191e−63
B2	−0.362 8	0.025 27	−14.36	2.195e−45
B3	0.630 0	0.021 22	29.7	7.261e−172

在前面的模拟数据中，假设伽马分布的形状参数为 $\alpha=2$，所以由式（7.2）可知，Tweedie 分布的幂参数为：

$$p=\frac{\alpha+2}{\alpha+1}=1.333\,3$$

建立 Tweedie 回归模型需要调用 cplm 程序包中的 cpglm 函数，其中默认使用对数连接函数。在 Tweedie 回归模型中，如果因变量为累积损失，抵消项（offset）应该设定为车年数（ee）的对数，即 offset=ln(ee)。在给定幂参数为 $p=1.333\,3$ 的条件下，对累积损失 cost 建立 Tweedie 回归模型（tw1）的有关程序代码如下。

```
tw1 = cpglm(cost ~ A + B + offset(log(ee)), data = dt, control = list(bound.p =
c(1.3333, 1.3333)))
```

应用 summary(tw1) 输出模型 tw1 的参数估计结果如下。

```
##                Estimate   Std. Error   t value    Pr(>|t|)
## (Intercept)    7.1524     0.0344       207.74     <2e-16 ***
## A2             0.0899     0.0316         2.84     0.0045 **
## B2            -0.6735     0.0484       -13.93     <2e-16 ***
## B3             1.0498     0.0370        28.35     <2e-16 ***
```

在 cpglm 函数中，令选项 control=list(bound.p=c(1.3333, 1.3333)) 是为了把 Tweedie 分布的幂参数控制在 1.333 3 的水平，相当于令 $p=1.3333$。

Tweedie 分布是由泊松分布与伽马分布复合而成的，由式（7.2）可知，Tweedie 分布的均值可以表示为泊松分布的均值与伽马分布的均值之积。在模拟数据的过程中，泊松回归模型的均值表示为：

$$\mu_1=\exp(0.2-0.2A_2-0.3B_2+0.4B_3)$$

伽马回归模型的均值表示为：

$$\mu_2=\exp(7+0.3A_2-0.4B_2+0.6B_3)$$

所以 Tweedie 回归模型的均值为：

$$\mu=\mu_1\mu_2=\exp(7.2+0.1A_2-0.7B_2+B_3)$$

可见，前面 Tweedie 回归模型（tw1）输出的参数估计值与模拟数据的真实参数值非常接近。可以验证，前面泊松回归系数的估计值与伽马回归系数的估计值之和也非常接近 Tweedie 回归系数的估计值。

为了预测每个风险单位（如车年）的累积损失，既可以使用泊松回归求得损失频率的预测值，然后求得平均每次损失金额的预测值，再将两者相乘求得每个风险单位累积损失的预测值，也可以直接应用 Tweedie 回归求得每个风险单位累积损失的预测值。如果损失次数与损失金额之间相互独立，则这两种方法求得的每个风险单位的累积损失预测值应该相等。对于前面的模拟数据，两种方法对每个风险单位的累积损失的预测值分别记为 pred12 和 pred3，则它们的比较结果如图 7—3 所示，有关程序代码如下。

```
#泊松回归对损失频率的预测值
pred1 = predict(po, newdata = dt[, 1:3], "response")

#伽马回归对平均每次损失金额的预测值
pred2 = predict(ga, newdata = dt[, 1:3], "response")

#泊松回归与伽马回归相乘求得对每个风险单位的累积损失的预测值
pred12 = pred1 * pred2

#Tweedie 回归对每个风险单位的累积损失的预测值
pred3 = predict(tw1, newdata = dt[, 1:3], "response")
```

```
#比较 pred12 与 pred3
plot(pred12, pred3); abline(0, 1)
```

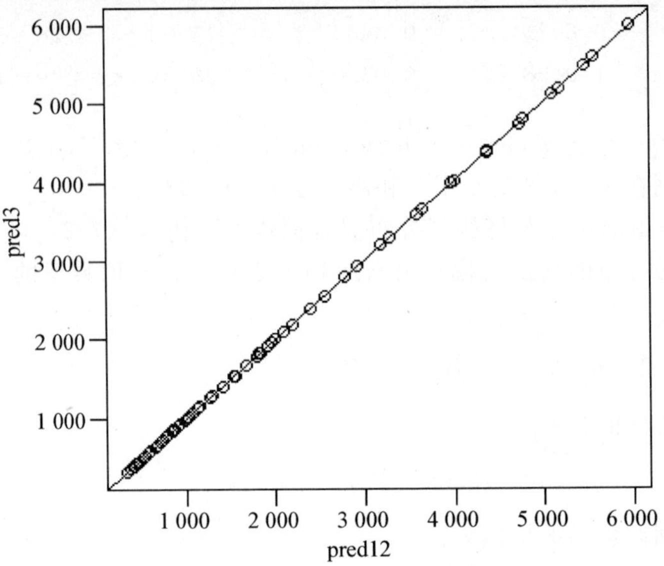

图 7—3 比较 Tweedie 回归的预测值与泊松回归十伽马回归的预测值

在图 7—3 中，横轴是应用泊松回归与伽马回归对每个风险单位累积损失的预测值(pred12)，纵轴是应用 Tweedie 回归对每个风险单位累积损失的预测值（pred3），两个预测值几乎相等。

前面的模拟数据是个体损失数据。如果把这些损失数据按照风险类别进行汇总，可以求得各个风险类别的风险单位数（车年数）、累积损失和平均每个风险单位的损失。基于汇总数据也可以建立相应的泊松回归模型、伽马回归模型和 Tweedie 回归模型，而且它们的参数估计结果与基于个体数据的回归模型几乎相同。有关程序代码如下。

```
#调用 data.table 程序包汇总数据
library(data.table)
dt = data.table(dt)
dts = dt[, list(ees = sum(ee), nums = sum(num), costs = sum(cost), sevs = sum
(cost)/sum(num)), by = list(A, B)]

#输出汇总数据 dts 的结果
pander::pander(head(dts))#结果如表 7—4 所示
```

表 7—4 **汇总数据**

A	B	ees	nums	costs	sevs
1	1	818.8	987	1 052 688	1 067
2	2	844.1	604	596 097	986.9
1	3	835.4	1 541	3 023 115	1 962

续前表

A	B	ees	nums	costs	sevs
2	1	824.7	798	1 145 285	1 435
1	2	833.1	726	543 964	749.3
2	3	829.4	1 200	3 318 467	2 765

```
#基于汇总数据 dts 建立泊松回归模型
pos = glm(nums ~ A + B + offset(log(ees)), data = dts, family = poisson)
pander::pander(summary(pos) $ coef)  #结果如表 7—5 所示
```

表 7—5　基于汇总数据估计的泊松回归模型的参数

	Estimate	Std. Error	z value	Pr (>|z|)
(Intercept)	0.189 4	0.026 41	7.169	7.535e−13
A2	−0.225 4	0.026 3	−8.571	1.028e−17
B2	−0.314 2	0.036 22	−8.674	4.166e−18
B3	0.415 2	0.030 41	13.65	1.967e−42

```
#基于汇总数据 dts 建立伽马回归模型
gas = glm(sevs ~ A + B, weights = nums, data = dts, family = Gamma(link = log))
```

下面程序代码可以输出模型 gas 的参数估计值，结果如表 7—6 所示。

```
pander::pander(summary(gas) $ coef)
```

表 7—6　基于汇总数据估计的伽马回归模型的参数

	Estimate	Std. Error	t value	Pr (>|t|)
(Intercept)	6.965 0	0.020 46	340.4	8.628e−06
A2	0.313 7	0.020 36	15.41	0.004 185
B2	−0.362 8	0.028 04	−12.94	0.005 921
B3	0.630 0	0.023 54	26.76	0.001 394

下面的程序代码基于汇总数据 dts 建立 Tweedie 回归模型(tws)。

```
#基于汇总数据 dts 建立 Tweedie 回归模型
tws = cpglm(costs ~ A + B + offset(log(ees)), data = dts, control = list(bound.p = c
(1.3333, 1.3333)))
```

应用 summary(tws) 输出模型 tws 的参数估计结果如下。

```
##               Estimate  Std. Error  t value  Pr(>|t|)
## (Intercept)   7.15229   0.00873     819.5    1.5e-06 ***
## A2            0.09021   0.00802     11.2     0.00781 **
```

```
## B2          -0.67689    0.01227    -55.2   0.00033 ***
## B3           1.04686    0.00939    111.5   8.0e-05 ***
```

比较前面输出结果可见，对于泊松回归和伽马回归而言，基于个体数据和汇总数据的输出结果几乎完全相同，而 Tweedie 回归模型的输出结果也仅有很小的变化。

7.3 Tweedie 回归模型的推广

在 Tweedie 回归模型中，我们假设 Tweedie 分布的幂参数是已知的。在实际数据分析中，幂参数往往是未知的。在这种情况下，需要基于实际数据估计幂参数，不过，此时的 Tweedie 回归模型将不再是通常意义上的广义线性模型。程序包 cplm 可以同时对回归参数和幂参数进行极大似然估计。

仍然以前面的模拟数据为例。应用 cplm 程序包对回归参数和幂参数同时进行估计的程序代码如下。

```
tw2 = cpglm(cost ~ A + B + offset(log(ee)), data = dt)
```

应用 summary（tw2）输出模型 tw2 的参数估计结果如下。

```
##                Estimate   Std. Error   t value   Pr(>|t|)
## (Intercept)     7.1526      0.0344      208.03    <2e-16 ***
## A2              0.0896      0.0317        2.82    0.0048 **
## B2             -0.6732      0.0480      -14.04    <2e-16 ***
## B3              1.0500      0.0371       28.29    <2e-16 ***
```

前面 Tweedie 回归模型对幂参数的估计值为 1.361 1，而模拟数据时使用的幂参数为 1.333 3，说明该模型对幂参数的估计结果非常接近真实值。

7.4 零调整逆高斯回归

在对累积损失数据建模时，通常使用 Tweedie 回归。但在某些情况下，零调整逆高斯回归模型对累积损失数据的拟合效果可能更优。逆高斯分布的密度函数有多种形式，如果把均值当作参数之一，其密度函数可以表示为：

$$f(y|\mu,\sigma^2)=\frac{1}{\sqrt{2\pi\sigma^2 y^3}}\exp\left[-\frac{(y-\mu)^2}{2\mu^2\sigma^2 y}\right]$$

式中，$y>0$，$\mu>0$，$\sigma>0$。

逆高斯分布的均值和方差分别为：

$$E(y)=\mu$$
$$\mathrm{Var}(y)=\sigma^2\mu^3$$

零调整逆高斯分布是在零点的退化分布与逆高斯分布形成的混合分布，密度函数可以表示为：

$$f(y|\mu,\sigma^2,\upsilon)=\begin{cases}\upsilon, & y=0\\ (1-\upsilon)\dfrac{1}{\sqrt{2\pi\sigma^2y^3}}\exp\left[-\dfrac{(y-\mu)^2}{2\mu^2\sigma^2y}\right], & y>0\end{cases}$$

式中，$y\geqslant 0$，$\mu>0$，$\sigma>0$，$0<\upsilon<1$。

零调整逆高斯分布的均值和方差分别为：

$$E(y)=(1-\upsilon)\mu$$
$$\mathrm{Var}(y)=(1-\upsilon)\mu^2(\upsilon+\mu\sigma^2)$$

在上式的均值和零调整概率中分别引入解释变量，即可建立均值和零调整概率的回归模型如下：

$$\ln(\mu_i)=\boldsymbol{x}_i^{\mathrm{T}}\boldsymbol{\beta}$$
$$\ln\left(\frac{\upsilon_i}{1-\upsilon_i}\right)=\boldsymbol{r}_i^{\mathrm{T}}\boldsymbol{\alpha}$$

式中，$\boldsymbol{x}_i$ 表示均值回归模型中的解释变量；$\boldsymbol{r}_i$ 表示零调整概率回归模型中的解释变量；$\boldsymbol{\beta}$ 和 $\boldsymbol{\alpha}$ 表示回归系数；μ_i 和 υ_i 分别表示对第 i 份保单的均值预测值与零调整概率预测值。

零调整逆高斯分布不属于指数分布族，所以零调整逆高斯回归也不是通常意义上的广义线性模型。

对于 7.2 节模拟的损失数据集 dt，下面应用零调整逆高斯回归模型进行拟合。建立零调整逆高斯回归模型需要调用 gamlss 程序包。在建立零调整逆高斯回归模型时，既可以仅对逆高斯分布的均值参数建立回归模型（如 ZAIG1），也可以同时对均值参数和零调整概率参数建立回归模型（如 ZAIG2）。仅对逆高斯分布的均值参数建立回归模型（ZAIG1）的程序代码如下。

```
library(gamlss)
ZAIG1 = gamlss(cost ~ A + B + offset(log(ee)), data = dt, family = ZAIG, mu.link
 = log)
```

应用 summary(ZAIG1) 输出模型 ZAIG1 的参数估计结果如下。

```
## -------------------------------------------------------------------
## Mu link function:  log
## Mu Coefficients:
##                   Estimate   Std. Error   t value   Pr(>|t|)
## (Intercept)         7.638       0.0378     201.99   0.00e+00
## A2                  0.186       0.0398       4.67   3.04e-06
## B2                 -0.519       0.0442     -11.74   2.00e-31
## B3                  0.812       0.0565      14.35   8.49e-46
## -------------------------------------------------------------------
## Sigma link function:  log
```

```
## Sigma Coefficients:
##    Estimate   Std. Error     t value    Pr(>|t|)
##    -3.7405     0.0123     -303.3755      0.0000
## ----------------------------------------------------------------
## Nu link function:  logit
## Nu Coefficients:
##    Estimate     Std. Error      t value     Pr(>|t|)
##  -6.54e-01    2.98e-02    -2.19e+01    8.46e-102
## ----------------------------------------------------------------
```

下面代码输出分位残差图，结果如图 7—4 所示。

```
plot(ZAIG1)
```

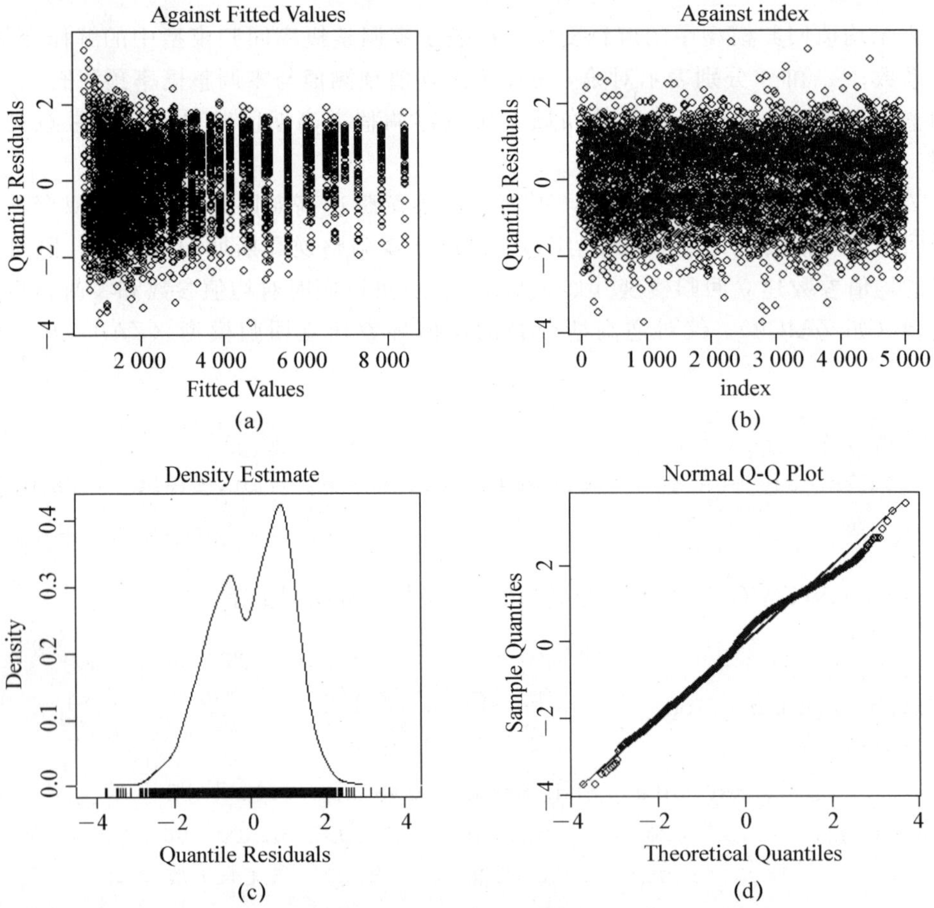

图 7—4 ZAIG1 的分位残差图

同时对均值参数和零调整概率参数建立回归模型(ZAIG2)的程序代码如下。

```
ZAIG2 = gamlss(cost ~ A + B + offset(log(ee)), nu.formula = ~ A + B, data = dt,
family = ZAIG, mu.link = log)
```

应用 summary(ZAIG2) 输出模型 ZAIG2 的参数估计结果如下。

```
## -------------------------------------------------------------------------------
## Mu link function:  log
## Mu Coefficients:
##                    Estimate  Std. Error  t value   Pr(>|t|)
## (Intercept)           7.638      0.0378   201.99   0.00e+00
## A2                    0.186      0.0398     4.67   3.04e-06
## B2                   -0.519      0.0442   -11.74   2.00e-31
## B3                    0.812      0.0565    14.35   8.50e-46
## -------------------------------------------------------------------------------
## Sigma link function:  log
## Sigma Coefficients:
##     Estimate    Std. Error      t value    Pr(>|t|)
##      -3.7405        0.0123    -303.3755      0.0000
## -------------------------------------------------------------------------------
## Nu link function:  logit
## Nu Coefficients:
##                   Estimate   Std. Error          t value          Pr(>|t|)
## (Intercept)         -0.718       0.0602           -11.93          2.15e-32
## A2                   0.353       0.0613             5.76          8.99e-09
## B2                   0.337       0.0710             4.74          2.15e-06
## B3                  -0.801       0.0791           -10.13          6.75e-24
## -------------------------------------------------------------------------------
```

下面代码输出零调整逆高斯回归模型 ZAIG2 的蠕虫图检验分布假设的合理性，结果如图 7—5 所示。

```
wp(ZAIG2 , ylim.all = 1)
```

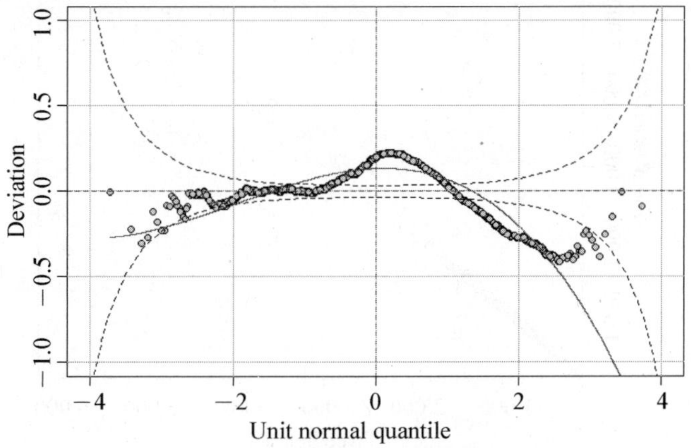

图 7—5 ZAIG2 的蠕虫图

下面代码比较 Tweedie 回归和零调整逆高斯回归的 AIC 统计量。

```
cbind(Tweedie1 = AIC(tw1), Tweedie2 = AIC(tw2), ZAIG1 = AIC(ZAIG1), ZAIG2 = AIC
(ZAIG2))
##       Tweedie1  Tweedie2  ZAIG1  ZAIG2
## [1,]    63646     63631  65361  65103
```

比较零调整逆高斯回归模型的 AIC 可以发现，同时对均值参数和零调整概率进行建模可以改善模型的拟合效果，即 ZAIG2 的 AIC 统计量小于 ZAIG1 的 AIC 统计量，但它们都大于 Tweedie 回归模型的 AIC 统计量，说明 Tweedie 回归模型对这组模拟数据的拟合效果较好，这是因为该组数据就是基于 Tweedie 分布假设模拟的。在两个 Tweedie 回归模型中，对幂参数进行极大似然估计的模型（tw2）AIC 统计量较小，说明在这 4 个模型中，该模型对前面模拟数据的拟合效果最好。

从零调整逆高斯回归模型的分位残差图图 7—4（a）可以看出，分位残差的方差随着拟合值的增大存在减小的趋势。此外，零调整逆高斯回归模型的蠕虫图图 7—5 也说明，对于本例的数据而言，使用零调整逆高斯分布假设不够合理。

基于 AIC 统计量的比较结果显示，Tweedie 回归模型的拟合效果优于零调整逆高斯回归模型，但从拟合值来看，两种模型的差异不是很大（见图 7—6），零调整逆高斯回归模型的拟合值略微偏大。有关程序代码如下，其中 fitted(ZAIG2,"mu") 是对逆高斯均值的预测值，fitted(ZAIG2,"nu") 是对零调整概率的预测值。

```
#Tweedie 回归模型 tw2 的拟合值
Tweedie 回归 = fitted(tw2, "response")

#零调整逆高斯回归模型 ZAIG2 的拟合值
零调整逆高斯回归 = fitted(ZAIG2, "mu") * (1 - fitted(ZAIG2, "nu"))
plot(Tweedie 回归, 零调整逆高斯回归); abline(0, 1)
```

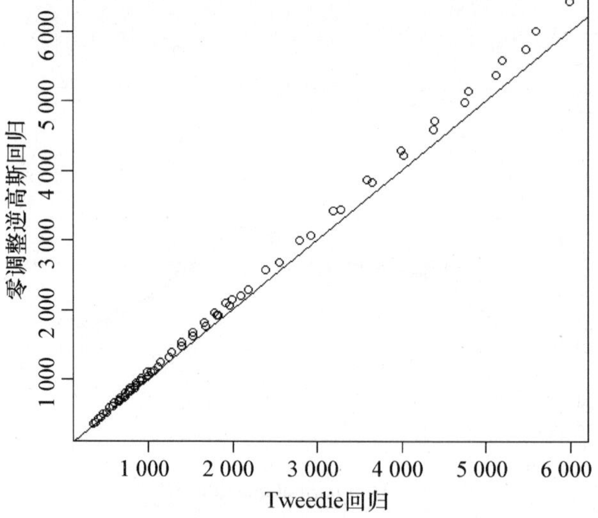

图 7—6　Tweedie 回归与零调整逆高斯回归的拟合值比较

练习题

7.1　假设 N 服从参数为 0.3 的泊松分布，X_i 服从均值为 1 000 的伽马分布，shape 参数为 500，rate 参数为 0.5。求 $S=X_1+\cdots+X_N$ 的分布，并绘制来自该分布的 1 000 个样本的直方图。

7.2　数据集 dat1① 是一组汽车保单的索赔数据（Ismail，2007，2009），其中 exposures 为车年数；claims 为索赔次数；severity 为索赔强度，即平均每次索赔的赔款金额。五个解释变量分别为保单类型（coveragetype）、汽车产地（vehiclemake）、汽车用途和驾驶人性别（use-gender）、车龄（vehicleyear）和行驶区域（location）。请回答下述问题：

（1）累积损失是索赔次数与索赔强度的乘积，请绘制累积损失的直方图。

（2）以累积损失为因变量建立 Tweedie 回归模型和零调整逆高斯回归模型，并检验回归模型中每个解释变量的显著性。

（3）计算 Tweedie 回归模型和零调整逆高斯回归模型的残差，绘制残差的直方图和 Q-Q 图，分析分布假设的合理性。

（4）计算 Tweedie 回归模型和零调整逆高斯回归模型的预测值，并与实际观察值进行比较。

7.3　在前面的 Tweedie 回归模型中，如果在（1，2）区间不断改变 Tweedie 分布的幂参数，请分析模型的预测值与观察值之间的平均绝对离差会如何变化（绝对离差是指预测值与观察值之差的绝对值）。

7.4　数据集 dat5 是一组汽车保单的商品数据（de Jong，2008），其中 veh _ value 表示汽车的价值；exposure 表示车年数；clm 表示是否发生索赔，取值为 0 和 1；numclaims 表示索赔次数；claimcst 表示总索赔金额；veh _ body 表示汽车类型；veh _ age 表示车龄；gender 表示驾驶人性别；area 表示行驶区域；agecat 表示驾驶人年龄类别。请建立纯保费的预测模型（纯保费是指总索赔金额与车年数之比，在本例中，纯保费的观察值为 claimcst 与 exposure 之比）。

---

①　数据下载地址：http://blog.sina.com.cn/mengshw。

第 8 章　贝叶斯回归模型

前面各章在估计回归模型的参数时主要使用极大似然法，本章简要介绍如何应用贝叶斯方法估计回归模型的参数。

贝叶斯统计的基本思想是，任何一个未知量 θ 都是一个随机变量，关于该随机变量的信息可以来自两个方面，即来自样本的信息 $\boldsymbol{x}=\{x_1, x_2, \cdots, x_n\}$ 和来自先验知识的信息，先验信息通常用一个密度函数 $\pi(\theta)$ 来描述。把样本信息和先验信息结合在一起，即应用样本信息对先验分布进行调整，就可以得到关于 θ 的后验分布 $\pi(\theta|\boldsymbol{x})$。贝叶斯统计就是基于后验分布对 θ 进行各种统计推断。

8.1　基本概念

先验分布是关于未知参数 θ 的一个概率分布，是在抽样前就已知的关于 θ 的先验信息的概率描述。在贝叶斯统计中，关于 θ 的任何统计推断，除了使用样本所提供的信息外，还必须对 θ 规定一个先验分布。先验分布不必有客观的依据，可以部分或完全基于主观信念。

基于样本信息 X 和 θ 的先验分布 $\pi(\theta)$，可以求得在已知 $X=x$ 的条件下 θ 的条件分布 $\pi(\theta|x)$。这个条件分布是在抽样以后得到的，所以称为后验分布。一般来说，先验分布 $\pi(\theta)$ 反映了在抽样前对 θ 的认识，后验分布 $\pi(\theta|x)$ 反映的则是在抽样后对 θ 的认识，所以，后验分布 $\pi(\theta|x)$ 可以看作用样本信息对先验分布 $\pi(\theta)$ 进行调整的结果。

假设 θ 是未知参数，在给定样本 $\boldsymbol{x}=\{x_1, x_2, \cdots, x_n\}$ 的条件下，关于参数 θ 的贝叶斯分析可以归纳为如下：

（1）密度函数 $f(\boldsymbol{x} \mid \theta)$ 表示在随机变量 θ 给定某个值时，X 的条件分布。

（2）根据已有的先验信息，确定 θ 的先验分布 $\pi(\theta)$。

（3）在给定样本 $\boldsymbol{x}$ 的条件下，θ 的后验分布为：

$$\pi(\theta \mid \boldsymbol{x})=\frac{\pi(\theta,\boldsymbol{x})}{m(\boldsymbol{x})}=\frac{f(\boldsymbol{x} \mid \theta)\cdot\pi(\theta)}{\int_{\Theta} f(\boldsymbol{x} \mid \theta)\cdot\pi(\theta)\mathrm{d}\theta} \tag{8.1}$$

利用后验分布 $\pi(\theta|\boldsymbol{x})$，就可以对 θ 或它的某个函数 $g(\theta)$ 进行估计和假设检验。

8.2　先验分布的选取

先验信息体现的是在抽样之前对待估参数的认识。有的观点不赞同主观地确定特定的先验，认为应该“让数据自己来说话”，于是有了“无信息先验”；而有的观点则认为主观确定具体的先验分布可以得到更合理的结果，所以倾向于使用提供信息的先验分布。

参数 θ 的无信息先验分布是指除参数 θ 的取值范围 Θ 和 θ 在总体分布中的地位之外，再也不包含 θ 的任何信息的先验分布。一般来说，无信息先验不是唯一的，但它们对贝叶斯统计推断结果的影响都很小。在统计理论和应用研究中，采用无信息先验分布的越来越多。经典统计学者也认为无信息先验是“客观”的。

当对参数 θ 一无所知时，可以认为 θ 的取值均匀地分布在其变化范围 Θ 内，即

$$\pi(\theta)=\begin{cases}c, & \theta\in\Theta\\ 0, & \theta\notin\Theta\end{cases}$$

式中，Θ 是 θ 的取值范围；c 为常数。

【例 8—1】 假设每次试验成功的概率为 p，则在 n 次试验中，成功的次数服从参数为 p 的二项分布，似然函数可以表示为 $L(p)\propto p^{x}(1-p)^{n-x}$。如果进一步假设 p 的先验分布为无信息先验，即 $\pi(p)=1$，则 p 的后验分布可以表示为 $\pi(p\mid x)\propto p^{x}(1-p)^{n-x}$。

用上述方法确定的先验分布在计算上简单，但不一定能保证后验密度的积分收敛，而且不满足变换的不变性，即如果对 θ 进行一一对应的变换 $\tau=h(\theta)$，则 τ 的分布不一定是均匀分布。有鉴于此，不能在任何时候都随意设定一个常数作为参数的先验分布。

下面给出一种确定先验分布的一般性方法（Jeffrey，1961）。设 $\boldsymbol{x}=\{x_1, x_2, \cdots, x_n\}$ 是来自密度函数 $f(\boldsymbol{x}\mid\theta)$ 的一个随机样本，在对 θ 无先验信息可用时，用 Fisher 信息矩阵的行列式的平方根作为 θ 的无信息先验分布，即

$$\pi(\theta)=[\det\boldsymbol{I}(\theta)]^{1/2}$$

式中，$\det\boldsymbol{I}(\theta)$ 表示信息矩阵 $\boldsymbol{I}(\theta)$ 的行列式。Jeffrey 已证明用该先验分布可满足变换的不变性。所谓满足变换的不变性，是指对于一一对应的变换 $\tau=h(\theta)$，τ 和 θ 具有相同的分布形式。

【例 8—2】 对例 8—1 中的似然函数求对数，可得

$$l(p)=x\ln p+(n-x)\ln(1-p)$$

关于 p 求二阶导，有

$$\frac{\partial^2 l(p)}{\partial p^2}=-\frac{x}{p^2}-\frac{n-x}{(1-p)^2}$$

因此信息矩阵为：

$$I(p)=-E\left[\frac{\partial^2 l(p)}{\partial p^2}\right]=\frac{-n}{p(1-p)}$$

由此可得 Jeffrey 先验分布为：

$$\pi(p)\propto p^{-1/2}(1-p)^{-1/2}$$

后验分布为：

$$\pi(p\mid\boldsymbol{x})\propto L(p)\pi(p)\propto p^{x-1/2}(1-p)^{n-x-1/2}$$

提供信息的先验分布一般由历史经验或专家意见等信息综合起来得到。使用提供信息的先验分布更好地体现了贝叶斯分析的基本特点。合理选用有信息的先验分布可以更准确地作出估计和推断，但过多先验信息的加入也可能造成最后的推断和预测没有意义。提供信息的先验分布通常使用正态分布和伽马分布。

在前面的讨论中，为了简化表述，我们仅讨论了一元随机变量。在多元随机变量的情况下，式（8.1）的分母将涉及一个不易处理的多维积分计算问题，这是应用贝叶斯方法求解后验分布首先需要解决的困难之一，实践中通常应用 MCMC 方法模拟式（8.1）所示的后验分布。

8.3 MCMC 方法

在需要进行高维积分运算的贝叶斯分析领域，马尔科夫链蒙特卡洛（MCMC）随机模拟的应用十分广泛。

定义 8.1 设一个随机序列$\{\theta^{(0)}, \theta^{(1)}, \theta^{(2)}, \cdots\}$，在任一时刻 j（$j\geqslant 0$），序列中下一时刻 $j+1$ 的 $\theta^{(j+1)}$ 只依赖于时刻 j 的状态而与时刻 j 之前的历史状态$\{\theta^{(0)}, \theta^{(1)}, \cdots, \theta^{(j-1)}\}$无关，即 $p(\theta^{(j+1)} \mid \theta^{(0)}, \theta^{(1)}, \cdots, \theta^{(j)})=p(\theta^{(j+1)} \mid \theta^{(j)})$，则称这个随机序列为马尔科夫链，其转移核 $p(\cdot, \cdot)$ 表示为 $p(\theta, \theta')=p(\theta\rightarrow\theta')=p(\theta^{(j+1)}=\theta' \mid \theta^{(j)}=\theta)$。

定义 8.2 记 $f_{ij}^{(n)}$ 为从 i 出发经过 n 步首次到达 j 的概率，易得 $\mu_i=\sum\limits_{i=1}^{n} nf_{ii}^{(n)}$ 表示由 i 出发再返回到 i 的平均步数。如果 $\mu_i<\infty$，则称常返态 i 为正常返的；如果 $\mu_i=\infty$，则称常返态 i 为零常返的。

定义 8.3 如果$\pi(\theta)$满足$\int p(\theta, \theta')\pi(\theta)\mathrm{d}\theta=\pi(\theta')$，则称$\pi(\theta)$为转移核$p(\cdot, \cdot)$的平稳分布。换言之，对任意的 $\theta^{(0)}$，经过一段时间以后，马尔科夫链$\{\theta^{(0)}, \theta^{(1)}, \theta^{(2)}, \cdots\}$的边际分布总能收敛到平稳分布 $\pi(\theta)$。

定义 8.4 在条件分布 $p(\theta_J \mid \theta_{-J})$ 中，如果所有的变量都出现了，即要么出现在条件中，要么出现在变元中，则这种条件分布称为满条件分布。其中 $\theta_J=\{\theta_i, i\in J\}$，$\theta_{-J}=\{\theta_i, i\notin J\}$。

在 MCMC 模拟中，抽样分布可以与满条件分布相差一个比例常数，因此满条件分布在 MCMC 中起了非常重要的作用。

MCMC 方法的基本思想是通过建立一个平稳分布为 $\pi(\theta)$ 的马尔科夫链来得到 $\pi(\theta)$ 的样本，然后基于这些样本进行估计和推断，主要分为以下三步：

（1）选一个合适的马尔科夫链，使其转移核为 $p(\cdot, \cdot)$。这里的“合适”是指 $\pi(\theta)$ 为其相应的平稳分布。

（2）从某一点 $\theta^{(0)}$ 出发，用（1）中的马尔科夫链产生序列$\{\theta^{(1)}, \theta^{(2)}, \cdots, \theta^{(n)}\}$。

（3）对某个 m 和足够大的 n，对函数$f(x)$的期望估计为：$\dfrac{1}{n-m}\sum\limits_{t=m+1}^{n} f(\theta^{(t)})$。

由此可见，应用 MCMC 方法时，构造转移核至关重要，不同的 MCMC 方法往往也就是转移核的构造方法不同而已。

为了减弱最初产生的非稳定样本对后验推断的影响，通常需要从马尔科夫链中丢弃一定比例的样本。如果样本是高度自相关的，则马尔科夫链的收敛会非常缓慢，即该链难以快速遍历参数空间，这可能导致标准误差的估计有很大的误差。为此，在模拟中可以每隔 k 次迭代保留一个样本，这样可以减弱由样本自相关性带来的影响。但另一方面，这样也会浪费相当一部分样本，因为这样就舍弃了（$k-1$)/k 的样本。是否需要进行稀释可以从踪迹图和自相关系数来判断。

常用的 MCMC 抽样法包括 Gibbs 抽样和 Metropolis-Hastings 抽样。

8.3.1 Gibbs 抽样

记 $L(\boldsymbol{x} \mid \boldsymbol{\theta})=f(\boldsymbol{\theta} \mid \boldsymbol{x})$ 为似然函数，$\pi(\boldsymbol{\theta})$ 是先验分布，满条件分布可以表示为似然函数与先验分布乘积的常数倍，即

$$\pi(\theta_i|\theta_j, i\neq j, \boldsymbol{x})\propto L(\boldsymbol{x}|\boldsymbol{\theta})\pi(\boldsymbol{\theta})$$

Gibbs 抽样过程如下：

(1) 设定 $t=0$，并任意设定参数的初值 $\boldsymbol{\theta}^{(0)}=(\theta_1^{(0)}, \theta_2^{(0)}, \cdots, \theta_m^{(0)})$；

(2) 从各个满条件分布中依次抽取 $\theta_1^{(t+1)}, \theta_2^{(t+1)}, \cdots, \theta_m^{(t+1)}$ 组成 $\boldsymbol{\theta}^{(t+1)}$，即

$$\theta_1^{(t+1)} \text{ 取自 } \pi(\theta_1 \mid \theta_2^{(t)}, \cdots, \theta_m^{(t)}, \boldsymbol{x})$$
$$\theta_2^{(t+1)} \text{ 取自 } \pi(\theta_2 \mid \theta_1^{(t+1)}, \theta_3^{(t)}, \cdots, \theta_m^{(t)}, \boldsymbol{x})$$
$$\vdots$$
$$\theta_m^{(t+1)} \text{ 取自 } \pi(\theta_m \mid \theta_1^{(t+1)}, \cdots, \theta_{m-1}^{(t+1)}, \boldsymbol{x})$$

(3) 令 $t=t+1$，重复迭代 (2)，直至序列 $\boldsymbol{\theta}^{(j+1)}=(\theta_1^{(j+1)}, \cdots, \theta_m^{(j+1)})$ 收敛。

可以证明，上述 Gibbs 抽样产生的随机序列 $\{\boldsymbol{\theta}^{(j)}\}$ 构成一个马尔科夫链，且该链存在平稳分布 $\pi(\boldsymbol{\theta} \mid \boldsymbol{x})$，其中 $\boldsymbol{\theta}=(\theta_1, \cdots, \theta_m)$。当 $t\to\infty$ 时，$(\theta_1^{(t)}, \cdots, \theta_m^{(t)}) \xrightarrow{d} (\theta_1, \cdots, \theta_m)$。

Gibbs 抽样适用于联合后验密度 $\pi(\boldsymbol{\theta} \mid \boldsymbol{x})$ 未知，但每一个参数的满条件分布 $\pi(\theta_i \mid \theta_j, i\neq j, \boldsymbol{x})$ 都可以求得的情形。

8.3.2　Metropolis-Hastings 抽样

对于任意一个概率密度函数 $P(\boldsymbol{\theta})$，如果它与另一个函数 $f(\boldsymbol{\theta})$ 成比例，且可以求得 $f(\boldsymbol{\theta})$ 的值，则 Metropolis-Hastings（简称 M-H）算法就可以从 $P(\boldsymbol{\theta})$ 中抽取随机样本。

Metropolis-Hastings 抽样需要借助于一个辅助的概率密度函数 $q(\cdot, \cdot)$，称为“建议函数”。Metropolis-Hastings 抽样的步骤如下：

(1) 假设当前状态为 $\boldsymbol{\theta}^{(j)}=\boldsymbol{\theta}$，从建议函数 $q(\boldsymbol{\theta}, \cdot)$ 中产生一个新状态 θ'。

(2) 计算接受概率：

$$\alpha=\frac{f(\boldsymbol{\theta}')}{f(\boldsymbol{\theta})}=\frac{P(\boldsymbol{\theta}')}{P(\boldsymbol{\theta})}$$

如果 $\alpha\geqslant 1$，则接受 $\boldsymbol{\theta}'$ 作为该链在下一时刻的状态 $\boldsymbol{\theta}^{(j+1)}=\boldsymbol{\theta}'$。如果 $\alpha<1$，则以概率 α 接受 $\boldsymbol{\theta}'$ 作为该链在下一时刻的状态，以概率 $1-\alpha$ 拒绝转移到 $\boldsymbol{\theta}'$。

(3) 重复迭代步骤 (1) 和 (2)，直至序列 $\{\boldsymbol{\theta}^{(j)}\}$ 收敛。

可以证明，由 Metropolis-Hastings 抽样产生的马尔科夫链的平稳分布就是 $P(\boldsymbol{\theta})$。

8.3.3　MCMC 方法的收敛性诊断

在进行 MCMC 模拟时，可能会问：链要多久才可以不依赖于其初始值？需要多久该链能完全挖掘目标分布的信息？在一个序列中，观测值之间要隔多远才可以看作是近似独立的？该链是否近似达到其平稳分布？收敛性诊断就是为了回答这些问题。

检验 MCMC 的收敛性是非常重要的一步，因为一条不收敛的马尔科夫链难以在参数空间有效地寻找参数，所抽取的样本也不能很好地近似目标分布。统计推断必须建立在收敛的马尔科夫链的基础上，否则结果会出现很大误差。应该注意的是，对于所有待估计的参数都要进行收敛性诊断，而不是只对所关注的参数进行诊断，只有当所有参数都达到平稳分布时，才能保证贝叶斯推断的准确性。

检验 MCMC 收敛性的一种直观方法是观测样本路径，即对多个不同的初始值产生多条马尔科夫链，并观测样本路径。一条好的链无论以何值开始，都能快速地远离初始值，并最终收敛，没有明显的趋势和周期。譬如，在图 8—1 中，左边的路径图在某一固定值附近随机波动，没有明显的趋势和周期，表现出比较好的收敛性；相反，右边的路径图呈现轻微的周期

性，所以不是一条性质较好的链。

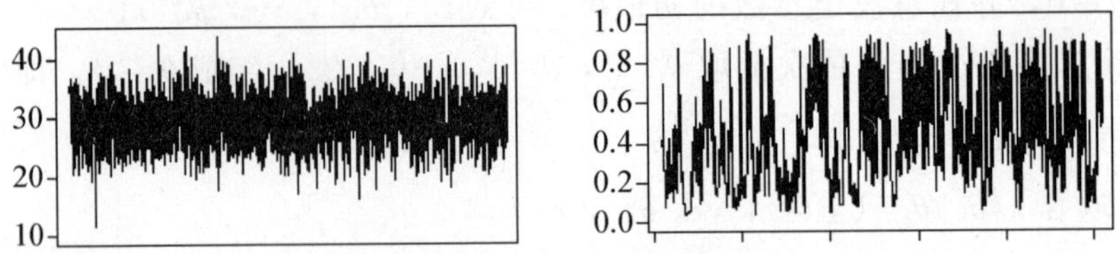

图 8—1 样本路径图

另一种检验收敛性的常用方法是 Gelman-Rubin 方差比检验。Gelman-Rubin 方差比检验使用不同的初始值建立多条平行的链，并测试它们是否会收敛到同一个目标函数。如果不同链之间的方差很小，即后验方差 $\text{Var}(\theta \mid \boldsymbol{y})$ 几乎等于链内方差，则说明 MCMC 链是收敛的。通常用统计量 $\hat{R}_c$ 进行检验，$\hat{R}_c$ 是后验方差与链内方差之比的一个修正值，$\hat{R}_c$ 越接近 1，说明链的收敛性越好。

检验收敛性的其他方法还包括 Geweke 检验、Heidelberger and Welch 检验、Raftery and Lewis 检验。不过结合图形和经验是最直观有效的检验方法。比较保守的做法是同时进行多种检验，并综合各种检验的结果得出结论。如果发现马尔科夫链在抽样停止时尚未收敛，根据实际情况，可采取的措施包括舍弃更多的初期样本、稀释样本、增大 MCMC 样本量及重新参数化等。

8.4 贝叶斯广义线性模型

贝叶斯方法把模型的待估参数均视为随机变量，因此可以将指数分布族的概率密度函数表示为：

$$f(y_i|\theta_i, \phi)=\exp\left(\frac{y_i\theta_i-b(\theta_i)}{\phi}w_i+c(y_i, \phi)\right) \tag{8.2}$$

根据广义线性模型的一般理论结果，有

$$\mu_i=E[y_i|\theta_i, \phi]=b'(\theta_i)$$
$$g(\mu_i)=\eta_i=\boldsymbol{x}_i^{\mathrm{T}}\boldsymbol{\beta}$$
$$\theta_i=b'^{-1}(\mu_i)=b'^{-1}[g^{-1}(\boldsymbol{x}_i^{\mathrm{T}}\boldsymbol{\beta})]$$

式中，(x_i, y_i) 是样本观测；$g(\cdot)$ 是连接函数。实践中，我们感兴趣的主要是对未知参数向量 $\boldsymbol{\beta}=(\beta_0, \beta_1, \cdots, \beta_k)^T$ 的估计和推断。

将 θ_i 代入式（8.2），有

$$f(y_i|\boldsymbol{\beta}, \phi)=\exp\left(\frac{y_ib'^{-1}[g^{-1}(\boldsymbol{x}_i^{\mathrm{T}}\boldsymbol{\beta})]-b\{b'^{-1}[g^{-1}(\boldsymbol{x}_i^{\mathrm{T}}\boldsymbol{\beta})]\}}{\phi}w_i+c(y_i, \phi)\right)$$

根据贝叶斯理论，参数的后验分布为：

$$\pi(\boldsymbol{\beta}, \phi| y_i)\propto f(y_i|\boldsymbol{\beta}, \phi)\pi(\boldsymbol{\beta}, \phi)\propto f(y_i|\boldsymbol{\beta}, \phi)\pi(\boldsymbol{\beta}| \phi)\pi(\phi)$$

式中，$\pi(\phi)$ 和 $\pi(\boldsymbol{\beta} \mid \phi)$ 分别是 ϕ 和 $\boldsymbol{\beta}$ 的先验分布。

利用后验分布的密度函数便可以进行估计和推断，但是，只有在非常特殊的情况下，才有可能求得后验分布的解析表达式。在广义线性模型的贝叶斯分析中，常常采用 MCMC 方法

模拟后验分布。

对于模型的选择，经典统计中有 AIC 或 BIC 等信息准则，而在贝叶斯框架下，尤其是当后验密度通过 MCMC 方法得出时，通常采用 DIC（deviance information criterion）准则来评价不同的模型。

在给定观测 y 的情况下，偏差定义为 $D(\theta)=-2\ln[L(y\mid\theta)]+C$，其中 $L(y\mid\theta)$ 是似然函数，C 是一个常数，仅依赖于样本数据，在比较不同模型时可以不用明确求出。基于后验分布对偏差求期望可得 $\overline{D}(\theta)=E[D(\theta)]$。$\overline{D}(\theta)$ 越小，说明模型拟合得越好。但另一方面，也要关注模型的复杂程度，选择合适的参数个数。参数的有效个数为：

$$p_D=\overline{D}(\theta)-D(\bar{\theta})$$

式中，$\bar{\theta}=E(\theta\mid y)$ 是后验密度函数的期望值；$D(\bar{\theta})$ 就是当参数 $\theta=\bar{\theta}$ 时的偏差值。

一般来说，参数越多，模型的拟合效果越好，但这样模型也越复杂。为了平衡模型的简洁性和拟合效果因素，DIC 定义为 $\overline{D}(\theta)$ 和 p_D 之和，即

$$\text{DIC}=\overline{D}(\theta)+p_D=D(\bar{\theta})+2p_D$$

DIC 越小，说明模型越好。

8.5　应用 Rstan 估计贝叶斯模型

建立贝叶斯广义线性模型可以使用的软件有多种，如 Stan，WinBUGS 和 OpenBUGS 等，本节简要介绍 Rstan 在建立贝叶斯广义线性模型中的应用。关于 Rstan 的安装和使用说明可以参见 http://mc-stan.org/rstan.html。下面通过几个例子介绍如何应用 Rstan 估计模型的参数，并与极大似然法的参数估计结果进行比较。

【例 8—3】假设伽马分布的均值为 15，形状参数（shape）和比率参数（rate）分别为 30 和 2。请模拟 1 000 个服从该伽马分布的随机数，并基于这组随机数应用 Rstan 估计伽马分布的两个参数。

```
#模拟服从伽马分布的随机数
set.seed(111)
N <- 1000  #模拟次数

#参数的真实值
shape = 30
rate = 2

#模拟 N 个伽马分布随机数,记为 y
y <- rgamma(N, shape = shape, rate = rate)
```

下面首先调用 fitdistrplus，用极大似然法估计伽马分布的参数。有关程序代码如下。

```
library(fitdistrplus)
fit <- fitdist(data = y, distr = 'gamma')
```

应用 summary(fit) 输出参数的极大似然估计值如下，与模拟数据的两个参数值(30，2）比较接近。同时还输出了对数似然函数（Loglikelihood）的值，以及 AIC 和 BIC 的值。

```
## Parameters:
##          estimate Std. Error
## shape      32.96     1.4667
## rate        2.20     0.0986
## Loglikelihood:  -2368.387   AIC:  4740.774   BIC:  4750.59
```

下面调用 rstan 程序包，用 Rstan 估计伽马分布的两个参数。不妨把应用 Rstan 建立的模型记为 gamod，该模型由三部分构成，即 data，parameters 和 model。有关程序代码如下。

```
library(rstan)   #调用程序包
mydat <- list(y = y, N = N)  #用 list 封装模拟数据

gamod <- "
  data{
    int N;
    vector[N] y;
  }

  parameters{
    real<lower = 0> shape;
    real<lower = 0> rate;
  }

  model{
    shape ~ normal(0,100);
    rate ~ normal(0,100);
    y ~ gamma(shape,rate);
  }
"
```

应用 stan 函数估计模型 gamod 的程序代码如下，其中 iter=2000 表示迭代 2 000 次，生成 2 000 个样本；warmup=200 表示丢弃最初生成的 200 个样本，用剩余的 1 800 个样本进行统计推断。

```
sfit <- stan(model_code = gamod,data = mydat,iter = 2000,warmup = 200)
```

应用 print 函数可以输出模拟样本的均值 mean、随机抽样所导致的均值估计的标准误 se _ mean、模拟样本的标准差 sd 和分位数，以及有效样本量 n _ eff 和检验收敛性的统计量 Rhat。下面的程序代码中仅要求输出 5%，50%和 95%分位数。

```
print(sfit,probs = c(0.05,0.5,0.95))
## Inference for Stan model:gamod.
## 4 chains,each with iter = 2000; warmup = 200; thin = 1;
## post - warmup draws per chain = 1800,total post - warmup draws = 7200.
##
##            mean  se_mean    sd        5%         50%        95%  n_eff  Rhat
## shape     33.06     0.05  1.43     30.81       33.03      35.39    947     1
## rate       2.21     0.00  0.10      2.05        2.21       2.36    937     1
## lp_    -2365.11     0.03  0.97  -2366.92    -2364.82   -2364.20    935     1
```

模拟样本的均值 mean 可以作为参数估计值使用。在本例中，伽马分布的两个参数估计值分别为 33.06 和 2.21，与参数的极大似然估计值比较接近。

应用 traceplot 函数可以输出参数的样本路径图，程序代码如下。

```
traceplot(sfit,pars = c('shape', 'rate'), inc_warmup = FALSE)  #如图 8—2 所示
```

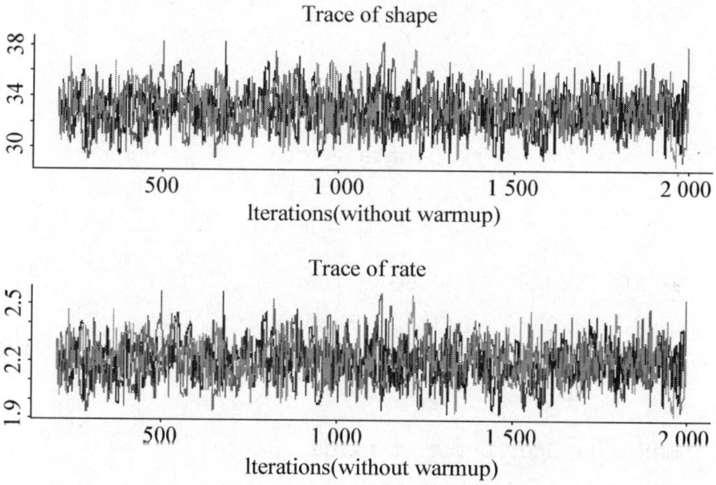

图 8—2　拟合伽马分布的样本路径图

样本路径图图 8—2 表明，伽马分布的 shape 参数和 rate 参数的估计值都是收敛的。

【例 8—4】 假设 y 服从正态分布，标准差为 0.2，均值可以表示为 3 个解释变量的线性函数，即 $\mu=10+0.2x_1-0.3x_2+0.4x_3$，其中 3 个解释变量都服从标准正态分布。请模拟 1 000 个因变量和解释变量的观察值，并基于这组模拟数据应用 Rstan 建立线性回归模型。

```
#模拟数据
set.seed(111)
N <- 1000  #样本量

#生成解释变量
covariates <- replicate(3, rnorm(n = N))
```

```
colnames(covariates) <- c('x1', 'x2', 'x3')

#设计矩阵
X <- cbind(Intercept = 1,covariates)
coefs <- c(10,0.2,-0.3,0.4)  #回归系数的真实值
mu <- X %*% coefs #因变量的均值(真实值)
sigma <- 2  #因变量的标准差

#模拟因变量的观察值,假设服从正态分布
y <- rnorm(N,mu,sigma)
dt <- data.frame(y,X)  #模拟的数据集
```

为便于比较极大似然法和贝叶斯方法的参数估计值，下面首先应用 lm 函数给出参数的极大似然估计值，有关程序代码和输出结果如下。

```
fit <- lm(y ~ x1 + x2 + x3,data = dt)
summary(fit)
##
## Call:
## lm(formula = y ~ x1 + x2 + x3,data = dt)
##
## Residuals:
##      Min       1Q  Median      3Q     Max
## -5.6225 -1.3377  0.0774  1.3767  7.8575
##
## Coefficients:
##             Estimate Std. Error t value Pr(>|t|)
## (Intercept) 10.09720    0.06285 160.666  < 2e-16 ***
## x1           0.21124    0.06357   3.323 0.000923 ***
## x2          -0.26128    0.06384  -4.093 4.61e-05 ***
## x3           0.31059    0.06132   5.065 4.87e-07 ***
## ---
## Signif. codes:  0 '***' 0.001 '**' 0.01 '*' 0.05 '.' 0.1 ' ' 1
##
## Residual standard error:1.983 on 996 degrees of freedom
## Multiple R-squared:0.04943,    Adjusted R-squared:0.04657
## F-statistic:17.26 on 3 and 996 DF,  p-value:6.2e-11
```

下面应用 Rstan 估计模型的参数。首先把数据封装在 mydat 中，并把相应的贝叶斯模型记为 lmod。

```
mydat <- list(N = N,K = ncol(X),y = y,X = X)  #用 list 封装数据
lmod <- "
  data{
    int N;
    int K;
    matrix[N,K] X;
    vector[N] y;
  }

  parameters{
    vector[K] beta;
    real<lower = 0> sigma;
  }

  model{
    vector[N] mu;
    mu <- X * beta;

    beta ~ normal(0,100);
    sigma ~ cauchy(0,5);

   y ~ normal(mu,sigma);
  }
  "
```

下面应用 stan 函数估计模型 lmod 的参数，使用的数据为 mydat，其中 iter＝2000 表示迭代 2 000 次，生成 2 000 个样本；warmup＝200 表示丢弃最初生成的 200 个样本，用剩余的 1 800 个样本进行统计推断。

```
sfit <- stan(model_code = lmod,data = mydat,iter = 2000,warmup = 200)

#输出参数估计值
print(sfit,probs = c(0.05,0.5,0.95))
## Inference for Stan model:lmod.
## 4 chains,each with iter = 2000; warmup = 200; thin = 1;
## post-warmup draws per chain = 1800,total post-warmup draws = 7200.
##
##              mean se_mean   sd    5%   50%   95% n_eff Rhat
## beta[1]     10.10    0.00 0.06  9.99 10.10 10.20  4235    1
## beta[2]      0.21    0.00 0.06  0.11  0.21  0.32  4970    1
```

```
## beta[3]    -0.26   0.00  0.06    -0.37    -0.26    -0.16  4781   1
## beta[4]     0.31   0.00  0.06     0.21     0.31     0.41  4960   1
## sigma       1.98   0.00  0.04     1.91     1.98     2.06  6327   1
## lp_     -1184.49   0.03  1.58 -1187.58 -1184.17 -1182.55  2807   1
```

前面应用 lm 函数求得回归参数的极大似然估计值为（10.097，0.211，−0.261，0.311），应用 Rstan 求得的参数估计值为（10.10，0.21，−0.26，0.31），两者几乎相等，也接近模拟数据的真实参数值（10，0.2，−0.3，0.4）。下面代码输出回归系数的样本路径图。

```
#输出回归系数的样本路径图
traceplot(sfit,pars = 'beta',inc_warmup = FALSE)  # 结果如图 8—3 所示
```

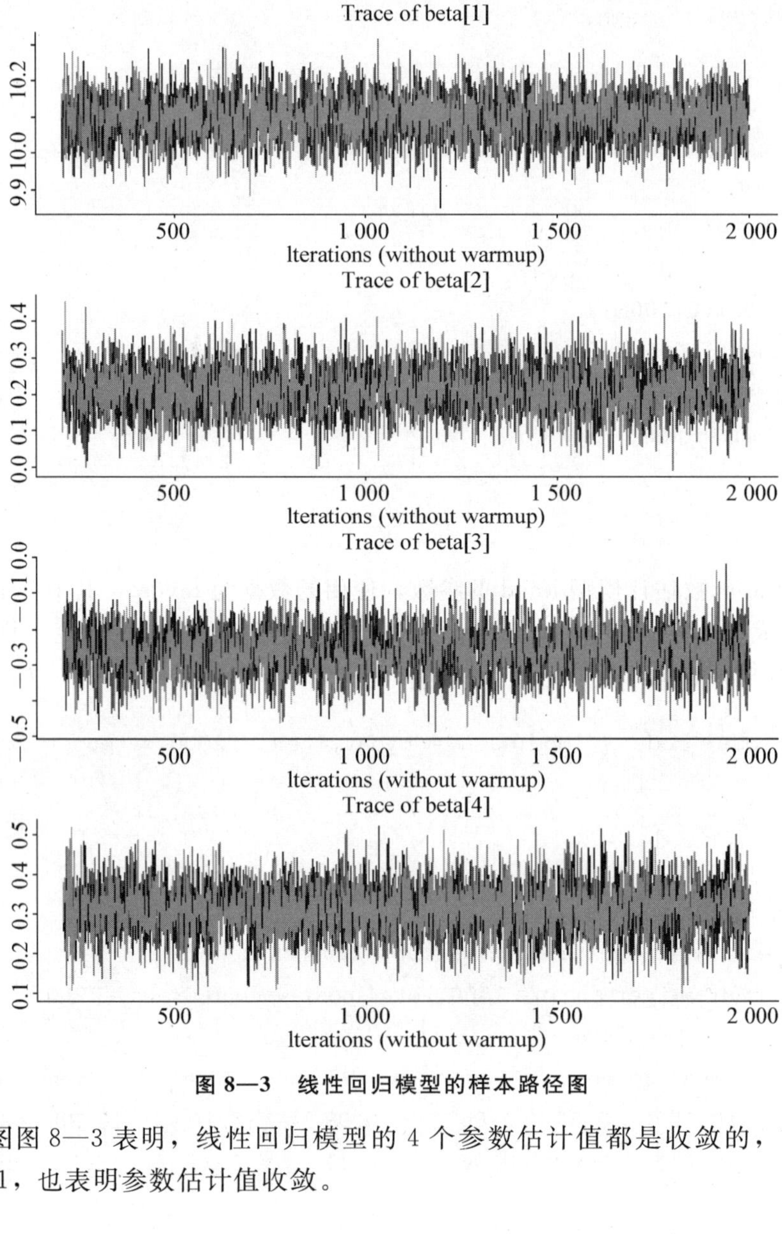

图 8—3 线性回归模型的样本路径图

样本路径图图 8—3 表明，线性回归模型的 4 个参数估计值都是收敛的，前面 print 函数输出的 Rhat=1，也表明参数估计值收敛。

【例 8—5】 假设因变量 y 服从伽马分布，均值可以表示为 3 个解释变量的线性函数，即 $\mu=5+1.2x_1+1.3x_2+1.4x_3$，其中 3 个解释变量都服从均值为 0.1 的指数分布。请模拟 1 000 个因变量和解释变量的观察值，并基于这组模拟数据应用 Rstan 建立回归模型。

```
#模拟数据
set.seed(111)
N <- 1000 #样本量

#生成解释变量
covariates <- replicate(3,rexp(n = N,rate = 10))
colnames(covariates) <- c('x1','x2','x3')

#设计矩阵
X <- cbind(Intercept = 1,covariates)
coefs <- c(5,1.2,1.3,1.4)  #回归系数的真实值
mu <- exp(X %*% coefs) #因变量的均值(真实值)
sigma <- 0.2 #伽马分布的离散参数

#模拟因变量的观察值,服从伽马分布
library(gamlss)
y <- rGA(N,mu = mu,sigma = sigma)
dt <- data.frame(y,X)  #模拟的数据集
```

为便于比较，下面首先应用 glm 函数给出参数的极大似然估计值，有关程序代码和输出结果如下。

```
#应用 glm 函数建立广义线性模型 glmfit
glmfit <- glm(y ~ x1 + x2 + x3,family = Gamma(link = "log"),data = dt)
summary(glmfit)  #输出参数估计值
##
## Call:
## glm(formula = y ~ x1 + x2 + x3,family = Gamma(link = "log"),
##     data = dt)
##
## Deviance Residuals:
##        Min         1Q     Median         3Q       Max
## -0.62711   -0.16040   -0.01871    0.13047   0.58537
##
## Coefficients:
##              Estimate  Std. Error  t value Pr(>|t|)
## (Intercept)  4.99686    0.01344   371.68  <2e-16 ***
```

```
## x1            1.24149    0.06597    18.82  <2e-16 ***
## x2            1.27197    0.06665    19.08  <2e-16 ***
## x3            1.54366    0.06511    23.71  <2e-16 ***
## ---
## Signif. codes:  0 '***' 0.001 '**' 0.01 '*' 0.05 '.' 0.1 ' ' 1
##
## (Dispersion parameter for Gamma family taken to be 0.0450123)
##
##     Null deviance:108.689  on 999  degrees of freedom
## Residual deviance: 44.943  on 996  degrees of freedom
## AIC:10539
##
## Number of Fisher Scoring iterations:4
```

下面应用 Rstan 估计模型的参数。首先把数据封装在 mydat 中，并把相应的贝叶斯模型记为 glmod。有关程序代码如下。

```
mydat <- list(N = N,K = ncol(X),y = y,X = X)
glmod <- "
  data{
  int N;
  int K;
  matrix[N,K] X;
  vector[N] y;
  }

  parameters{
  vector[K] beta;
  real<lower = 0> sigma2;
  }

  transformed parameters{
  real<lower = 0> sigma;
  sigma <- sqrt(sigma2);
  }

  model{
  vector[N] mu;
  mu <- exp(X * beta);
```

```
    beta ~ normal(0,100);
    sigma2 ~ cauchy(0,5);

    for (i in 1:N){
        y[i] ~ gamma(1/sigma2,1/(mu[i] * sigma2));
      }
    }
 "
```

下面应用 stan 函数建立贝叶斯广义线性模型 glmod，并用 print 函数输出参数估计结果。有关程序代码如下。

```
sfit <- stan(model_code = glmod,data = mydat,iter = 2000,warmup = 200)
#输出参数估计值
print(sfit,probs = c(0.05,0.5,0.95))
## Inference for Stan model:glmod.
## 4 chains,each with iter = 2000; warmup = 200; thin = 1;
## post-warmup draws per chain = 1800,total post-warmup draws = 7200.
##
##              mean se_mean   sd       5%      50%      95% n_eff Rhat
## beta[1]      5.00    0.00 0.01     4.97     5.00     5.02  3444    1
## beta[2]      1.24    0.00 0.07     1.13     1.24     1.36  3591    1
## beta[3]      1.27    0.00 0.07     1.16     1.27     1.38  4073    1
## beta[4]      1.54    0.00 0.06     1.44     1.54     1.65  3986    1
## sigma2       0.04    0.00 0.00     0.04     0.04     0.05  4692    1
## sigma        0.21    0.00 0.00     0.20     0.21     0.22  4702    1
## lp_      -5270.29    0.03 1.58 -5273.41 -5269.98 -5268.37  2593    1
```

前面应用 glm 函数求得广义线性模型参数的极大似然估计值为（4.997，1.241，1.272，1.544），应用 Rstan 求得的参数估计值为（5.00，1.24，1.27，1.54），两者几乎相等，也接近模拟数据的真实参数值（5，1.2，1.3，1.4）。

应用 print 函数输出的 Rhat=1，表明贝叶斯广义线性模型的参数估计值收敛，这也可以从样本路径图图 8—4 中得到验证。输出回归系数样本路径图的代码如下。

```
#输出回归系数的样本路径图
traceplot(sfit,pars = 'beta',inc_warmup = FALSE)
```

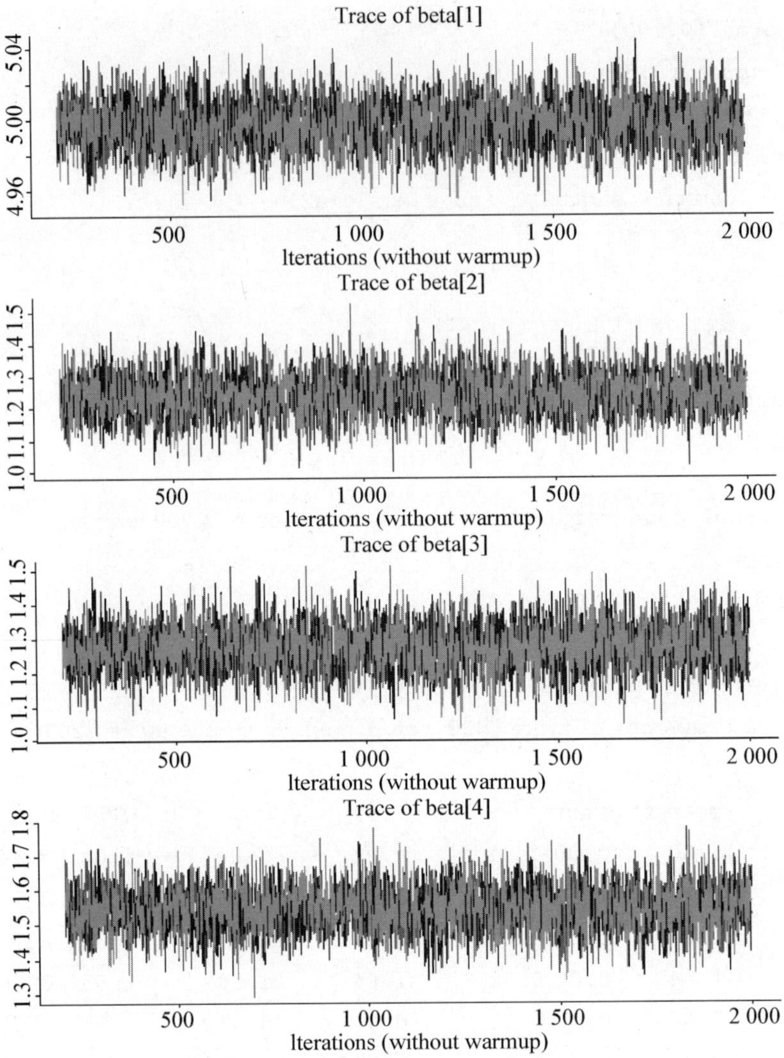

图 8—4　广义线性模型的样本路径图

练习题

8.1　假设正态分布的均值为 100，标准差为 200。请模拟 1 000 个服从该正态分布的随机数，并基于这组随机数应用 Rstan 估计正态分布的两个参数。

8.2　假设因变量 y 服从泊松分布，均值可以表示为 3 个解释变量的函数，即 $\mu=\exp(4+0.1x_1+0.2x_2+0.3x_3)$，其中 3 个解释变量都服从标准正态分布。请模 1 000 个因变量和解释变量的观察值，并基于这组模拟数据应用 Rstan 建立回归模型。

8.3　数据集 dat1[①] 是一组汽车保单的索赔数据（Ismail，2007），其中 exposures 为车年数；claims 为索赔次数；severity 为索赔强度，即平均每个车年的赔款金额。五个解释变量分别为保单类型（coveragetype）、汽车产地（vehiclemake）、汽车用途和驾驶人性别（use-gen-

① 数据下载地址：http://blog.sina.com.cn/mengshw。

der)、车龄（vehicleyear）和行驶区域（location）。请回答下面问题：

（1）分别用泊松分布、负二项分布、零膨胀泊松分布和零膨胀负二项分布拟合索赔次数的观察值，并用贝叶斯方法估计模型的参数。

（2）以索赔次数为因变量建立泊松回归模型、负二项回归模型、零膨胀泊松回归模型和零膨胀负二项回归模型，并用贝叶斯方法估计模型的参数。

8.4　数据集 dat2 是一组汽车第三者责任保险的索赔次数数据（Charpentier，2015），有 413 169 条记录，其中包括下述变量：保单编号（PolicyID）、索赔次数（ClaimNb）、车年数（Exposure）、发动机的功率（Power）、车龄（CarAge）、驾驶人年龄（DriverAge）、汽车品牌（Brand）、耗油类型（Gas）、行驶区域（Region）和区域的人口密度（Density）。请基于该组数据建立索赔发生概率的最优预测模型，并用贝叶斯方法估计模型参数。

第9章　应用案例

本章应用某财产保险公司的车损险数据[①]，讨论广义线性模型的建模过程，内容包括数据介绍、探索性数据分析、索赔发生概率模型、索赔频率模型、索赔强度模型和纯保费模型。

9.1　数据介绍

本章使用的数据集中有 12 873 个观察值，9 个变量，其中各个变量的含义如下：

type 表示保单的类型，有 5 个取值水平：转入、新车、续保 1 年、续保 2 年、续保 3 年及以上。在数据集中简记为 A，B，C，D 和 E。

gender 表示驾驶人的性别，有两个水平：男（M）、女（F）。

vage 表示车龄，有 10 个水平，从 1 年到 10 年。

age 表示驾驶人的年龄，从 18 岁到 70 岁。

ageg 是对驾驶人年龄的分类，分为 7 个水平，其中 1 表示驾驶人年龄小于或等于 20 岁，2 表示年龄在 21～25 岁之间，3 表示年龄在 26～30 岁之间，4 表示年龄在 31～40 岁之间，5 表示年龄在 41～50 岁之间，6 表示年龄在 51～60 岁之间，7 表示年龄在 61 岁及其以上。

region 是驾驶人所在地区，有 5 个水平：北京、上海、天津、重庆、深圳。在数据集中分别记为 BJ，SH，TJ，CQ，SZ。

ee 表示车年数。

num 表示索赔次数。

cost 表示保险期间的累积赔款金额。

下面的程序代码加载了本章所需的 R 程序包，并对使用的数据集进行了概要性描述。

```
#加载数据分析所需的程序包
library(data.table)
library(pander)
library(ggplot2)
library(tweedie)
library(gamlss)
library(statmod)
library(car)
library(gridExtra)

#读取数据,记为 dat
dat = fread('E:\\广义线性模型\\数据集 dat99.csv')

#输出部分数据,显示数据结构
```

① 数据下载地址：http://blog.sina.com.cn/mengshw。

```
dat
##          type gender vage age ageg region     ee num    cost
##     1:     B      F    1  18    1     BJ 26.890  20 33973.4
##     2:     B      F    1  18    1     SH  3.089   2  2167.5
##     3:     B      F    1  18    1     SZ  3.299   2  2082.5
##     4:     B      F    1  18    1     CQ  1.000   0     0.0
##     5:     B      F    1  19    1     BJ 31.493  23 36339.2
##    ---
## 12869:     A      M   10  63    7     SH  0.225   1  1657.5
## 12870:     A      M   10  64    7     SZ  0.762   0     0.0
## 12871:     A      M   10  67    7     SH  0.866   1   807.5
## 12872:     A      M   10  69    7     BJ  0.055   0     0.0
## 12873:     A      M   10  70    7     BJ  1.926   0     0.0

#显示数据集中的变量类型
str(dat)
## Classes 'data.table' and 'data.frame':   12873 obs. of  9
variables:
##   $ type  :chr  "B" "B" "B" "B" ...
##   $ gender:chr  "F" "F" "F" "F" ...
##   $ vage  :int  1 1 1 1 1 1 1 1 1 1 ...
##   $ age   :int  18 18 18 18 19 19 19 19 19 20 ...
##   $ ageg  :int  1 1 1 1 1 1 1 1 1 1 ...
##   $ region:chr  "BJ" "SH" "SZ" "CQ" ...
##   $ ee    :num  26.89 3.09 3.3 1 31.49 ...
##   $ num   :int  20 2 2 0 23 2 1 1 2 63 ...
##   $ cost  :num  33973 2168 2082 0 36339 ...
##   - attr(*,".internal.selfref") = <externalptr>

#为了建模方便,把下列变量转化为因子
dat$type = factor(dat$type)
dat$gender = factor(dat$gender)
dat$region = factor(dat$region)
dat$ageg = factor(dat$ageg)

#保单类型的观察值个数
pander(rbind(table(dat$type)))
```

A	B	C	D	E
3791	491	3398	2668	2525

```
#性别的观察值个数
pander(rbind(table(dat $ gender)))
  F      M
--------------
 5515  7358

#车龄的观察值个数
pander(rbind(table(dat $ vage)))
  1     2     3     4     5     6     7     8     9    10
------------------------------------------------------------
 1417  1303  1605  1568  1508  1418  1278  1109  885   782

#驾驶人各年龄分类的观察值个数
pander(rbind(table(dat $ ageg)))
  1    2     3     4     5     6     7
-----------------------------------------
 262  994  1335  3151  3246  2588  1297

#汽车行驶区域的观察值个数
pander(rbind(table(dat $ region)))
  BJ    CQ    SH    SZ    TJ
-------------------------------
 3710  1849  2827  2399  2088

#把观察值较多的类别设定为基准风险类别
dat $ type = relevel(dat $ type,ref = 'A')
dat $ gender = relevel(dat $ gender,ref = 'M')
dat $ region = relevel(dat $ region,ref = 'BJ')
dat $ ageg = relevel(dat $ ageg,ref = 5)
```

9.2 探索性数据分析

索赔频率是指平均每个车年的索赔次数，其观察值为每个风险类别的索赔次数与车年数之比。索赔强度是指平均每次保险事故的索赔金额，其观察值为每个风险类别的索赔金额与索赔次数之比。纯保费是指平均每个车年的索赔金额，其观察值为每个风险类别的索赔金额与车年数之比。索赔发生概率是指保单在保险期间发生索赔的概率，其观察值为每个风险类别中发生索赔的保单数与该类别的总保单数之比。

图 9—1 至图 9—3 分别给出了分类变量的各个水平对应的索赔频率、索赔强度和纯保费的观察值。可以看出，这些分类变量的不同水平之间存在较为明显的风险差异，且在索赔频率、索赔强度、纯保费上的差异并不相同。以驾驶人的年龄类别为例，年龄类别为 1 和 2 的保单在索赔频率上很接近，但在索赔强度和纯保费上差异显著。这表明分类变量的各个水平对索赔频率、索赔强度、纯保费具有不同的影响。从总体趋势上看，续保年数越长的保单风险越低；男性的风险高于女性，但差异不大；年龄越大的驾驶人风险越低；车龄越长的保单

风险越低；不同地区的风险差异比较明显。

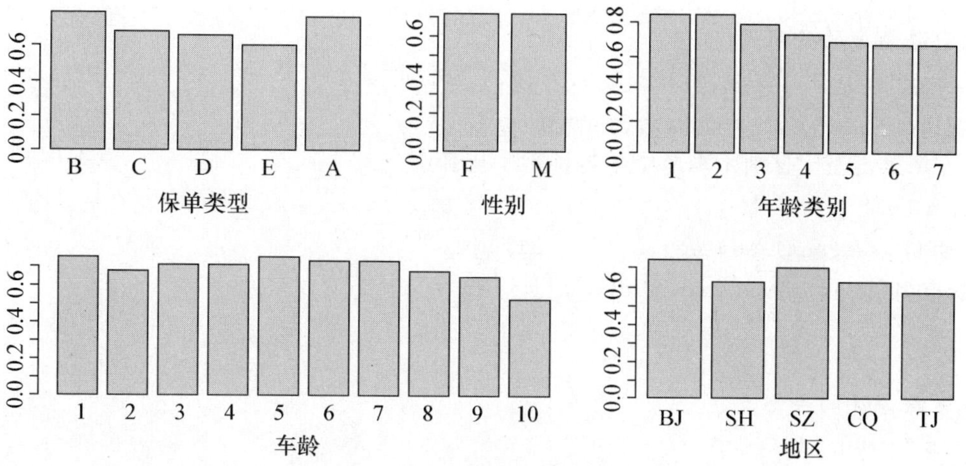

图 9—1　经验索赔频率的观察值

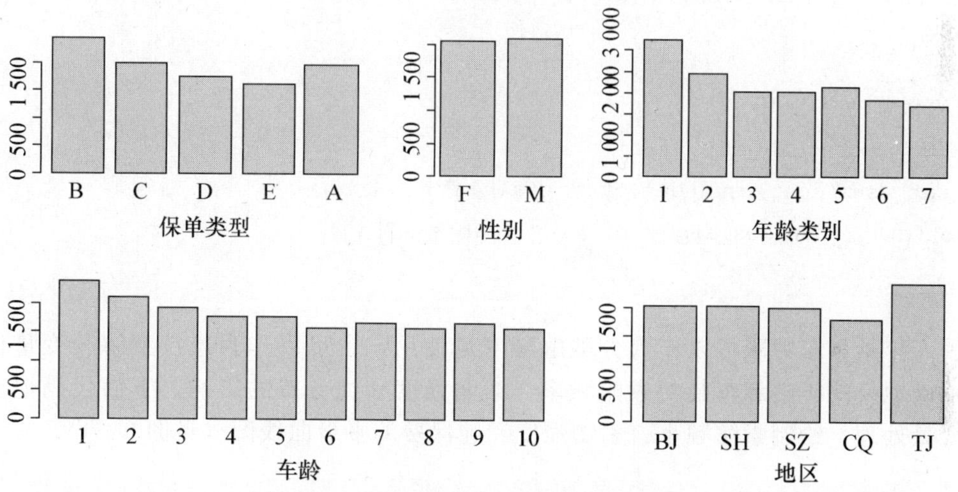

图 9—2　经验索赔强度的观察值

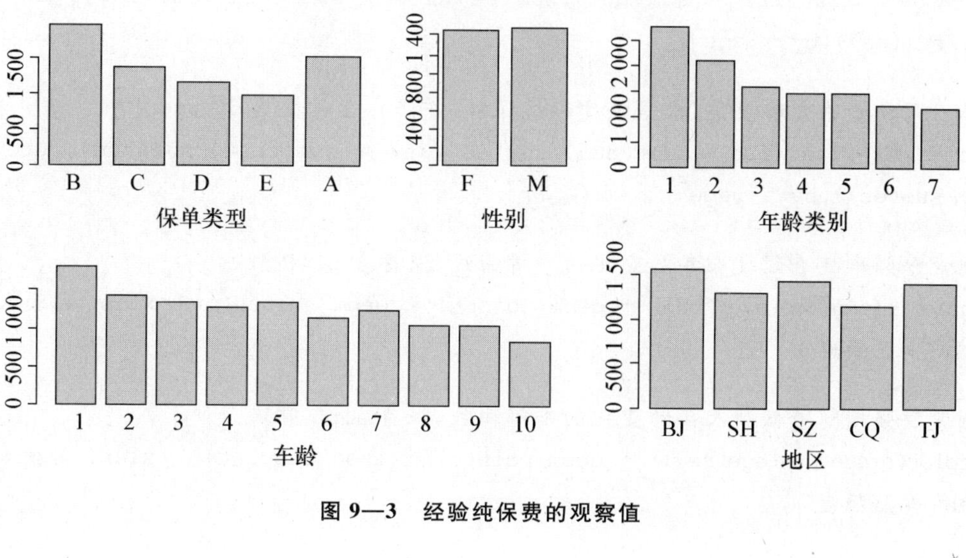

图 9—3　经验纯保费的观察值

绘制图 9—1 至图 9—3 的程序代码如下。

```
#绘制索赔频率的条形图
layout(matrix(c(1,1,2,4,4,3,3,3,5,5),2,5,byrow = T))
a1 = c('type','gender','vage','ageg','region')
a2 = c('保单类型','性别','车龄','年龄类别','地区')
for (i in 1:5) {
 dt = dat[,sum(num)/sum(ee),by = c(a1[i])]
 barplot(dt[[2]],names.arg = dt[[1]],xlab = a2[i])
}

#绘制索赔强度的条形图
for (i in 1:5) {
 dt = dat[,sum(cost)/sum(num),by = c(a1[i])]
 barplot(dt[[2]],names.arg = dt[[1]],xlab = a2[i])
}

#绘制纯保费的条形图
for (i in 1:5){
 dt = dat[,sum(cost)/sum(ee),by = c(a1[i])]
 barplot(dt[[2]],names.arg = dt[[1]],xlab = a2[i])
}
```

驾驶人年龄和车龄既可以作为分类解释变量使用，也可以作为连续型解释变量使用。为了更加准确地反映年龄和车龄对索赔频率、索赔强度和纯保费的影响，下面代码把它们作为连续型变量处理，绘制索赔频率、索赔强度和纯保费的平滑曲线图（见图 9—4）。

```
#计算不同年龄的索赔频率、索赔强度和纯保费,并保存在数据集 dfage 中
dfage = dat[,list(fre = sum(num)/sum(ee),sev = sum(cost)/sum(num),pure = sum
(cost)/sum(ee)),by = age]

#计算不同车龄的索赔频率、索赔强度和纯保费,并保存在数据集 dfvage 中
dfvage = dat[,list(fre = sum(num)/sum(ee),sev = sum(cost)/sum(num),pure = sum
(cost)/sum(ee)),by = vage]

#绘制索赔频率随着驾驶人年龄变化的平滑曲线,保存在 p1 中
p1 = ggplot(dfage,aes(age,fre)) + geom_point() + geom_smooth() + xlab('驾驶人年龄')
 + ylab('索赔频率')

#绘制索赔强度随着驾驶人年龄变化的平滑曲线,保存在 p2 中
p2 = ggplot(dfage,aes(age,sev)) + geom_point() + geom_smooth() + xlab('驾驶人年龄')
 + ylab('索赔强度')
```

```
#绘制纯保费随着驾驶人年龄变化的平滑曲线,保存在 p3 中
p3 = ggplot(dfage,aes(age,sev)) + geom_point() + geom_smooth() + xlab('驾驶人年龄')
 + ylab('纯保费')

#绘制索赔频率随着车龄变化的平滑曲线,保存在 q1 中
q1 = ggplot(dfvage,aes(factor(vage),fre,group = 1)) + geom_point() + geom_smooth
() + xlab('车龄') + ylab('索赔频率')

#绘制索赔强度随着车龄变化的平滑曲线,保存在 q2 中
q2 = ggplot(dfvage,aes(factor(vage),sev,group = 1)) + geom_point() + geom_smooth
() + xlab('车龄') + ylab('索赔强度')

#绘制纯保费随着车龄变化的平滑曲线,保存在 q3 中
q3 = ggplot(dfvage,aes(factor(vage),pure,group = 1)) + geom_point() + geom_smooth
() + xlab('车龄') + ylab('纯保费')

#输出前面的绘图结果
grid.arrange(p1,q1,p2,q2,p3,q3)
```

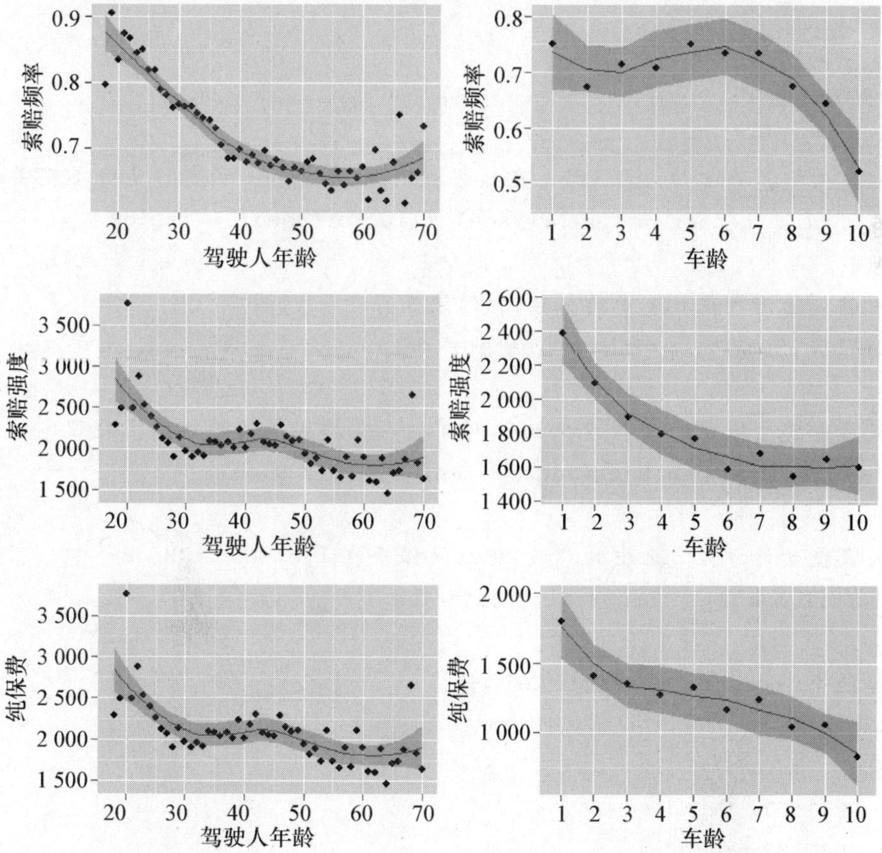

图 9—4　年龄和车龄对索赔频率、索赔强度和纯保费的影响

图 9—4 表明，索赔频率、索赔强度和纯保费在总体上都随着驾驶人年龄的增长而有所下降，其中索赔强度与纯保费的下降趋势比较接近，且都在 40 岁附近出现了一个向上增长的小波动，说明纯保费受索赔强度的影响更加明显。从车龄来看，索赔强度和纯保费都随着车龄的增加有所下降，但索赔频率的变化趋势有所不同，对于车龄在 7 年以下的保单，索赔频率几乎相同，而对于车龄大于 7 年的保单，索赔频率迅速下降。

9.3 索赔发生概率的回归模型

在原始数据集 dat 中，没有表示索赔是否发生的二分类变量，只有索赔次数变量（num），但可以将其转化为二分类变量。譬如，当索赔次数 num＝0 时，可以令 I＝0，表示没有发生索赔；当索赔次数 num＞0 时，令 I＝1，表示发生了索赔。

下面以 I 为因变量建立广义线性模型。有关程序代码如下。

```
#生成因变量
dat$I = ifelse(dat$num == 0,0,1)
dat$I = factor(dat$I)

#因变量的分布
table(dat$I)
##
##    0    1
## 3646 9227

#定义索赔发生概率的回归方程 bf1。在该方程中,把年龄和车龄都作为分类变量处理:
bf1 = I ~ type + gender + factor(vage) + factor(ageg) + region

#应用 glm 函数估计方程 bf1 中的参数,把结果保存在 lgt1 中:
lgt1 = glm(bf1,family = binomial,data = dat)

#重新定义索赔发生概率的回归方程 bf2,对驾驶人年龄和车龄进行平滑处理:
bf2 = I ~ type + gender + cs(vage) + cs(age) + region

#应用 glm 函数估计方程 bf2 中的参数,把结果保存在 lgt2 中:
lgt2 = glm(bf2,family = binomial,data = dat)

#输出上述两个 logistic 回归模型的 AIC 值:
AIC(lgt1,lgt2)
##      df   AIC
## lgt1 25 11127
## lgt2 12 12197
```

可见，lgt1 的 AIC 值较小，表明该模型优于模型 lgt2。下面进一步分析模型 lgt1 的残差，程序代码如下。

```
#计算模型 lgt1 的随机分位残差
qrlgt = qresiduals(lgt1)

#绘制随机分位残差的直方图,并用标准正态分布进行拟合
par(mfrow = c(1,2))
histDist(qrlgt,nbins = 100,xlab = ' ',main = 'logistic 回归模型的随机分位残差',ylab = ' ')

#绘制随机分位残差的 Q-Q 图
qqnorm(qrlgt,main = ' ')
qqline(qrlgt)
```

模型 lgt1 的随机分位残差如图 9—5 所示。该图表明，模型 lgt1 的随机分位残差非常接近标准正态分布，说明该模型的分布假设是适当的，对数据的拟合效果很好。

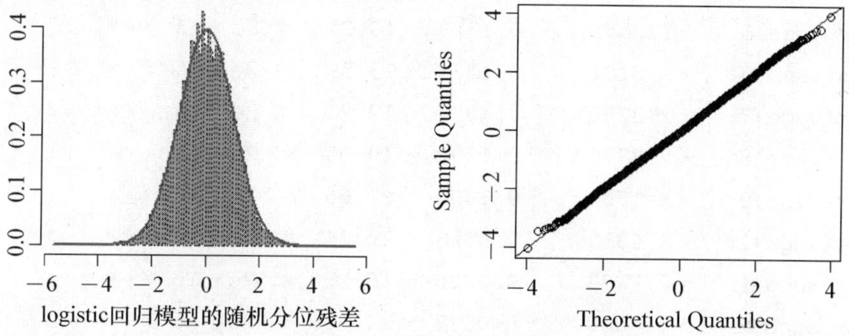

图 9—5　logistic 回归模型 lgt1 的随机分位残差

应用 car 程序包中的 Anova 函数可以检验模型 lgt1 中的解释变量是否显著。程序代码及结果如下。

```
Anova(lgt1)
## Analysis of Deviance Table (Type II tests)
##
## Response:I
##                  LR Chisq Df Pr(>Chisq)
## type               232  4     <2e-16 ***
## gender             423  1     <2e-16 ***
## factor(vage)      1616  9     <2e-16 ***
## factor(ageg)      1310  6     <2e-16 ***
## region            2677  4     <2e-16 ***
## ---
## Signif. codes:  0 '***' 0.001 '**' 0.01 '*' 0.05 '.' 0.1 ' ' 1
```

可见，模型 lgt1 中所有解释变量的卡方统计量值都很大，相应的 p 值接近于零，表明模

型中的所有解释变量都是高度显著的。

下面应用 summary 函数输出模型 lgt1 的参数估计值。

```
summary(lgt1)
## Coefficients:
##                    Estimate Std. Error z value Pr(>|z|)
## (Intercept)          6.7802     0.1712   39.61  < 2e-16 ***
## typeB                1.2100     0.2564    4.72  2.4e-06 ***
## typeC               -0.5345     0.0646   -8.28  < 2e-16 ***
## typeD               -0.8662     0.0688  -12.58  < 2e-16 ***
## typeE               -0.7089     0.0688  -10.31  < 2e-16 ***
## genderF             -1.0055     0.0502  -20.04  < 2e-16 ***
## factor(vage)2       -0.2060     0.1430   -1.44    0.150
## factor(vage)3       -0.9835     0.1328   -7.41  1.3e-13 ***
## factor(vage)4       -1.0372     0.1335   -7.77  7.8e-15 ***
## factor(vage)5       -1.3655     0.1329  -10.27  < 2e-16 ***
## factor(vage)6       -1.8101     0.1331  -13.59  < 2e-16 ***
## factor(vage)7       -2.3299     0.1354  -17.21  < 2e-16 ***
## factor(vage)8       -2.7770     0.1392  -19.95  < 2e-16 ***
## factor(vage)9       -3.1704     0.1464  -21.66  < 2e-16 ***
## factor(vage)10      -3.4830     0.1518  -22.94  < 2e-16 ***
## factor(ageg)1       -2.7779     0.1706  -16.28  < 2e-16 ***
## factor(ageg)2       -1.4085     0.0977  -14.41  < 2e-16 ***
## factor(ageg)3       -0.4278     0.0888   -4.82  1.5e-06 ***
## factor(ageg)4        0.1543     0.0693    2.23    0.026 *
## factor(ageg)6       -0.9633     0.0710  -13.58  < 2e-16 ***
## factor(ageg)7       -2.6287     0.0949  -27.70  < 2e-16 ***
## regionCQ            -3.9431     0.1008  -39.11  < 2e-16 ***
## regionSH            -2.7079     0.0878  -30.84  < 2e-16 ***
## regionSZ            -3.0004     0.0923  -32.52  < 2e-16 ***
## regionTJ            -3.4755     0.0968  -35.91  < 2e-16 ***
```

从输出结果可以看出，只有车龄变量在水平 2 上的回归系数不显著，其 p 值为 0.15，明显大于零，其他回归系数都是高度显著的。

9.4 索赔频率模型

在建立索赔频率的预测模型时，因变量既可以是索赔次数的观察值，也可以是索赔频率的观察值，其中，索赔频率是索赔次数与风险单位数（车年数）之比。下面以索赔次数的观察值为因变量建立索赔频率的预测模型，同时把风险单位数的对数设定为调整项（offset）。

描述索赔次数最常见的分布是泊松分布和负二项分布，所以可以分别在这两种分布假设下建立索赔频率的预测模型。

首先定义索赔频率的回归方程。

```
#定义索赔频率的回归方程 ff1,把车龄和年龄都作为分类变量处理:
ff1 = num ~ type + gender + factor(vage) + factor(ageg) + region + offset(log(ee))

#重新定义回归方程 ff2,对年龄和车龄进行平滑处理:
ff2 = num ~ type + gender + cs(vage) + cs(age) + region + offset(log(ee))

#基于前面定义的两个回归方程 ff1 和 ff2,应用 glm 函数建立泊松回归模型,分别保存在
po1 和 po2 中:
po1 = glm(ff1,family = poisson,data = dat)
po2 = glm(ff2,family = poisson,data = dat)

#基于前面定义的两个回归方程 ff1 和 ff2,应用 glm.nb 函数建立负二项回归模型,分别保
存在 nb1 和 nb2 中:
nb1 = glm.nb(ff1,data = dat)
nb2 = glm.nb(ff2,data = dat)

#基于前面定义的两个回归方程 ff1 和 ff2,应用 gamlss 函数建立零膨胀泊松回归模型,分
别保存在 zip1 和 zip2 中:
zip1 = gamlss(ff1,family = ZIP,data = dat,trace = FALSE)
zip2 = gamlss(ff2,family = ZIP,data = dat,trace = FALSE)

#输出上面 6 个索赔频率回归模型的 AIC 值
AIC(po1,po2,nb1,nb2,zip1,zip2)
##        df   AIC
## po1   25 50905
## po2   12 51367
## nb1   26 50417
## nb2   13 50674
## zip1  26 50901
## zip2  19 50836
```

在上面 6 个索赔频率回归模型中，负二项回归模型 nb1 的 AIC 值最小，表明该模型优于其他模型。下面应用 Anova 函数进一步检验该模型中解释变量的显著性。

```
Anova(nb1)
## Analysis of Deviance Table (Type II tests)
##
## Response:num
##                  LR Chisq Df Pr(>Chisq)
```

```
## type                 760  4      <2e-16 ***
## gender                 1  1        0.23
## factor(vage)         277  9      <2e-16 ***
## factor(ageg)         288  6      <2e-16 ***
## region               879  4      <2e-16 ***
## ---
## Signif. codes:  0 '***' 0.001 '**' 0.01 '*' 0.05 '.' 0.1 ' ' 1
```

方差分析结果表明，性别变量 gender 在模型中是不显著的。下面剔除模型 nb1 中不显著的性别变量 gender 后重新建模。

```
#从回归方程 ff1 中剔除 gender 变量,定义为回归方程 ff3:
ff3 = num ~ type + factor(vage) + factor(ageg) + region + offset(log(ee))

#基于回归方程 ff3,应用 glm.nb 函数建立负二项回归模型,保存在 nb3 中:
nb3 = glm.nb(ff3,data = dat)

#计算负二项回归模型 nb3 的随机分位残差 qrnb3:
qrnb3 = qresiduals(nb3)

#绘制 qrnb3 的直方图,并用标准正态分布进行拟合:
par(mfrow = c(1,2))
histDist(qrnb3,nbins = 100,main = ' ',xlab = '负二项回归模型的随机分位残差',ylab = ' ')
#结果如图 9—6(左)所示

#绘制 qrnb3 的 Q-Q 图:
qqnorm(qrnb3,main = ' ')
qqline(qrnb3)       #结果如图 9—6(右)所示
```

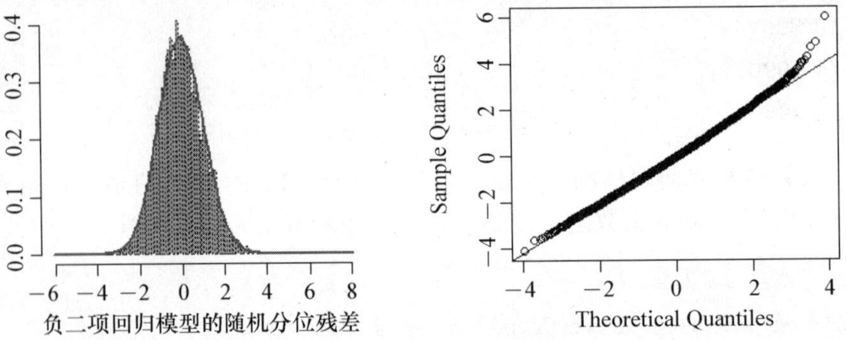

图 9—6　负二项回归模型 nb3 的随机分位残差

从图 9—6 可以看出，负二项回归模型 nb3 的残差近似服从标准正态分布，表明负二项回归模型 nb3 可以较好地拟合本例的索赔频率数据。

下面代码输出模型 nb3 的参数估计值。

```
summary(nb3)
## Coefficients:
##                    Estimate Std. Error z value Pr(>|z|)
## (Intercept)        -0.32019    0.01306  -24.52  < 2e-16 ***
## typeB               0.12157    0.01516    8.02  1.1e-15 ***
## typeC              -0.10602    0.00960  -11.05  < 2e-16 ***
## typeD              -0.15726    0.01137  -13.84  < 2e-16 ***
## typeE              -0.29147    0.01211  -24.06  < 2e-16 ***
## factor(vage)2       0.00399    0.01419    0.28  0.77842
## factor(vage)3       0.06561    0.01455    4.51  6.5e-06 ***
## factor(vage)4       0.10548    0.01486    7.10  1.3e-12 ***
## factor(vage)5       0.15955    0.01554   10.27  < 2e-16 ***
## factor(vage)6       0.11715    0.01622    7.22  5.1e-13 ***
## factor(vage)7       0.11007    0.01711    6.43  1.2e-10 ***
## factor(vage)8       0.03779    0.01934    1.95  0.05070 .
## factor(vage)9      -0.00770    0.02417   -0.32  0.74996
## factor(vage)10     -0.14175    0.02737   -5.18  2.2e-07 ***
## factor(ageg)1       0.15476    0.04069    3.80  0.00014 ***
## factor(ageg)2       0.20036    0.01596   12.55  < 2e-16 ***
## factor(ageg)3       0.14214    0.01189   11.95  < 2e-16 ***
## factor(ageg)4       0.06782    0.00925    7.33  2.3e-13 ***
## factor(ageg)6       0.00300    0.01177    0.26  0.79852
## factor(ageg)7      -0.00495    0.02157   -0.23  0.81863
## regionCQ           -0.24261    0.01610  -15.07  < 2e-16 ***
## regionSH           -0.24333    0.01055  -23.06  < 2e-16 ***
## regionSZ           -0.10236    0.01240   -8.26  < 2e-16 ***
## regionTJ           -0.27427    0.01518  -18.06  < 2e-16 ***
```

9.5 索赔强度模型

索赔强度是指平均每次索赔的金额，其观察值是总索赔金额与索赔次数之比。在数据集 dat 中，有些观察值的索赔次数为零，无法求得其对应的索赔强度，所以需要从数据集中将这些索赔次数为零的数据剔除。下面将索赔强度的观察值记为 sev。

```
#从数据集 dat 中剔除索赔次数等于零的观察值,把新数据集记为 dats:
dats = subset(dat,num > 0)

#计算索赔强度 sev
dats[,sev:= cost/num]
```

```
#绘制索赔强度的直方图
par(mfrow = c(2,2))
hist(dats$sev,breaks = 100,col = 'grey',xlab = '索赔强度',main = ' ')
hist(log(dats$sev),breaks = 100,col = 'grey',xlab = '索赔强度的对数',main = ' ')
#结果如图 9—7 所示
```

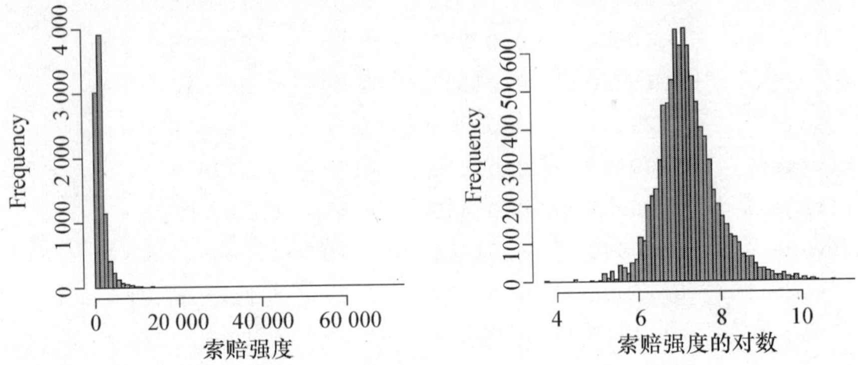

图 9—7 索赔强度经验数据的直方图

图 9—7 表明，索赔强度呈现尖峰厚尾特征，一方面在众数附近有大量的观察值；另一方面也有少量的索赔强度观察值远远高于总体平均水平。

在索赔强度的回归模型中，通常使用的两种分布是伽马分布和逆高斯分布，相应地，可以分别建立伽马回归模型和逆高斯回归模型。在回归方程中，年龄和车龄既可以作为分类变量处理，也可以作为连续型变量处理。

下面分别建立伽马回归模型和逆高斯回归模型，并对它们进行比较。有关程序代码如下。

```
#定义索赔强度模型的回归方程，在 sf1 中，把车龄和年龄作为分类变量处理，在 sf2 中，把
  车龄和年龄作为连续型变量进行平滑处理：
sf1 = sev ~ type + gender + factor(vage) + factor(ageg) + region
sf2 = sev ~ type + gender + cs(vage) + cs(age) + region

#应用 glm 函数建立伽马回归模型：
ga1 = glm(sf1,weights = num,family = Gamma(link = log),data = dats)
ga2 = glm(sf2,weights = num,family = Gamma(link = log),data = dats)

#应用 glm 函数建立逆高斯回归模型：
ig1 = glm(sf1,weights = num,family = inverse.gaussian(link = log),data = dats)
ig2 = glm(sf2,weights = num,family = inverse.gaussian(link = log),data = dats)

#输出上述索赔强度模型的 AIC 值
AIC(ga1,ga2,ig1,ig2)
##      df      AIC
```

```
## ga1 26 2715769
## ga2 13 2720096
## ig1 26 2708509
## ig2 13 2712321
```

可见，在前面的索赔强度模型中，逆高斯回归模型 ig1 的 AIC 最小，表明该模型优于其他模型。下面应用 car 程序包中的 Anova 函数进一步检验该模型中各个解释变量的显著性水平。

```
Anova(ig1)
## Analysis of Deviance Table (Type II tests)
##
## Response:sev
##                LR Chisq Df Pr(>Chisq)
## type              30.0  4    5.0e-06 ***
## gender             6.4  1      0.012 *
## factor(vage)     164.0  9    < 2e-16 ***
## factor(ageg)      66.5  6    2.2e-12 ***
## region            46.3  4    2.1e-09 ***
## ---
## Signif. codes:  0 '***' 0.001 '**' 0.01 '*' 0.05 '.' 0.1 ' ' 1
```

方差分析结果表明，在逆高斯回归模型 ig1 中，所有解释变量都是显著的。

如果模型的分布假设是合理的，其残差应该近似服从标准正态分布。下面检验逆高斯回归模型 ig1 的 Deviance 残差是否近似服从标准正态分布。

```
#计算逆高斯回归 ig1 的 Deviance 残差,记为 driq1:
drig1 = residuals(ig1,type = 'deviance')

#绘制 drig1 的直方图,并用标准正态分布进行拟合:
par(mfrow = c(1,2))
histDist(drig1,nbins = 100,xlab = ' ',ylab = ' ',main = '逆高斯回归模型的 Deviance 残差')

#绘制 drig1 的 Q-Q 图
qqnorm(drig1,main = ' ')
qqline(drig1)
```

图 9—8 表明，逆高斯回归模型的 Deviance 残差与标准正态分布相差较远，部分观察值的残差远远大于标准正态分布的分位数，这就意味着用逆高斯回归模型对索赔强度数据建模，拟合效果不是很好，有进一步改进分布假设的必要。

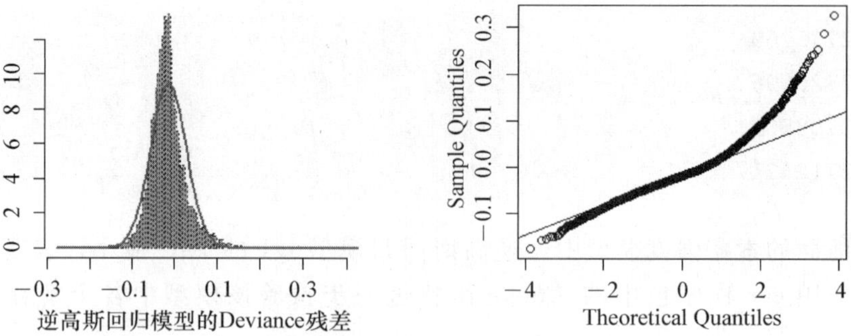

图 9—8 逆高斯回归模型的 Deviance 残差

9.6 对索赔强度进行对数变换之后建模

前面的分析结果表明，伽马回归和逆高斯回归对索赔强度的拟合效果不佳，可能的原因是这两个分布的右尾还不够厚或者峰度还不够高。为此，下面对索赔强度进行对数变换以后建立回归模型。从图 9—7 中索赔强度的直方图可以看出，对数索赔强度近似服从对称分布，所以可以考虑以对数索赔强度为因变量，建立线性回归模型。

首先计算索赔强度的对数，并将其记为 logsev。

```
#计算索赔强度的对数,记为 logsev:
dats[,logsev:= log(sev)]

#以 logsev 为因变量的回归方程,其中在 logsf1 中,把车龄和年龄作为分类变量处理,在
  logsf2 中,把车龄和年龄作为连续型变量进行平滑处理:
logsf1 = logsev ~ type + gender + factor(vage) + factor(ageg) + region
logsf2 = logsev ~ type + gender + cs(vage) + cs(age) + region

#应用 glm 函数建立正态分布假设下的回归模型:
logn1 = glm(logsf1,data = dats)
logn2 = glm(logsf2,data = dats)

#应用 gamlss 函数建立偏 t 分布假设下的回归模型:
logst1 = gamlss(logsf1,family = ST1,control = gamlss.control(n.cyc = 100,trace
 = FALSE),data = dats)
logst2 = gamlss(logsf2,family = ST1,control = gamlss.control(n.cyc = 100,trace
 = FALSE),data = dats)

#输出对数索赔强度模型的 AIC
AIC(logn1,logn2,logst1,logst2)
##          df   AIC
## logn1   26 20345
## logn2   13 20412
## logst1 28 18600
```

```
## logst2 21 18575

#计算对数正态回归模型 logn1 的残差
rslogn1 = residuals(logn1)

#绘制 logn1 残差的直方图
par(mfrow = c(1,2))
histDist(rslogn1,nbins = 100,main = ' ',xlab = '对数正态回归的残差',ylab = ' ')
#结果如图 9—9(左)所示

#绘制 logn1 残差的 Q-Q 图
qqnorm(rslogn1,main = ' ')
qqline(rslogn1)             #结果如图 9—9(右)所示

#计算偏 t 回归模型 logst2 的残差
rslogst2 = residuals(logst2)

#绘制 logst2 残差的直方图
histDist(rslogst2,nbins = 100,main = ' ',xlab='对数偏 t 回归的残差',ylab = ' ')
#结果如图 9—10(左)所示

#绘制 logst2 残差的 Q-Q 图
qqnorm(rslogst2,main = ' ')
qqline(rslogst2)            #结果如图 9—10(右)所示
```

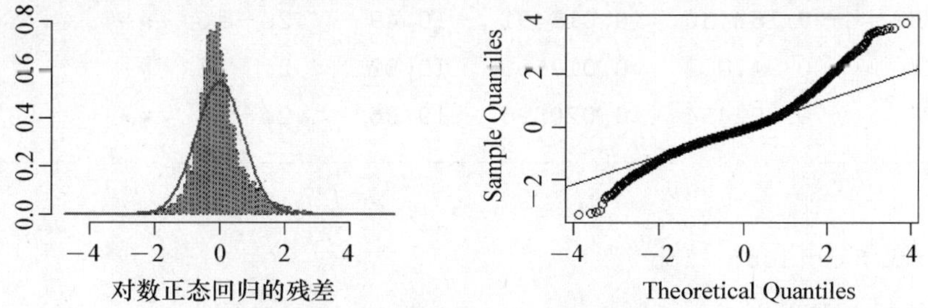

图 9—9 对数正态回归模型的残差

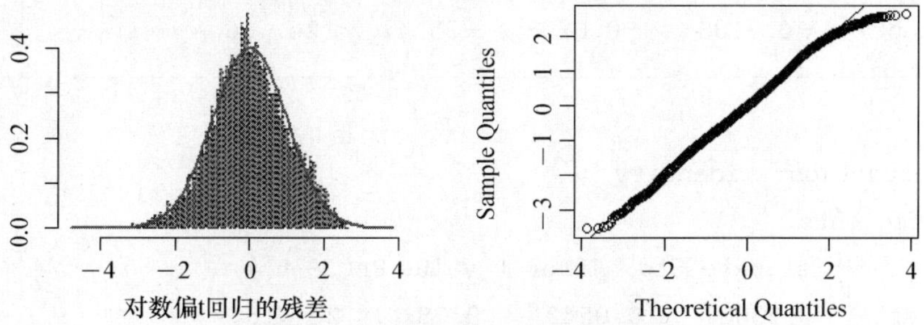

图 9—10 对数偏 t 回归模型的分位残差

在正态分布假设下的回归模型中，模型 logn1 的 AIC 值相对较小。该模型的因变量经过了对数变换，所以下面称之为对数正态回归模型。

残差图图 9—9 表明，对数正态回归模型仍然不能很好地拟合索赔强度数据，表明索赔强度数据并不服从对数正态分布，即索赔强度的对数不服从正态分布。

在偏 t 分布假设下的回归模型中，模型 logst2 的 AIC 值相对较小。该模型的因变量也经过了对数变换，所以下面称之为对数偏 t 回归模型。

对数偏 t 回归模型的分位残差近似服从标准正态分布，这表明用对数偏 t 分布可以较好地拟合本例中的索赔强度数据。

下面输出对数偏 t 回归模型的参数估计值。

```
summary(logst2)
##
******************************************************************
## Mu link function:  identity
## Mu Coefficients:
##                Estimate Std. Error  t value Pr(>|t|)
## (Intercept)    7.768680   0.032058  242.33  < 2e-16 ***
## typeB          0.127361   0.028403    4.48  7.4e-06 ***
## typeC         -0.113223   0.015389   -7.36  2.0e-13 ***
## typeD         -0.166778   0.016825   -9.91  < 2e-16 ***
## typeE         -0.109759   0.017488   -6.28  3.6e-10 ***
## genderF       -0.158272   0.011909  -13.29  < 2e-16 ***
## cs(vage)      -0.049946   0.002532  -19.72  < 2e-16 ***
## cs(age)       -0.006978   0.000503  -13.88  < 2e-16 ***
## regionCQ      -0.577978   0.022481  -25.71  < 2e-16 ***
## regionSH      -0.162430   0.015491  -10.49  < 2e-16 ***
## regionSZ      -0.347883   0.017556  -19.82  < 2e-16 ***
## regionTJ      -0.392494   0.020596  -19.06  < 2e-16 ***
## ---------------------------------------------------------------
--
## Sigma link function:  log
## Sigma Coefficients:
##               Estimate Std. Error t value Pr(>|t|)
## (Intercept)   -0.7188     0.0203   -35.4   <2e-16 ***
## ---------------------------------------------------------------
--
## Nu link function:  identity
## Nu Coefficients:
##               Estimate Std. Error t value Pr(>|t|)
## (Intercept)    0.5301     0.0542     9.78   <2e-16 ***
```

```
## ----------------------------------------------------------
--
## Tau link function:  log
## Tau Coefficients:
##             Estimate Std. Error t value Pr(>|t|)
## (Intercept)   0.9770     0.0354    27.6   <2e-16 ***
## **********************************************************
```

在前述的对数偏 t 回归模型中，参数 Mu 使用了恒等连接函数，参数 Sigma 使用了对数连接函数，参数 Nu 使用了恒等连接函数，参数 Tau 使用了对数连接函数。该模型只对参数 Mu 建立了回归模型，其他三个参数都是常数，它们的值分别为：

Sigma＝exp(－0.718 8)＝0.487 3

Nu＝0.530 1

Tau＝exp(0.977 0)＝2.656

9.7　纯保费模型

纯保费是指平均每个风险单位的索赔金额。在纯保费模型中，因变量可以是累积损失的观察值，并使用风险单位数（车年数）的对数作为调整项（offset）。因为有大量保单在保险期间不会发生索赔，所以累积损失通常在零点有一个较大的概率堆积。累积损失可以用 Tweedie 分布或零调整逆高斯分布进行描述，相应地可以建立 Tweedie 回归模型或零调整逆高斯回归模型。在本例的数据集 dat 中，用 cost 表示累积损失的观察值。

9.7.1　Tweedie 回归

经检验，在 Tweedie 回归模型中，性别变量对累积损失 cost 的影响不显著，所以在下面的回归分析中，不再考虑 gender 的影响。

首先写出 Tweedie 回归的方程。在下面的回归方程 tf1 中，把车龄和年龄作为分类变量处理，在回归方程 tf2 中，把车龄和年龄作为连续型变量进行平滑处理。

```
#Tweedie 回归的方程
tf1 = cost ~ type + factor(vage) + factor(ageg) + region + offset(log(ee))
tf2 = cost ~ type + cs(age) + cs(vage) + region + offset(log(ee))
```

在应用 glm 函数建立 Tweedie 回归模型之前，首先需要指定 Tweedie 分布的幂参数，该参数的取值通常在（1，2）区间，下面将其设定为通常使用的 1.7。

```
#设定 Tweedie 分布的幂参数 power
power = 1.7

#应用 glm 函数建立 Tweedie 回归模型
tw1 = glm(tf1,family = tweedie(var.power = power,link.power = 0),data = dat)
tw2 = glm(tf2,family = tweedie(var.power = power,link.power = 0),data = dat)

#比较前面两个 Tweedie 回归模型的偏差
```

```
deviance(tw1); deviance(tw2)
## [1]  331492
## [1]  333272
```

可见，模型 tw1 的 Deviance 偏差相对较小。下面进一步分析该模型的残差。

```
#输出 tw1 的 Deviance 残差
qrtw = residuals(tw1,type = 'deviance')

#输出 qrtw 的直方图,并用标准正态分布进行拟合
histDist(qrtw,nbins = 100,xlab = ' ',ylab = ' ',main = 'Tweedie 回归的分位残差')

#输出 qrtw 的 Q-Q 图
qqnorm(qrtw,main = ' ')
qqline(qrtw)
```

结果如图 9—11 所示。图 9—11 显示，模型 tw1 的 Deviance 残差远远偏离标准正态分布，表明 Tweedie 分布不适合用于拟合本例的累积损失数据。

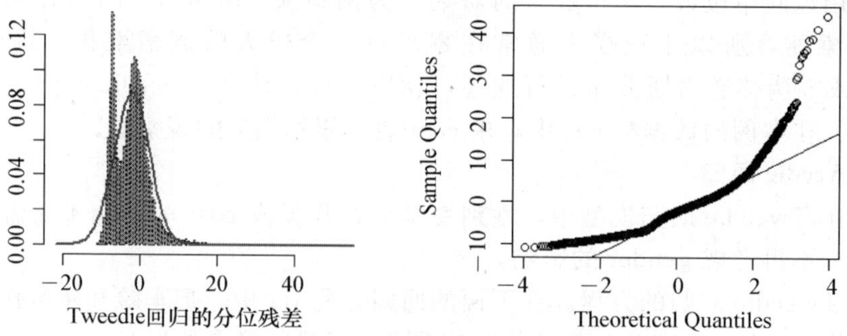

图 9—11 Tweedie 回归模型的 Deviance 残差

Tweedie 回归模型 tw1 的参数估计值如下所示。

```
#输出 tw1 模型的参数估计值
summary(tw1)
## Coefficients:
##                    Estimate Std. Error t value Pr(>|t|)
## (Intercept)        7.46042    0.08018   93.05  < 2e-16 ***
## typeB              0.08796    0.09780    0.90  0.36846
## typeC             -0.22583    0.05277   -4.28  1.9e-05 ***
## typeD             -0.29482    0.05966   -4.94  7.9e-07 ***
## typeE             -0.42951    0.06266   -6.85  7.5e-12 ***
## factor(vage)2     -0.05468    0.08557   -0.64  0.52284
## factor(vage)3     -0.03406    0.08502   -0.40  0.68868
## factor(vage)4     -0.04750    0.08630   -0.55  0.58205
```

```
## factor(vage)5   -0.05227 0.08838  -0.59   0.55426
## factor(vage)6   -0.17425   0.09125  -1.91   0.05622 .
## factor(vage)7   -0.22114   0.09525  -2.32   0.02027 *
## factor(vage)8   -0.35932   0.10217  -3.52   0.00044 ***
## factor(vage)9   -0.31405   0.11226  -2.80   0.00516 **
## factor(vage)10  -0.48134   0.12100  -3.98   7.0e-05 ***
## factor(ageg)1    0.48721   0.15991   3.05   0.00232 **
## factor(ageg)2    0.42752   0.08156   5.24   1.6e-07 ***
## factor(ageg)3    0.16034   0.06923   2.32   0.02056 *
## factor(ageg)4   -0.00418   0.05394  -0.08   0.93825
## factor(ageg)6   -0.05809   0.06144  -0.95   0.34443
## factor(ageg)7   -0.14728   0.08682  -1.70   0.08984 .
## regionCQ        -0.36529   0.07046  -5.18   2.2e-07 ***
## regionSH        -0.17008   0.05476  -3.11   0.00190 **
## regionSZ        -0.10808   0.05978  -1.81   0.07063 .
## regionTJ        -0.02323   0.06368  -0.36   0.71525
```

9.7.2 零调整逆高斯回归

除了 Tweedie 回归模型之外，还可以用零调整逆高斯回归模型对累积损失数据建立预测模型。

在零调整逆高斯回归模型中，既可以把车龄和年龄作为分类变量处理，也可以把它们作为连续型变量进行平滑处理，相应的回归方程分别记为 zf1 和 zf2。程序代码如下。

```
#零调整逆高斯回归模型的回归方程:
zf1 = cost ~ type + gender + factor(vage) + factor(ageg) + region + offset(log(ee))
zf2 = cost ~ type + gender + cs(age) + cs(vage) + region + offset(log(ee))

#应用 gamlss 函数估计零调整逆高斯回归模型:
zaig1 = gamlss(zf1,family = ZAIG,data = dat,trace = FALSE)
zaig2 = gamlss(zf2,family = ZAIG,data = dat,trace = FALSE)

#输出 zaig1 和 zaig2 的 AIC 值:
AIC(zaig1,zaig2)
##         df    AIC
## zaig1 27  215498
## zaig2 20  215548
```

可见，zaig1 的 AIC 相对较小，表明该模型优于 zaig2。下面进一步分析 zaig1 模型的残差。

```
#计算 zaig1 模型的分位残差 qrzg1:
qrzg1 = residuals(zaig1):
```

```
#计算 qrzg1 的概要性统计量:
summary(qrzg1)
##   Min. 1st Qu.  Median    Mean 3rd Qu.    Max.
##     -4      -1       0     Inf       1     Inf
```

可见，模型 zaig1 输出的分位残差中有无穷大量（Inf），表明零调整逆高斯模型对部分观察值的拟合不佳。为了绘制残差图，可以剔除分位残差为 Inf 的值。程序代码如下。

```
#剔除等于 Inf 的分位残差
qrzg1 = subset(qrzg1,qrzg1 ! = Inf)

#绘制 qrzg1 的直方图
par(mfrow = c(1,2))
histDist(qrzg1,nbins = 100,main = ' ',xlab = '零调整逆高斯回归模型的分位残差',ylab = ' ')
#结果如图 9—12(左)所示

#绘制 qrzg1 的 Q-Q 图
qqnorm(qrzg1,main = ' ')
qqline(qrzg1)              #结果如图 9—12(右)所示
```

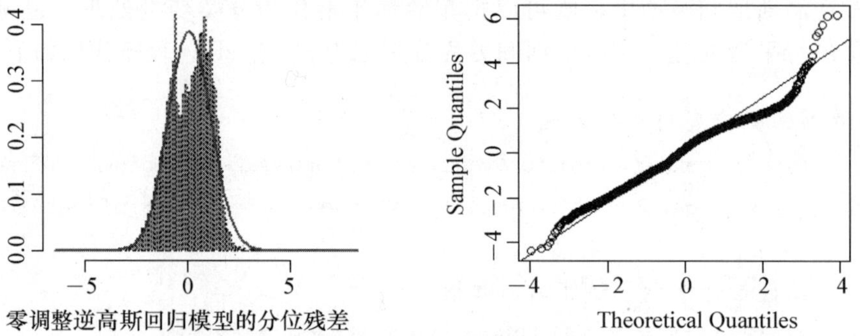

图 9—12　零调整逆高斯回归模型的分位残差

图 9—12 显示，零调整逆高斯回归模型的残差与标准正态分布有较大差异，表明零调整逆高斯分布仍然不能准确描述本例的累积损失数据，但比前面的 Tweedie 分布已经有了很大改进。

下面输出 zaig1 模型的参数估计值。

```
summary(zaig1)
## ******************************************************************
## Mu link function:  log
## Mu Coefficients:
##                Estimate Std. Error t value Pr(>|t|)
## (Intercept)     7.28572    0.12800   56.92  < 2e-16 ***
## typeB          -0.74731    0.17870   -4.18  2.9e-05 ***
```

```
## typeC           -0.82450   0.07901  -10.44  < 2e-16 ***
## typeD           -0.39853   0.08799   -4.53  6.0e-06 ***
## typeE           -0.78515   0.09358   -8.39  < 2e-16 ***
## genderF          0.29866   0.05163    5.78  7.4e-09 ***
## factor(vage)2   -0.44298   0.11352   -3.90  9.6e-05 ***
## factor(vage)3   -0.11435   0.12324   -0.93  0.35348
## factor(vage)4    0.36625   0.13037    2.81  0.00497 **
## factor(vage)5    0.00272   0.11435    0.02  0.98104
## factor(vage)6    0.01871   0.12331    0.15  0.87938
## factor(vage)7    0.16211   0.12480    1.30  0.19400
## factor(vage)8    0.29792   0.12817    2.32  0.02012 *
## factor(vage)9    0.66984   0.13479    4.97  6.8e-07 ***
## factor(vage)10   0.03760   0.12471    0.30  0.76304
## factor(ageg)1    1.38210   0.15851    8.72  < 2e-16 ***
## factor(ageg)2    2.29935   0.21957   10.47  < 2e-16 ***
## factor(ageg)3    0.51319   0.10443    4.91  9.0e-07 ***
## factor(ageg)4   -0.02752   0.07430   -0.37  0.71107
## factor(ageg)6    0.25659   0.07331    3.50  0.00047 ***
## factor(ageg)7    0.47771   0.07864    6.07  1.3e-09 ***
## regionCQ         1.04555   0.08397   12.45  < 2e-16 ***
## regionSH         0.93181   0.07137   13.06  < 2e-16 ***
## regionSZ         0.80550   0.06798   11.85  < 2e-16 ***
## regionTJ         0.97079   0.08170   11.88  < 2e-16 ***
## ---------------------------------------------------------------
--
## Sigma link function:  log
## Sigma Coefficients:
##              Estimate Std. Error t value Pr(>|t|)
## (Intercept) -3.99483    0.00736    -543   <2e-16 ***
## ---------------------------------------------------------------
--
## Nu link function:  logit
## Nu Coefficients:
##              Estimate Std. Error t value Pr(>|t|)
## (Intercept)  -0.9285     0.0196   -47.5   <2e-16 ***
## ***************************************************************
```

在前面的零调整逆高斯回归模型中，在参数 Mu 的回归方程中使用了对数连接函数；在参数 Sigma 的回归方程中仅有截距项，使用了对数连接函数，所以模型对 Sigma 参数的估计值为 $\exp(-3.99483)=0.01841$；参数 Nu 是零膨胀概率，回归方程中仅有截距项，且使用了

logit 连接函数，所以模型对零膨胀概率参数 Nu 的估计值为 1/(1＋exp(0.928 5))＝0.283 2。

为了直观展示模型的参数估计值及其 95％的置信区间，可以使用 gamlss 程序包中的 term.plot 函数，输出结果如图 9—13 所示。

```
layout(matrix(c(1,1,1,5,5,2,3,3,4,4),2,5,byrow = TRUE))
term.plot(zaig1)
```

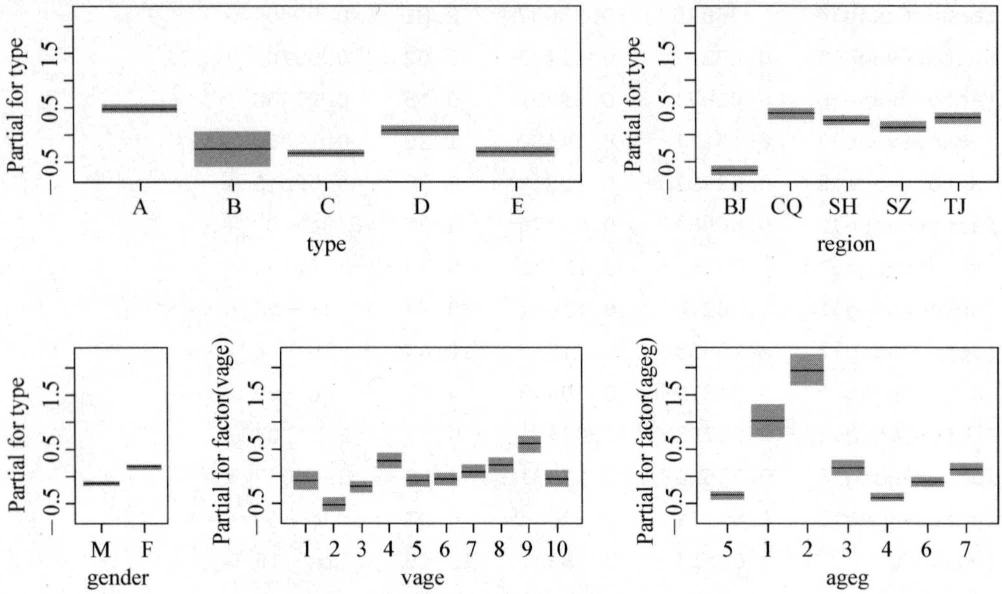

图 9—13 零调整逆高斯回归模型的参数估计值及其置信区间

综上所述，对于本例的损失数据，预测索赔发生概率可以使用 logistic 回归模型，预测索赔频率可以使用负二项回归模型，预测索赔强度可以使用对数偏 t 回归模型。对于累积损失而言，Tweedie 回归模型和零调整逆高斯回归模型的预测效果都不够理想。事实上，在索赔次数服从负二项分布，索赔强度服从对数偏 t 分布的情况下，累积损失的分布不可能服从 Tweedie 分布或零调整逆高斯分布。

练习题

9.1 数据集 dat2① 是一组汽车第三者责任保险的索赔次数数据（Charpentier，2015），有 413 169 条记录，其中包括下述变量：保单编号（PolicyID）、索赔次数（ClaimNb）、车年数（Exposure）、发动机的功率（Power）、车龄（CarAge）、驾驶人年龄（DriverAge）、汽车品牌（Brand）、耗油类型（Gas）、行驶区域（Region）和区域的人口密度（Density）。请基于数据集 dat2 建立索赔频率的预测模型。

9.2 数据集 dat3 记录了数据集 dat2 中保单每次索赔的金额（Charpentier，2015），有两个变量：保单编号（PolicyID）和索赔金额（ClaimAmount）。请基于数据集 dat2 和 dat3 建立索赔强度和纯保费的预测模型。

9.3 对前面数据集 dat2 中的索赔金额数据进行对数变换，然后重新建立索赔强度的预测模型。

① 数据下载地址：http://blog.sina.com.cn/mengshw。

参考文献

[1] Akaike, H. A New Look at the Statistical Model Identification. *IEEE Transactions on Automatic Control*, 1974, 19 (6): 716-723.

[2] Aldrich, J. Doing Least Squares: Perspectives from Gauss and Yule. *International Statistical Review*, 1998, 66 (1): 61-81.

[3] Besag, J. Spatial Interaction and the Statistical Analysis of Lattice Systems. *Journal of the Royal Statistical Society*, Series B, 1974, 36: 192-326.

[4] Burnham, K. P., Anderson, D. R. Model Selection and Multimodel Inference: A Practical Information-Theoretic Approach (second edition). Springer-Verlag, 2002.

[5] Cameron, A. C., Windmeijer, F. A. G. An R-squared Measure of Goodness of Fit for Some Common Nonlinear Regression Models. *Journal of Econometrics*, 1997, 77: 329-342.

[6] Charnes, A., Frome, E. L., Yu, P. L. The Equivalence of Generalized Least Squares and Maximum Likelihood Estimates in the Exponential Family. *Journal of the American Statistical Association*, 1976, 71 (353): 169-171.

[7] Charpentier A. Coputational Actuarial Science with R. New York: CRC Press Taylor & Francis Group, 2015.

[8] Chatterjee, S. C., Hadi, A. S. 例解回归分析（第 5 版）. 北京：机械工业出版社，2013.

[9] Cook, R. Dennis. Residuals and Influence in Regression. New York: Chapman and Hall, 1982.

[10] de Jong P., Heller G. Z. Generalized Linear Models for Insurance Data. Cambridge: Cambridge University Press, 2008.

[11] Dobson A. J., Barbnett A. G. An Introduction to Generalized Linear Models (third edition). London: Chapman & Hall/CRC, 2008.

[12] Dunn, P. K. and Smyth, G. K. Evaluation of Tweedie Exponential Dispersion Model Densities by Fourier Inversion. *Statistics and Computing*, 2008, 18: 73-86.

[13] Dunn, P. K., Smyth, G. K. Randomized Quantile Residuals. *Journal of Computational and Graphical Statistics*, 1996, 5 (3): 236-244.

[14] Durbin, J., Watson, G. S. Testing for Serial Correlation in Least Squares Regression (Ⅰ). *Biometrika*, 1950, 37 (3-4): 409-428.

[15] Durbin, J., Watson, G. S. Testing for Serial Correlation in Least Squares Regression (Ⅱ). *Biometrika*, 1951, 38 (1-2): 159-179.

[16] Fahrmeir L., Kneib T., Lang S., Marx B. Regression: Models, Methods and Applications. New York: Springer, 2013.

[17] Faraway J. Extending the Linear Model with R. Chapman & Hall/CRC, 2006.

[18] Faraway J. Linear Models with R. Chapman & Hall/CRC, 2005.

[19] Fox J. Applied Regression Analysis and Generalized Linear Models (second edition).

California: Sage Publications, Inc, 2008.

[20] Fox, J., Weisberg, S. An R Companion to Applied Regression. Sage, Thousand Oaks CA, 2nd edition, 2011. URL http://z. umn. edu/carbook.

[21] Ganegoda A., Evans J. A Scaling Model for Severity of Operational Losses Using Generalized Additive Models for Location Scale and Shape (gamlss). *Annals of Actuarial Science*, 2013, 7 (01): 61-100.

[22] Gelman, A. and Rubin, D. B. Inference from Iterative Simulation Using Multiple Sequences. *Statistical Science*, 1992, 7: 457-472.

[23] Goeman, J. J. L1 Penalized Estimation in the Cox Proportional Hazards Model. *Biometrical Journal*, 2014, 52 (1), 70-84.

[24] Hardin J. W., Hilbe J. M. Generalized Linear Models and Extentions (third edition). Texas: Stata Press, 2012.

[25] Hilbe, J. M. Logistic Regression Models. Chapman & Hall/CRC, 2009.

[26] Hosmer, D. W., Lemeshow, S. Applied Logistic Regression. New York: Wiley, 2013.

[27] Ismail N., Jemain A. A. Comparison of Minimum Bias and Maximum Likelihood Methods for Claim Severity. *Casualty Actuarial Society Forum*, 2009, Winter: 243-275.

[28] Ismail N., Jemain A. A. Handling Over-Dispersion with Negative Binomial and Generalized Poisson Regression Models. *Casualty Actuarial Society Forum*, 2007, Winter: 103-158.

[29] Jørgensen, B. and M. C. Paes De Souza. Fitting Tweedie's Compound Poisson Model to Insurance Claims Data. *Scandinavian Actuarial Journal*, 1994 (1): 69-93.

[30] Kohavi, Ron. A Study of Cross-validation and Bootstrap for Accuracy Estimation and Model Selection. Proceedings of the Fourteenth International Joint Conference on Artificial Intelligence, 1995, 2 (12): 1 137-1 143.

[31] Kutner, M. H., Nachtsheim, C. J., Neter, J. Applied Linear Regression Models (4th edition). McGraw-Hill Irwin, 2004.

[32] McCullagh P., Nelder J. A. Genaralized Linear Models (second edition). New York: Chapman and Hall, 1989.

[33] Nelder J. A., Wedderburn R. W. M. Generalized Linear Models. *Journal of the Royal Statistical Society*, Series A (General), 1972, 135 (3): 370-384.

[34] Ohlsson E., Johansson B. Non-life Insurance Pricing with Generalized Linear Models. Heidelberg: Springer, 2010.

[35] Peter K D. tweedie: Tweedie Exponential Family Models. 2014.

[36] R Core Team. R: A Language and Environment for Statistical Computing. R Foundation for Statistical Computing, Vienna, Austria. URL http://www. R-project. org/, 2014.

[37] Raftery, A. E. and Lewis, S. M. The Number of Iterations, Convergence Diagnostics and Generic Metropolis Algorithms. In W. R. Gilks, D. J. Spiegelhalter, and S. Richardson, eds. Markov Chain Monte Carlo in Practice. London, UK: Chapman & Hall, 1996.

[38] Raftery, A. E. Bayesian Model Selection in Social Research. *Sociological Methodology*, 1995, 25: 111-163.

[39] Rigby R. A. and Stasinopoulos D. M. Generalized Additive Models for Location, Scale and Shape (with discussion), Appl. *Statist*, 2005, 54: 507-554.

[40] Shapiro, S. S. , Wilk, M. B. An Analysis of Variance Test for Normality (complete samples). *Biometrika*, 1965, 52 (3-4): 591-611.

[41] Spiegelhalter, David J. , Best, Nicola G. , Carlin, Bradley P. , van der Linde, Angelika. Bayesian Measures of Model Complexity and Fit (with discussion). *Journal of the Royal Statistical Society*, Series B, 2002, 64 (4): 583-639.

[42] Stasinopoulos D. M. , Rigby R. A. Generalized Additive Models for Location Scale and Shape (gamlss) in R. *Journal of Statistical Software*, 2007, 23 (7).

[43] Strutz, T. Data Fitting and Uncertainty: A Practical Introduction to Weighted Least Squares and Beyond. Vieweg+Teubner, 2011.

[44] Tibshirani, R. Regression Shrinkage and Selection via the Lasso. *Journal of the Royal Statistical Society*, Series B, 1996, 58: 267-288.

[45] Wickham H. gplot2: Elegant Graphics for Data Analysis. Springer, New York, 2009.

[46] Winston Chang. R 数据可视化手册. 北京：人民邮电出版社，2014.

[47] Wit, E. , Edwin van den H. , Jan-Willem R. 'All models are wrong... ': An Introduction to Model Uncertainty. *Statistica Neerlandica*, 2012, 66 (3): 217-236.

[48] Xie, Y. knitr: A General-Purpose Package for Dynamic Report Generation in R. 2015.

[49] Zhang, Y. Likelihood-based and Bayesian Methods for Tweedie Compound Poisson Linear Mixed Models. *Statistics and Computing*, 2013, 23: 743-757.

[50] 茆诗松. 高等数理统计（第二版）. 北京：高等教育出版社，2006.

[51] 孟生旺. 汽车保险的精算统计模型. 北京：中国统计出版社，2014.

[52] 吴晓刚. 高级回归分析. 上海：格致出版社，上海人民出版社，2011.

[53] 谢宇. 回归分析（修订版）. 北京：社会科学文献出版社，2013.

图书在版编目（CIP）数据

回归模型/孟生旺编著. 一北京：中国人民大学出版社，2015.10
中国人民大学统计与精算系列教材
ISBN 978-7-300-22064-2

Ⅰ.①回… Ⅱ.①孟… Ⅲ.①回归分析-高等学校-教材 Ⅳ.①O212.1

中国版本图书馆 CIP 数据核字（2015）第 248055 号

中国人民大学统计与精算系列教材
回归模型
孟生旺 编著
Huigui Moxing

出版发行	中国人民大学出版社		
社　　址	北京中关村大街 31 号	**邮政编码**	100080
电　　话	010－62511242（总编室）		010－62511770（质管部）
	010－82501766（邮购部）		010－62514148（门市部）
	010－62515195（发行公司）		010－62515275（盗版举报）
网　　址	http://www.crup.com.cn		
	http://www.ttrnet.com(人大教研网)		
经　　销	新华书店		
印　　刷	北京昌联印刷有限公司		
规　　格	185 mm×260 mm　16 开本	**版　　次**	2015 年 11 月第 1 版
印　　张	15.5 插页 1	**印　　次**	2015 年 11 月第 1 次印刷
字　　数	380 000	**定　　价**	32.00 元

教师教学服务说明

中国人民大学出版社工商管理分社以出版经典、高品质的工商管理、财务会计、统计、市场营销、人力资源管理、运营管理、物流管理、旅游管理等领域的各层次教材为宗旨。

为了更好地为一线教师服务，近年来工商管理分社着力建设了一批数字化、立体化的网络教学资源。教师可以通过以下方式获得免费下载教学资源的权限：

在“人大经管图书在线”（www. rdjg. com. cn）注册，下载“教师服务登记表”，或直接填写下面的“教师服务登记表”，加盖院系公章，然后邮寄或传真给我们。我们收到表格后将在一个工作日内为您开通相关资源的下载权限。

如您需要帮助，请随时与我们联络：

中国人民大学出版社工商管理分社

联系电话：010－62515735，62515749，62515987

传　　真：010－62515732，62514775　　　　电子邮箱：rdcbsjg@crup. com. cn

通讯地址：北京市海淀区中关村大街甲 59 号文化大厦 1501 室（100872）

教师服务登记表

<table>
<tr><td>姓 名</td><td></td><td>□先生　□女士</td><td>职　　称</td><td colspan="2"></td></tr>
<tr><td>座机/手机</td><td colspan="2"></td><td>电子邮箱</td><td colspan="2"></td></tr>
<tr><td>通讯地址</td><td colspan="2"></td><td>邮　　编</td><td colspan="2"></td></tr>
<tr><td>任教学校</td><td colspan="2"></td><td>所在院系</td><td colspan="2"></td></tr>
<tr><td rowspan="3">所授课程</td><td>课程名称</td><td>现用教材名称</td><td>出版社</td><td>对象（本科生/研究生/MBA/其他）</td><td>学生人数</td></tr>
<tr><td></td><td></td><td></td><td></td><td></td></tr>
<tr><td></td><td></td><td></td><td></td><td></td></tr>
<tr><td colspan="2">需要哪本教材的配套资源</td><td colspan="4"></td></tr>
<tr><td colspan="2">人大经管图书在线用户名</td><td colspan="4"></td></tr>
<tr><td colspan="6">院/系领导（签字）：
院/系办公室盖章</td></tr>
</table>